COURS

D'HIPPOLOGIE

TOME PREMIER

COURS
D'HIPPOLOGIE

CONTENANT

1° LA CONNAISSANCE DU CHEVAL, 2° L'HYGIÈNE
3° L'INDUSTRIE CHEVALINE

SUIVI D'UN

APPENDICE SUR LA POSITION DU CAVALIER A CHEVAL

DÉMONTRÉE PAR L'ANATOMIE

Adopté officiellement et enseigné à l'Ecole de Cavalerie et dans les
Corps de Troupes à cheval, par Décision de M. le Ministre
de la guerre, en date du 9 avril 1852

PAR M. DE SAINT-ANGE

Ecuyer, chargé de la direction du Haras d'études de l'Ecole de cavalerie,
Officier de la Légion-d'Honneur.

DEUXIÈME ÉDITION, REVUE ET CORRIGÉE.

TOME PREMIER

PARIS,
DUMAINE, libraire, rue et passage Dauphine, n° 30 ;
LENEVEU, libraire, rue des Grands-Augustins, n° 18.

SAUMUR,
Mlle NIVERLET, libraire, rue Saint-Jean ;
Mlle DUBOSSE, libraire, rue Saint-Jean.

1854

RAPPORT

SUR LE COURS D'HIPPOLOGIE

De M. de SAINT-ANGE,

ADRESSÉ A M. LE MINISTRE DE LA GUERRE,

PAR LA COMMISSION D'EXAMEN,

Composée de :

MM. le général de division KORTE, inspecteur-général de l'École de cavalerie, président de la Commission ;

Le comte de GROUCHY, général de brigade ;

Le comte PARTOUNEAUX, général commandant la 1re brigade de cavalerie de la 1re division de l'armée de Paris ;

Le comte de GOYON, général commandant supérieur de l'École de cavalerie, aide-de-camp du Prince-Président, rapporteur de la Commission ;

Le baron de LA BAREYRE, colonel commandant le 12e régiment de dragons ;

Le comte de ROCHEFORT, colonel commandant en second l'École de cavalerie ;

Le comte PAJOL, lieutenant-colonel d'état-major, secrétaire de la Commission.

MONSIEUR LE MINISTRE,

Le *Cours d'équitation militaire* professé à l'École de cavalerie fut signalé à l'inspection générale de 1845, comme devant être modifié, parce qu'il n'était plus à la hauteur des progrès de la science hippique. Le Conseil d'instruction de l'École de cavalerie, dans sa séance du 11 mai 1846, reconnut à l'unanimité la nécessité de sa complète révision, et, le 3 juin 1846, une décision ministérielle ordonna ce travail, qui fut confié à M. de Saint-Ange, écuyer-professeur depuis 26 ans. Ce professeur émit l'opinion que cette révision ne pouvait se faire et qu'elle était beaucoup plus difficile que la rédaction d'un nouveau Cours, se renfermant à peu près dans le cadre du premier. Aussi personne ne l'entreprit et les choses en restèrent là jusqu'au

25 février 1847, où une nouvelle décision ministérielle vint encore ordonner la révision du *Cours*.

Les membres du corps enseignant de l'École furent alors chargés de faire leurs rapports sur cette question.

Le 24 avril 1847, le Conseil d'instruction de l'École, s'étant réuni, reçut la communication du résumé, fait par son secrétaire, des vingt rapports qui avaient été rédigés. Il reconnut à l'unanimité que les première et troisième parties, mal subdivisées et entachées d'hérésies nombreuses, en désaccord avec les saines doctrines qui ont prévalu depuis 25 ans, étaient à refaire complètement ; que les deuxième et quatrième partie demandaient aussi à être essentiellement modifiées dans le fond et la forme et n'étaient plus en rapport avec les progrès des sciences équestre et hippique.

Ce résumé, si explicite des opinions de tout le corps enseignant de l'École et de son Conseil d'instruction, confirmait la pensée émise par M. l'écuyer-professeur de Saint-Ange, dans la séance du 11 mai 1846, de la nécessité absolue de procéder à la rédaction d'un nouveau Cours. Si nous entrions dans les détails des corrections que signalent ces rapports, ils justifieraient complètement cette proposition. Enfin pour dernière preuve nous dirons que, depuis cette séance du 24 avril 1847 jusqu'en 1850, la révision ordonnée n'a pu se faire, à ce qu'il paraît, puisqu'elle n'a pas eu lieu. Les cours étaient cependant professés, mais chaque écuyer remplissait, à sa manière, les lacunes du texte officiel et empruntait au *Cours d'hippologie* que M. de Saint-Ange avait rédigé alors. Les professeurs et les élèves donnèrent une haute marque d'approbation à cet ouvrage, en s'empressant à l'envi d'y souscrire pour faciliter et provoquer son impression et avoir ainsi une base d'étude qui leur manquait.

Cette irrégularité dans l'enseignement, nuisant à l'unité si essentielle de l'instruction, fut signalée par le général de Goyon, commandant l'École, à son inspecteur-général, le général de division Korte, et, sur le rapport de ce dernier, une Commission fut composée par ordre ministériel et convoquée le 2 décembre 1850. Cette Commission, après avoir étudié elle-même l'ouvrage soumis à son examen, exprima le vœu d'avoir une nouvelle opinion du Conseil d'instruction de l'École, qui, le 2 janvier 1851, émit le vœu, à l'unanimité, de l'adoption de l'ouvrage de M. de Saint-Ange.

La Commission a désiré aussi que, sous le rapport scientifique, l'ouvrage de M. de Saint-Ange fût soumis à l'appréciation du Conseil de MM. les Professeurs de l'École d'Alfort et mis en professorat à l'École de cavalerie, en demandant des rapports à MM. les Écuyers-Professeurs.

La Commission, afin de répondre à la mission de confiance que vous lui avez donnée, Monsieur le Ministre, et éclairer votre jugement en s'éclairant elle-même, a étudié scrupuleusement tous les rapports qui lui ont été remis, et elle a reconnu que celui de l'École d'Alfort et les quarante de l'École de cavalerie ont confirmé l'opinion si favorable qu'elle s'était formée de l'œuvre de M. de Saint-Ange; enfin le Conseil d'instruction de l'École de cavalerie, dans sa délibération du 4 novembre dernier, après avoir résumé les rapports des professeurs, a demandé encore et à l'unanimité l'adoption officielle de l'ouvrage de M. de Saint-Ange.

La Commission, pour vous mettre à même, Monsieur le Ministre, de juger l'œuvre de M. de Saint-Ange, croit devoir joindre à cet historique des faits qu'elle vient de vous présenter un aperçu général du *Cours d'hippologie*, qui résume les principes qu'il renferme et les applications qui s'en déduisent.

Le titre de *Cours d'hippologie* a été substitué à celui de *Cours d'équitation militaire*, parce qu'il indique, d'une manière plus explicite que le dernier, les sujets d'étude qu'il comprend.

SAVOIR : 1° *La connaissance du cheval :*

2° *L'hygiène ;*

3° *L'industrie chevaline.*

La quatrième partie, rédigée par M. d'Aure, écuyer en chef, et pour laquelle il sera fait ultérieurement un rapport spécial, est désignée sous le titre de *Traité d'équitation.*

PREMIÈRE PARTIE. — Le Ier Titre comprend :

1° L'étude des organes des mouvements, relativement aux qualités physiques; 2° l'étude des organes de la vie, relativement aux qualités morales. Ces deux désignations expriment le sujet que traite chaque chapitre et le but d'utilité pratique qui s'en déduit, celui de faire connaître le cheval dans les deux ordres de facultés qui font toute sa valeur : facultés physiques et facultés morales.

Les titres de l'ancien *Cours,* des généralités et des descriptions n'avaient aucune signification déterminée.

L'article qui traite des os, les a spécialement examinés au point de vue de leurs fonctions de leviers, pour bien faire comprendre que, selon qu'ils remplissent certaines conditions mécaniques plus ou moins avantageuses, on doit en inférer les qualités d'étendue et de puissance dans les mouvements.

On a déduit les mêmes conséquences de l'étude des muscles, en les envisageant bien moins sous le rapport de leur organisation anatomique que sous celui des formes plus où moins accentuées qu'ils dessinent à l'extérieur, puisqu'elles révèlent au connaisseur la force du système musculaire.

Après avoir expliqué le mécanisme des actes de la vie d'entretien, l'auteur s'est appliqué à faire connaître les symptômes extérieurs qui indiquent la manière dont le cheval digère, respire, s'entretient, et il en a déduit les qualités de fond et d'haleine qui lui sont propres.

L'article de *la circulation* a démontré que les qualités du cheval dit de pur sang, s'expliquent par la nature particulière de ce fluide chez les animaux d'élite et qu'elles élèvent leurs facultés au plus haut degré de puissance qu'elles puissent atteindre.

Dans l'étude anatomique du pied, on a mis en lumière la théorie de l'élasticité de cet organe, parce qu'elle se rattache à celle de la ferrure.

Le II⁰ Titre de la première partie, *de l'extérieur*, a renfermé dans les premiers chapitres, de l'âge, du pied, des proportions, des aplombs, de la force inerte, des allures, etc., etc., tous les enseignements de détails qui conduisent l'élève à l'appréciation d'ensemble qu'enseigne le chapitre intitulé *Méthode d'examen du cheval* ou *leçons pratiques d'extérieur*.

La Commission a reconnu que les erreurs, qui ont été professées depuis longtemps au sujet des proportions, ont fait place aux saines idées acquises aujourd'hui à l'expérience, qui admettent que les proportions que l'on demande à certains genres de chevaux, ne sauraient se rapporter à un type unique de perfection ; mais bien au contraire qu'elles comportent des différences sensibles, relatives à l'aptitude des animaux au service de la selle ou du trait.

Un chapitre, consacré à l'étude de la force inerte, explique le rôle qu'elle remplit conjointement avec la force musculaire dans la production des mouvements.

La théorie de la similitude des angles, qui est due à M. le général Morris, a été placée à la suite de l'article des aplombs, dont elle est un complément indispensable.

La méthode d'examen du cheval, qui termine l'extérieur, apprend à le juger avec calme, ordre, progression dans ses lignes, ses formes, ses mouvements et ses facultés.

Les ouvrages sur l'extérieur qui ont paru jusqu'ici, n'avaient donné aucun principe sur ce sujet.

Le Conseil des professeurs de l'École d'Alfort a fait un rapport sur la première partie du *Cours d'hippologie*, qui atteste la justesse d'appréciation que l'on pouvait attendre de la part de ces hommes éminents dans la science hippique.

La Commission spéciale citera textuellement plusieurs paragraphes de ce rapport, pour témoigner qu'elle partage complètement les opinions qu'il exprime :

« Toute la partie du livre de M. de Saint-Ange rela-
» tive à l'anatomie est courte, mais clairement exposée et
» suffisamment développée pour initier les élèves aux con-
» naissances sommaires d'anatomie qu'il leur est indispen-
» sable de posséder, pour avoir une idée du mode de confec-
» tionnement de la machine animale. M. de Saint-Ange a
» bien compris qu'il était impossible d'arriver, par l'examen
» de l'extérieur du cheval, à l'appréciation de ses qualités,
» si on n'avait pas quelques notions sur la structure inté-
» rieure et si on ne savait pas voir, au-dessous du tégument
» qui le revêt, les différents rouages qui mettent sa ma-
» chine en mouvement. M. de Saint-Ange a eu le mérite,
» dans les considérations préliminaires sur la squelettologie
» et la myologie, de savoir bien dire ce qui était nécessaire
» à l'intelligence de son sujet, sans entrer dans des détails
» trop minutieux et trop multipliés.

» Il a su se borner.

» Après les considérations d'anatomie et de physiologie
» qui, dans l'esprit de M. de Saint-Ange et dans l'exécution
» de son livre, ne sont, à vrai dire, que préliminaires,
» l'auteur entre dans le sujet en vue duquel le premier
» volume est rédigé; il aborde l'étude de l'extérieur du
» cheval, il commence cette étude par celle de l'âge,
» du pied, et indique à première vue, par cette manière
» d'exposer, ce qu'il veut enseigner, que son but principal
» est d'écrire un livre pratique qui soit, entre les mains
» des élèves, comme une sorte de manuel où ils trouveront
» classées, dans l'ordre que la pratique exige, les différentes
» parties du sujet sur lesquelles leur attention doit porter.
» Toute cette partie du livre de M. de Saint-Ange a paru au
» Conseil des professeurs, inspirée par une vraie connais-
» sance de la matière.

» On sent, en lisant cette étude extérieure du cheval, que
» M. de Saint-Ange connaît bien et en praticien le sujet
» dont il traite ; il a su encore demeurer libre de détails
» trop minitieux, qui auraient pu fatiguer son lecteur sans
» beaucoup d'avantage pour son instruction.

» L'habitude de l'enseignement a appris à M. de Saint-
» Ange, à rester dans les justes limites où les développe-
» ments sont suffisants pour être bien compris et ne sont
» pas assez étendus pour jeter de la confusion dans l'esprit
» de celui qui commence.

» Le Conseil des professeurs n'a que des éloges à donner
» à cette partie du *Cours d'hippologie.* »

M. le général de Goyon, rapporteur, a communiqué à
la Commission spéciale son rapport résumé des opinions
émises, par les écuyers-professeurs de l'École de cavalerie,
au sujet du *Cours d'hippologie.* Il demande que la première
partie soit précédée de quelques généralités sur l'anatomie,
que l'article des os comprenne une descripition détaillée du
squelette, et il indique quelques rectifications de détails à
faire dans la première partie.

La Commission spéciale, ayant reconnu l'utilité d'introduire les articles demandés dans la première portion de l'ouvrage de M. de Saint-Ange, l'a chargé d'en faire immédiatement la rédaction.

Deuxième Partie. — Titre Ier. — *De l'hygiène.* L'hygiène, qui
est une des branches de la science hippique qui intéresse le
plus l'officier de cavalerie, a été étudiée non-seulement au
point de vue de l'entretien de la santé, mais encore sous
celui des moyens dont elle dispose pour développer les facultés du cheval et lui créer un tempéramment fort et robuste.

Sous le titre d'*accidents maladifs,* on a indiqué les
symptômes des affections qui atteignent le plus souvent
le cheval, et auxquelles il importe d'administrer les premiers soins curatifs, en cas d'absence du vétérinaire.
Parmi les agents hygiéniques, l'air a été placé au premier

rang, parce qu'il importe de bien se pénétrer qu'il exerce la plus grande influence sur les qualités du sang, et que de celles-ci dérive toute la valeur du cheval.

L'article de l'*alimentation*, qui fait suite à celui des aliments, règle la quantité et la qualité de la nourriture à donner aux animaux, en raison de l'âge, du tempérament, de la vitesse et de la lenteur des allures, de la durée du travail et du repos.

On a aussi consacré un chapitre à l'*acclimatation*.

La question des variétés de races a été résolue par l'étude des causes que produisent les climats et les localités.

On s'est attaché à démontrer l'influence toute puissante du travail sur l'aptitude du cheval à y résister.

L'article de *la ferrure* a été traité avec toute l'extension que comporte l'intérêt de cette instruction. Après avoir décrit la *ferrure* à chaud et la ferrure à froid, on a fait ressortir les motifs de l'adoption de cette dernière dans la cavalerie. On a décrit aussi la ferrure à la rénette.

IIe Titre de la deuxième partie. — *Des accidents maladifs.*

En donnant une idée générale des accidents maladifs auxquels le cheval est le plus sujet, l'auteur n'a pas prétendu faire de la médecine vétérinaire, il s'est borné seulement à enseigner les premiers soins curatifs que l'officier de cavalerie doit savoir administrer pour arrêter le mal aussitôt qu'il survient. Ces remèdes d'ailleurs ne peuvent jamais porter préjudice à la santé des animaux. Les tares ont été l'objet d'une étude toute spéciale, en raison de l'importance de bien distinguer les premiers symptômes qui les révèlent ; on a insisté aussi sur l'examen des causes occasionnelles qui les produisent.

Dans l'histoire rapide qu'on a tracée des maladies, on a fait remarquer que plusieurs d'entre elles sont dues à des influences de localités, afin qu'on sache y soustraire les animaux.

On a signalé les symptômes des maladies contagieuses,

pour apprendre seulement à les reconnaître et prendre les mesures de précaution nécessaires à empêcher leur contagion.

La Commission spéciale a fait supprimer quelques indications de remèdes, qui, d'après l'opinion exprimée dans le rapport de l'École d'Alfort, ne sauraient être administrés par des officiers de cavalerie, qui ne sont pas initiés à la science du vétérinaire.

Troisième Partie. — *De l'industrie chevaline.*

La troisième partie, à laquelle correspondait la quatrième dans le *Cours d'équitation,* a été refaite complètement : on n'a pas pu même en conserver le cadre.

Elle comprend trois titres : Ier, *des races étrangères et indigènes;* IIe, *de la reproduction et de l'élevage;* IIIe, *des haras, des courses et des remontes.*

Ier *Titre.* La définition du pur sang devait être le point de départ de l'étude des races, puisqu'il est la source à laquelle il faut toujours recourir quand on veut relever les races dégénérées de leur abâtardissement.

Le cheval arabe s'est présenté le premier à l'étude, comme prototype améliorateur des races. On l'a montré dans son pays natal, où il a conservé ses qualités originelles, parce qu'on l'a préservé de toute mésalliance avec les races étrangères à sa famille propre, et qu'on a évité de le *croiser*, contrairement à l'opinion des anciens hippologues et naturalistes, et de M. Buffon lui-même, qui regardait les croisements, comme le moyen nécessaire pour empêcher l'abâtardissement des races.

On a ensuite étudié tous les dérivés du cheval arabe, modifiés dans leurs formes et leurs facultés par l'influence des climats sous lesquels ils vivent.

Le vrai savoir ne devant pas admettre les opinions conventionnelles de mode et de caprice, on a écarté dans ces enseignements les idées de préférence systématique en faveur du cheval anglais et du cheval arabe, et on s'est occupé d'établir d'une manière rationnelle les qualités relatives à ces deux types.

En examinant le pur sang anglais qui est un métis du cheval arabe, on l'a dépeint sous le rapport des transformations qu'il a subies, par l'influence du climat de l'Angleterre et surtout par les soins intelligents de la science de l'élevage.

Les races françaises ont été étudiées, au point de vue de ce qu'elles ont été, de ce qu'elles sont et de ce qu'elles doivent être aujourd'hui pour satisfaire aux besoins de la cavalerie et du commerce.

On s'est appliqué à faire connaître les pays d'élèves qui fournissent les remontes de la cavalerie.

IIe *Titre*. Les principes généraux sur lesquels on a établi l'art de la reproduction, sont : qu'il faut approprier les espèces à améliorer, aux ressources du sol qui les nourrit et aux besoins de la consommation; que l'art de faire naître est moins difficile encore que celui de bien élever, car c'est par l'intelligence des moyens qu'enseigne plus particulièrement l'élevage qu'on parvient à faire de bons chevaux.

IIIe *Titre*. Les haras du Gouvernement, les courses et les remontes ont été envisagés comme moyens de subvention dont dispose l'État pour venir en aide à la reproduction : en effet, les haras achettent ou produisent des étalons types améliorateurs, que l'industrie privée ne saurait obtenir en raison de leur prix trop élevé.

En se reportant au but d'utilité de l'institution des courses, on a démontré qu'elles devaient suppléer à l'insuffisance de notre jugement sur la valeur du cheval, en nous montrant la supériorité des animaux qui avaient fait preuve de fond, de vitesse et d'haleine dans les luttes de l'hippodrome et qui, à ce titre, offraient la meilleure des garanties de leur aptitude à faire de bons étalons.

L'article des remontes a tracé les devoirs si difficiles à remplir de l'officier acheteur, devoirs de capacité, de probité et de zèle, puisqu'il doit acheter de bons chevaux et sauvegarder les intérêts de l'État.

On a donné aussi un spécimen du journal qu'il doit tenir de ses observations , relativement aux ressources chevalines du pays qu'il exploite et des améliorations dont il est susceptible.

La Commission spéciale croit devoir rapporter ici , comme elle l'a fait ci-dessus, l'opinion des professeurs de l'École d'Alfort, au sujet du 2ᵉ volume du *Cours d'hippologie* : « Le 2ᵉ
» volume de l'ouvrage de M. de Saint-Ange comprend l'étude
» de l'hygiène , des affections maladives, des races et de
» l'industrie chevaline. En s'inspirant des travaux des meil-
» leurs auteurs, dont il donne l'énumération à la fin de son
» ouvrage , M. de Saint-Ange a bien traité tout ce qui se
» rapporte à l'hygiène, aux races et à l'industrie chevaline.
   » Ces matières , on le comprend à la lecture de son tra-
» vail , sont familières à M. de Saint-Ange ; il les connaît en
» praticien habile et en homme érudit; il a su mettre à
» profit les travaux de ses devanciers et ses propres obser-
» vations, pour présenter à ses lecteurs un résumé clair,
» intelligent et instructif de ses parties si intéressantes de
» la science du cheval. »

Le rapport de l'École d'Alfort se termine par ces lignes :
« A tous les titres, nous croyons qu'à part quelques
» corrections que nous avons signalées, ce livre sera entre
» les mains des élèves auxquels il est destiné un ouvrage
» utile et instructif, et que M. de Saint-Ange, en le publiant,
» a rendu un service véritable à l'enseignement de l'École
» de cavalerie. »

Enfin le Conseil d'instruction de l'École de cavalerie, dans sa séance du 6 mai 1851 , a exprimé une opinion sur l'ouvrage de M. de Saint-Ange, qui confirme complètement celle si favorable qu'il avait précédemment formulée dans sa séance du 2 janvier 1851. Mais, ayant cité textuellement le rapport de l'École d'Alfort , la Commission spéciale croit encore, Monsieur le Ministre, devoir rapporter ici l'opinion émise par le Conseil d'instruction de l'École de cavalerie, ainsi conçue :

« Le Conseil d'instruction de l'École de cavalerie, après
» avoir pris une connaissance minutieuse et détaillée des
» rapports de MM. les Écuyers-Professeurs, sur l'ouvrage
» de M. de Saint-Ange, *Cours d'hippologie*, a été heureux
» de constater que si quelques justes observations de dé-
» tails ont été faites, M. de Saint-Ange a été lui-même au-
» devant, en relevant les additions à faire et acceptant avec
» empressement les quelques observations qui pouvaient
» compléter son œuvre.

» Le Conseil d'instruction de l'École exprime à l'unani-
» mité, après avoir pris lui-même une connaissance exacte
» du *Cours d'hippologie*, le vœu de l'adoption de l'ouvrage
» de M. de Saint-Ange, en remplacement de l'ancien
» *Cours d'équitation militaire.* »

La Commission spéciale, ainsi éclairée par les rapports de l'École d'Alfort, de l'École de cavalerie, autant que par l'étude minutieuse qu'elle a faite de l'ouvrage de M. de Saint-Ange, émet, à l'unanimité de ses membres, l'avis de l'adoption définitive du *Cours d'hippogie* et de son abrégé, par M. de Saint-Ange, et demande qu'ils soient suivis offi-ciellement à l'École de cavalerie, ainsi que dans tous les corps de troupes à cheval, à l'exclusion de tout autre ouvrage du même genre.

Nous sommes, avec respect,

Monsieur le Ministre, etc.,

Les Membres de la Commission,

Le général de brigade, comte de GROUCHY. — Le général de brigade, comte PARTOUNEAU. — Le général de brigade, comte de GOYON. — Le colonel, baron de LABAREYRE (12ᵉ dragons.) — Le colonel, comte de ROCHEFORT.

Le président de la Commission, KORTE

Paris, le 5 février 1852.

INTRODUCTION

A LA CONNAISSANCE DU CHEVAL

La première partie apprend à juger le cheval dans ses qualités physiques et morales, qui constituent toute sa valeur. Elle fournit aussi des enseignements qui se rapportent à l'hygiène, à l'équitation et à la reproduction.

Il existe deux manières de juger le cheval : l'une est le fait d'une pratique de routine, l'autre d'une pratique éclairée par le raisonnement. La première est longue, difficile à acquérir, et encore est-elle sujette aux fausses interprétations et à l'erreur. La seconde est positive, irrécusable dans ses jugements, parce qu'elle les déduit des faits d'observations pratiques, expliquées dans leurs causes et leurs effets. A ce titre, elle appartient à l'homme qui observe, raisonne et juge ; elle sera l'objet des enseignements qui vont suivre.

Evidemment, puisque le cheval, considéré comme moyen de transport, tire toute sa valeur de ses facultés de mouvements, il importe avant tout de connaître les causes qui les produisent, les restreignent ou les développent.

Ces causes dépendent :

1° De la nature des organes des mouvements ou des qualités physiques ;

2° Du moteur qui met ses organes en jeu, ou des qualités morales.

Tels seront les sujets d'étude du premier titre de la première partie. Le second titre traitera de l'extérieur.

Et tout d'abord disons quelques mots sur ces objets d'études.

Pour connaître les qualités physiques, dans leur source et leur manifestation, il faut interroger l'anatomie : c'est elle qui, soulevant les enveloppes qui nous cachent les organes de la locomotion, nous les montrera dans leurs formes, leur structure organique et leurs usages.

Qualités physiques expliquées par la mécanique.

Pour juger les qualités des organes des mouvements, on les étudiera : 1° sous le rapport de leur nature organique, 2° sous celui de leurs propriétés mécaniques. Au premier point de vue, on examinera la nature de leurs tissus, leur forme et leur texture. Au second point de vue, ils s'offriront à notre étude, considérés dans leur ensemble, comme l'appareil de nos locomotives industrielles, se composant de leviers de tous genres, de poulies de renvois, d'engrenages et de ressorts de toutes sortes.

Dès lors qu'on aura été initié à la connaissance de tous ces rouages de la machine animale, il sera facile de comprendre que, suivant que ces leviers osseux satisfont plus ou moins aux conditions dynamiques qui leur sont propres, ils assurent les qualités de force, de ressort et de vitesse qui sont le partage des meilleurs chevaux. En suivant la même déduction de principes, on arrivera à démontrer que si la nature a départi au cheval de course une vitesse souvent phénoménale, tandis que la force de supports et la lenteur des mouvements sont le partage du cheval de trait, c'est, en partie, parce qu'elle a donné à ces deux types des instruments mécaniques en rapport avec leurs facultés spéciales.

Qualités morales expliquées par les fonctions vitales.

A l'examen des qualités physiques succèdera celui des qualités morales, c'est-à-dire des qualités de fond, de résistance au travail, de vitesse dans les mouvements. Elles seront expliquées dans leurs causes et leurs effets par la connaissance du mode d'exécution des actes de la vie d'entretien, qui nous feront comprendre, par exemple, comment un grain d'avoine, soumis à l'action digestive, revêt différentes formes, acquiert diverses propriétés, se change en un fluide laiteux, puis en sang, puis devient muscle, os, poumon, cœur, cerveau, un organe quelconque de l'économie, et régénère celui que l'usure avait détruit.

Mais savoir comment le cheval digère, respire, s'entre- Applications déduites des fonctions.
tient, n'est rien pour la science de l'homme de cheval; ce
qui lui est nécessaire à savoir, ce sont les applications pratiques qui ressortent de ces théories, celles qui lui appren-
dront, par exemple, dans quelles conditions doit être le
cheval, pour que la digestion et la respiration s'accomplissent efficacement; quels sont les symptômes qui lui
révèlent que l'animal est susceptible de bien vivifier son
sang; comment il est en la puissance de l'art d'entretenir,
de développer la faculté digestive et respiratoire, faculté
d'où procèdent les qualités du sang et partant toutes les
qualités morales, puisque le sang est le stimulant qui anime
et vivifie toute la machine animale.

On insistera sur ce fait que, par suite des découvertes de
la chimie moderne, sur l'analyse du sang, la question de pur
sang, si longtemps controversée, est aujourd'hui complètement résolue; que l'épithète de pur sang, donnée aux chevaux d'élite, n'est pas un mot vague, imposé par la mode,
mais qu'il a une signification incontestable, positive; qu'il
exprime par sa nature les qualités d'un sang supérieur
à celui des animaux communs, et qu'il est enfin susceptible
d'élever le rythme des facultés vitales au plus haut dégré
d'énergie qu'elles puissent atteindre.

La science anatomique ainsi comprise n'est donc pas une
science de mots, puisqu'elle se traduit en vérités pratiques,
incontestables, vérités utiles à savoir pour tous ceux qui
s'occupent du cheval, pour le soigner, l'élever, le monter,
le vendre ou l'acheter.

L'étude de l'anatomie conduit naturellement à celle de Comment on avait compris autrefois l'extérieur.
l'extérieur, puisque les formes ne sont que le relief appa-
rent des organes cachés sous la peau.

Il faut bien le reconnaître, les idées ont bien changé, depuis
un demi-siècle, sur la question d'appréciation de la valeur du
cheval; le temps est déjà bien loin de nous, où la mode érigeait
en beautés certaines défectuosités, comme les têtes busquées

et les éparvins secs. Mais comment avait-on été entraîné dans de telles aberrations? c'est que les règles de la beauté avaient été dictées par la mode, et que la mode impose ses arrêts et ne les justifie pas.

En effet, dans les descriptions que les anciens hippologues nous ont laissées de l'extérieur, on reconnaît qu'ils ont été préoccupés de l'idée de rechercher, avant tout, les formes les plus propres à plaire aux yeux ; ils semblaient avoir compris la beauté, type du cheval, à la manière des peintres, au point de vue pittoresque, et non à la manière des connaisseurs qui ne l'apprécient que par les qualités que nécessite l'emploi du cheval. Aussi les premiers, conséquents avec leur opinion, avaient imaginé un type de beauté qui était pour l'espèce chevaline ce qu'est pour l'espèce humaine, l'Apollon du Belvédère, savoir un modèle de beauté conventionnelle et rien de plus.

Mais puisque le cheval est devenu pour l'homme un instrument de transport, une espèce de locomotive, il est évident qu'il doit satisfaire à d'autres conditions que celles de la beauté, et que ce sont celles de la bonté qui doivent prévaloir sur toutes les autres ; il doit, en un mot, être propre à remplir les divers emplois auxquels on l'applique, à la guerre, à la chasse ou au trait.

Comment on le comprend aujourd'hui. Ces principes une fois admis ont dû apporter de grandes modifications dans la connaissance du cheval. Dès lors aux prescriptions banales de la convention ont succédé des règles positives, puisqu'elles ont été déduites de l'expérience des faits d'observations ou des lumières de la science ; d'où on conclura que l'extérieur doit être défini, la pratique formulée en principes raisonnés.

Modifications à apporter à la théorie des proportions de Bourgelat. C'est au moyen de ce double contrôle de la science et de l'observation, que certaines doctrines surannées ont été rejetées. Ainsi en admettant toutefois le principe des proportions posé par notre maître à tous, le célèbre Bourgelat, on n'a pas dû conserver son type unique, son cheval géométral,

avec lequel il voulait qu'on jugeât tous les chevaux ; car
il est évident qu'ils offrent entr'eux des différences de
conformation et de facultés qui répondent aux divers emplois auxquels on les applique ; que le cheval de trait-lourd
ne doit pas ressembler au cheval de guerre et que partant
le modèle unique de Bourgelat ne saurait se rapporter
également à toutes nos espèces de chevaux.

Telles sont les considérations qui nous ont porté à établir
autant de types-modèles qu'il existe de genres de services :
au trait-lourd, à l'attelage, à la guerre, à la chasse et au
manége.

Après avoir fait étudier ces différents types-modèles les
plus parfaits, il sera indispensable de les faire monter par
les élèves, afin qu'ils puissent sentir, par le tact équestre,
les qualités de force, de souplesse, de ressort et de puissance qui font leur principal mérite ; et lorsque ces élèves
les auront appréciés dans leurs qualités physiques et morales, ils chercheront à se les rappeler, comme terme de
comparaison, avec les chevaux qu'on leur présentera.

Ce ne sera donc plus sur une figure géométrale tracée sur
le papier, qu'on apprendra à juger le cheval ; mais ce sera
en étudiant les plus beaux modèles dans leur conformation et surtout dans la manifestation de leurs facultés. Cette méthode d'enseignement se justifie par la cause
qui explique le talent même des connaisseurs en chevaux,
puisqu'il est dû à l'habitude qu'ils ont acquise de juger
le cheval de remonte, de trait ou d'attelage, en le comparant par la pensée aux types-modèles qui, par suite de la
grande habitude de voir, se sont gravés dans leur mémoire.

Indiquons quelques autres modifications qui ont été intro-
duites dans ce Cours. Tout en reconnaissant que la force
inerte ou le poids doit figurer au nombre des forces qui meuvent le cheval, on n'en avait pas fait jusqu'ici l'objet d'une
démonstration rigoureuse ; nous avons cru devoir remplir
cette lacune, en indiquant le rôle de la force inerte qui

De la force
inerte.

seconde ou annihile l'action de la force musculaire, ou se combine avec elle dans certaines conditions données.

Le principe d'utilité des aplombs a été posé depuis long-temps par Bourgelat ; mais le célèbre hippologue ne l'avait envisagé qu'au point de vue général de la sûreté de la marche ; il fallait encore et surtout l'appliquer à l'étude des facultés des mouvements.

Des aplombs relativement aux mouvements. Pour mettre en lumière cette proposition, on a démontré que ce n'est qu'autant que les brisures des colonnes de support fonctionnent dans le sens du mouvement, qu'elles les exécutent sans décomposition et perte de force, et qu'il en résulte toute la vitesse possible.

La théorie de la similitude des angles est une heureuse et utile conception que l'on doit au général Morris, que l'École s'honore d'avoir compté parmi ses élèves. Elle figurera comme complément à l'article des aplombs.

Du pied. On a beaucoup insisté sur la structure anatomique du pied, car c'est sur cette première donnée que repose en partie la théorie de la ferrure à froid.

De l'âge. Si on est arrivé aujourd'hui à reconnaître assez facilement l'âge du cheval, c'est qu'on a compris qu'il ne fallait pas chercher à le juger par un seul des symptômes qui le caractérisent, mais qu'il fallait les interroger tous, les opposer les uns aux autres, et se prononcer d'après le plus grand nombre de ceux qui se confirment.

Avantage de la pratique éclairée par la théorie. Résumons notre pensée sur l'esprit de l'enseignement du Cours. On a souvent répété, et c'est à tort, qu'en fait d'appréciation de la valeur du cheval, la pratique est tout et la théorie n'est rien. Non, répondrai-je, la pratique n'est pas tout, car elle peut être routinière, incomplète et erronée : routinière, quand elle juge sous l'empire de l'habitude ; incomplète, quand elle voit les défauts d'une manière trop absolue, sans tenir compte des causes qui peuvent les modifier ; erronée enfin, quand elle juge sous le bon plaisir de la mode.

Mais la pratique qu'éclaire les lumières d'une saine théorie n'est pas sujette à de pareilles erreurs ; celui qui la professe juge le cheval dans ce qu'il est et dans ce qu'il doit devenir ; il fait la part des modifications que l'âge, l'éducation, les habitudes doivent apporter dans l'appréciation des défauts et des qualités ; il sait distinguer ceux qui doivent entraîner le rejet absolu de l'animal, de ceux qu'on peut accepter sous réserve de certaines compensations.

Il voit enfin le mal existant et celui qu'il engendrera, parce qu'il sait que tous les organes ont entr'eux une telle solidarité d'action, que, dans le cas où certaines tares, par exemple, auront commencé par gêner un mouvement, elles finiront par le rendre impossible, et que bientôt, d'autres rouages se trouvant à leur tour enrayés, l'animal deviendra impropre au service.

Ajoutons encore que le talent du connaisseur se complètera par celui du bon cavalier, car l'équitation apprendra que c'est en montant à cheval avec tact et discernement, qu'on juge la force de détente de ses reins et de ses jarrets, l'harmonie ou le désaccord de ses mouvements, sa paresse, son ardeur ; en un mot, que c'est par cette épreuve surtout qu'on acquiert le juste sentiment de sa valeur.

La première partie, a-t-on dit, fournit des enseignements applicables aux autres branches de la science hippique.

En effet, les prescriptions hygiéniques relatives à l'alimentation, à l'aération et au travail ressortent de la connaissance anatomique de l'organisation animale.

La reproduction empruntera à l'hygiène les lumières propres à éclairer les questions de l'élevage.

Enfin, l'équitation enseignera que, pour gouverner le cheval avec justesse et précision, le cavalier doit connaître les rouages de la machine animale, de même que le mécanicien doit être initié aux moindres détails de structure et de propriété de sa locomotive pour la faire fonctionner selon les résultats qu'il se propose d'obtenir.

TITRE PREMIER.

DE L'ORGANISATION ANIMALE.

GÉNÉRALITÉS.

Caractère de l'animalité. — Définition de l'organisation animale, des organes, des tissus organiques, des appareils de l'économie. — De la vie. — Définition de l'anatomie et de la physiologie.

La faculté de se nourrir et de se reproduire appartient à tous les êtres vivants, à l'animal ainsi qu'à la plante ; mais la plante, fixée sur le sol, est incapable de se déplacer et de ressentir les impressions des corps qui l'environnent ; l'animal, au contraire, est accessible à leur action ; il est doué de la faculté de sentir et de se mouvoir, faculté qui établit le caractère distinctif de l'*animalité*.

Caractère de l'animalité.

Le corps des animaux est formé de *solides* et de *liquides*. Les solides sont la base de l'édifice animal, et en dessinent les principales formes ; ils se composent d'un tissu spongieux, aréolaire, qui est pénétré par les fluides nourriciers propres à entretenir, accroître et régénérer toutes les parties que l'usure a détruites.

Définition de l'organisation.

Sous le nom *d'organes*, on désigne tous les instruments de la machine animale, qui exécutent les actes par lesquels se manifeste la vie.

Des organes.

Tous les organes se composent de tissus qui diffèrent entr'eux par leurs formes et leurs éléments constitutifs. De là, la désignation des tissus cellulaires, musculaires et nerveux ; ils sont susceptibles de se combiner, de se modifier dans leur structure, de manière à composer d'autres tissus.

Des tissus organiques.

Le TISSU CELLULAIRE, à son état de simplicité, ressemble à la mousse de savon ; il enveloppe tous les organes, ainsi que

Des trois tissus élémentaires.

les parties élémentaires dont ils sont formés, et il les unit entr'eux.

Lorsqu'il se présente à son état de combinaison, il constitue les tissus osseux, cartilagineux, fibreux et enfin le tissu membraneux.

Des os. Le *tissu osseux* forme *les os*, organes solides, résistants, de couleur d'un blanc jaunâtre ; sa dureté est due aux sels terreux qui se déposent dans ses cellules.

Des cartilages. Le *tissu cartilagineux*, moins dur que le tissu osseux, recouvre les surfaces de frottement des os.

Le *tissu fibreux* est formé du tissu cellulaire disposé en filaments allongés, très-serrrés, qui par leur réunion constituent les *ligaments* et les *tendons*.

Des membranes. Lorsque le tissu cellulaire se dispose en lames minces, semblables à des espèces de toiles, il constitue les *membranes* qui se distinguent en *séreuse, muqueuse* et *cutanée*.

Séreuses. Les *séreuses* sont minces, transparentes comme de la gaze ; leur surface est constamment humectée par une humeur qu'elles transpirent sous forme de vapeurs ; elles enveloppent les organes intérieurs.

Cutanée. La *membrane cutanée* ou la *peau*, qui est l'enveloppe générale du corps, est formée par la superposition de plusieurs membranes.

Muqueuses. Les *membranes muqueuses* sont des espèces de peau interne, offrant une structure presque semblable à celle de cet organe ; elles pénètrent par les ouvertures naturelles dans les conduits intérieurs, dont elles tapissent les parois ; leur surface libre secrète un fluide muqueux.

Des vaisseaux. Les membranes s'enroulent de manière à former des tuyaux ou *vaisseaux* qui transportent les liquides dans toutes les parties du corps.

Enfin c'est encore le tissu cellulaire qui est la base des *glandes*, organes qui séparent du sang certains principes, comme la salive, la bile, l'urine, etc.

Des muscles. Le Tissu musculaire est formé par des fibres qui ont pour base une substance nommée fibrine ; il ne se dissout pas à l'eau bouillante, comme le tissu cellulaire; la fibrine est blanche et insipide.

Ces fibres, réunies en faisceaux, composent des masses rouges, appelées *muscles*.

Les muscles sont les agents actifs des mouvements.

Le TISSU NERVEUX ressemble à une pulpe molle, blanchâtre ou grisâtre.

Il forme : 1° le *cerveau*, foyer de la sensibilité ; 2° le *prolongement rachidien*, logé dans le canal du rachis ; 3° les *nerfs*, espèces de cordons pulpeux qui sont les organes de la sensibilité. *[Du cerveau. Des nerfs.]*

Le tissu nerveux a pour base l'albumine, substance qui ressemble à du blanc d'œuf et est susceptible de se durcir à l'eau bouillante.

L'ensemble de plusieurs organes combinés dans un certain ordre et destinés à l'exécution d'une même fonction, prend le nom d'*appareil;* de là la désignation des appareils de la locomotion, de la digestion, de la circulation, de la respiration, de la reproduction, etc. *[Appareils de l'économie]*

C'est encore à des appareils particuliers que la nature a confié l'exercice des sens. Ici, c'est l'œil, véritable instrument d'optique qui reçoit la lumière, la dirige vers la partie où elle doit dépeindre l'image de l'objet qu'un nerf va transmettre au cerveau. Plus loin l'air est recueilli par un cornet acoustique qui le porte vers un appareil très-compliqué où s'opère la perception des sons.

Un principe inexplicable dans son essence, mais dont les effets sont évidents, anime et vivifie tous les organes de l'économie animale : ce principe est *la force vitale*, elle est l'attribut spécial de tous les êtres vivants et les distingue des corps bruts. *[De la force vitale.]*

La science qui décrit les organes au point de vue de leur nature, de leurs propriétés et de leurs usages, prend le nom d'*anatomie*. *[De l'anatomie.]*

Celle qui explique les divers actes qui sont exécutés par ces mêmes organes est désignée sous le nom de *physiologie*. *[De la physiologie.]*

TABLEAU synoptique des os, indiquant leurs noms et les parties extérieures dont ils forment la base.

OS DE LA TÊTE.

OCCIPITAL, base de la nuque, 1.
PARIÉTAL, 2.
FRONTAL, base du front, 3.
TEMPORAUX, base des tempes, 4.
OS DU NEZ OU CHANFREIN, 5.
GRAND-MAXILLAIRE, base de la mâchoire antérieure, 6.
PETIT-MAXILLAIRE, base du bout du nez, 7.
MAXILLAIRE, proprement dit, base de la mâchoire postér[re], 8.

OS DU TRONC.

Sept VERTÈBRES-CERVICALES, base de l'encolure, 9.
Dix-huit VERTÈBRES-DORSALES, base du garot et du dos, 10.
Six VERTÈBRES-LOMBAIRES, base du rein, 11.
Neuf CÔTES-STERNALES et neuf CÔTES-ASTERNALES, forment les côtés de la poitrine, 12 et 13.
Le STERNUM, base du poitrail, 14.
Le SACRUM, base de la croupe, 15.
Les ILIONS, bases des hanches, 16.

OS DU TRONC.

Les ISCHIONS, forment la pointe des fesses, 17.
Le PUBIS, forme l'ouverture du bassin, 18.
Les dix-huit COCCIGIENS, base de la queue.

OS DES MEMBRES ANTÉRIEURS.

Le SCAPULUM, b. de l'épaule, 19.
L'HUMÉRUS, base du bras, 20.
Le CUBITUS, b. de l'av.-bras, 21.
L'APOPHYSE-OLÉCRANE, base du coude, 22.
Sept CARPIENS, dont six disposés sur deux rangs forment la base du genou, et le septième, SUS-CARPIEN, est situé en arrière du genou, 23.
Les MÉTACARPIENS, base du canon, 24.
Les PÉRONÉS, 37.
Les SÉSAMOÏDES, bases du boulet.
Les trois PHALANGIENS, qui composent le doigt, savoir : le PATURON, l'Os de la COURONNE, l'Os du PIED.
L'Os NAVICULAIRE ou troisième SÉSAMOÏDE.

OS DES MEMBRES POSTÉRIEURS.

Le FÉMUR, base de la cuisse, 25.
La ROTULE, base du grasset, 26.
Le TIBIA, base de la jambe, 27.
Les six TARSIENS, base du jarret, savoir : le CALCANÉUM, 28, l'ASTRAGALE, 29, et les quatre OS APLATIS, 30, disposés sur deux rangs.
Les MÉTATARSIENS, bases du canon, 31.
Les PÉRONÉS, 37.
Les SÉSAMOÏDES, b. du boulet, 32.
Premier PHALANGIEN ou Os du PATURON, 33.
Deuxième PHALANGIEN ou Os de la COURONNE, 34.
Troisième PHALANGIEN ou Os du PIED, 35.
Le NAVICULAIRE, 36.

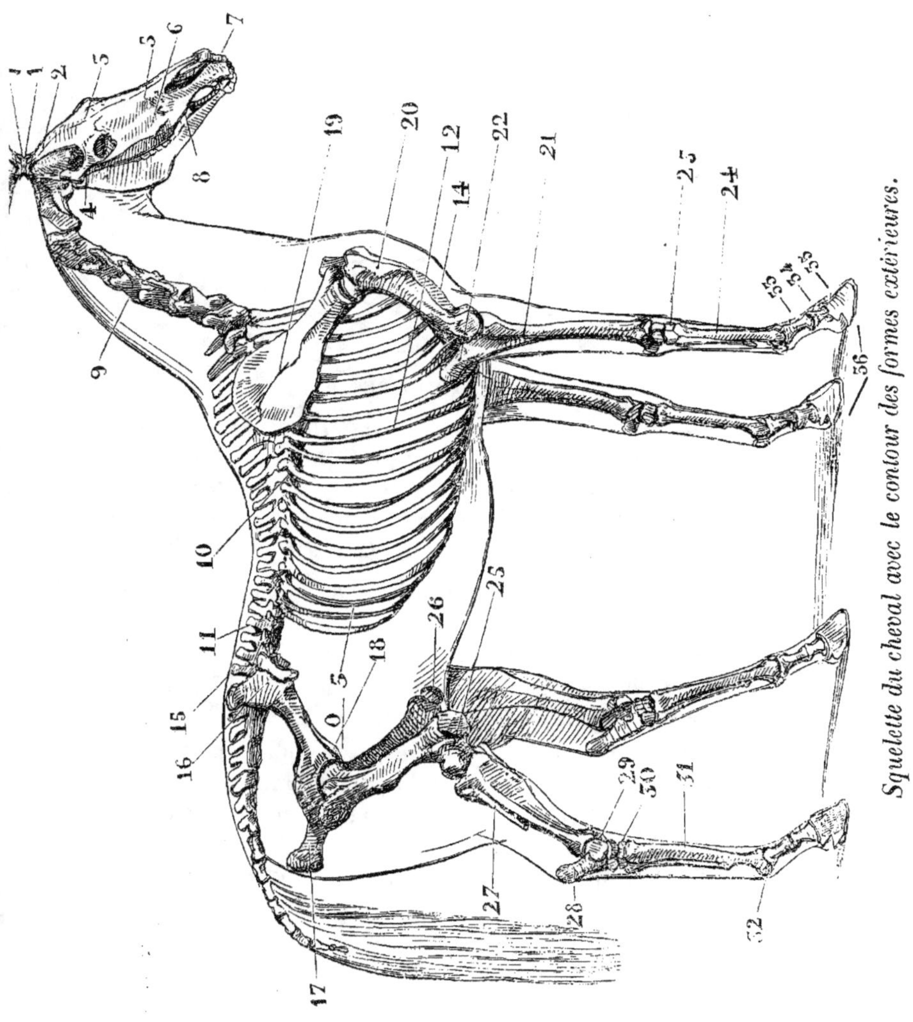

Squelette du cheval avec le contour des formes extérieures.

CHAPITRE PREMIER.

SQUELETTOLOGIE.

Le chapitre Ier, comprendra :
Article 1er, *Anatomie des os ;*
Article 2e, *Des articulations ;*
Article 3e, *Du Squelette.*

ARTICLE PREMIER.

ANATOMIE DES OS.

Usage des os. — Mode de leur organisation. — Texture des os plats, des os longs.—Applications.— Définition du périoste, des ligaments, des ligaments fibreux, des ligaments capsulaires, des cartilages, des ligaments cartilagineux. — Définition des éminences, des épiphyses, des apophyses. — Applications.

Usages des os.

Les *os* forment la charpente solide du cheval, déterminent ses formes et ses proportions, servent à protéger les organes les plus délicats contre l'injure des corps extérieurs ; ils représentent enfin des leviers résistants que meuvent les muscles.

Les os ont pour base une substance nommée *parenchyme,* d'une consistance mi-mole, mi-dure, offrant une multitude de petites cellules qui la font ressembler à un gâteau de mouches à miel.

Par le travail de la nutrition, il se dépose constamment dans ces cellules un sel terreux dit *phosphate calcaire,* d'une nature compacte et résistante, en sorte que plus il encroûte le parenchyme et plus il fait acquérir de dureté aux os. Or, puisque cette imprégnation du phosphate calcaire des os augmente avec le progrès de l'âge, il s'en suit que

les os sont plus compacts chez les vieux chevaux que chez
les jeunes (1).

La texture des os varie selon leurs formes.

Les *os plats* sont composés d'un tissu serré, très-compact, qui leur donne une grande solidité, qualité que
demandent leurs usages de former des boîtes solides,
propres à protéger les organes délicats qu'elles renferment.
Les *os courts* offrent la même texture que les premiers.

Les *os longs*, destinés à servir de colonne de support et
de leviers résistants, devant joindre la solidité à la légèreté,
représentent des cylindres creux ; on sait qu'une lame de
métal disposée en cylindre, forme une colonne plus résistante que si elle était pleine. La circonférence des os longs
est formée par un tissu serré très-compact, qui enveloppe
un tissu lâche aréolaire, disposé de manière à fournir
un canal qui renferme une substance huileuse, nommée
moëlle.

Les os des chevaux de sang sont moins volumineux que
ceux des chevaux communs, mais ils sont d'une texture
plus dense, sont moins sujets aux exostoses et représentent
des leviers plus résistants.

Les os sont entourés d'une pellicule ou membrane dite
périoste, qui fournit une exsudation albumineuse servant
à former la substance osseuse.

Sous le nom de ligaments, on désigne les attaches des os.

Les ligaments fibreux sont formés de fibres blanches très-
résistantes ; ils ressemblent à des cordons blancs.

Ils sont dits *capsulaires*, lorsqu'ils représentent une membrane nommée *capsule*, qui sert non-seulement à réunir

(1) Si on dépouille l'os de son phosphate calcaire, que l'on aura fait
dissoudre, au moyen de l'acide hydro-chlorique, on pourra le rendre
assez flexible pour lui faire prendre une forme quelconque. On prouve
donc par là qu'il doit toute sa résistance à la présence du phosphate
calcaire. La destruction du parenchyme de l'os par la combustion, le
rend cassant et friable.

deux os , mais encore à secréter une espèce d'huile nommée *synovie*, qui lubrifie les surfaces de frottement des os.

Définition des cartilages. Les cartilages sont des parties moins dures, moins rigides que les os , leur couleur est d'un blanc opale.

Ligaments cartilagineux. Lorsque les cartilages réunissent deux os , à la manière des ligaments , ils sont dits *cartilages ligamenteux* ou *fibro-cartilages*.

Définition des éminences. Toute saillie, à la surface d'un os, prend le nom d'éminence ; on les distingue encore en *inarticulaires* et *articulaires* ; les premières sont rugueuses à leur surface, sur laquelle s'attachent les muscles ; les secondes sont garnies d'un cartilage , afin de faciliter le frottement des os avec lesquels elles se réunissent.

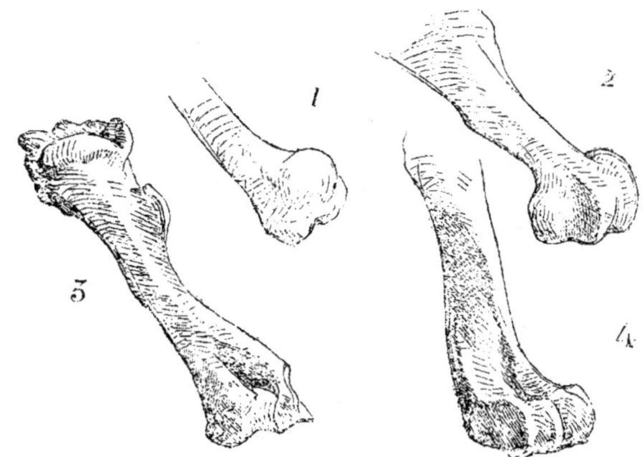

Définition des épiphyses. Les éminences des poulains sont séparées du corps de l'os par une couche de cartilages , c'est ce qui les fait désigner alors sous le nom d'*épiphyses*. (Voyez figure 5.) Cette interposition d'une couche cartilagineuse entre l'éminence et le corps de l'os nuit à sa solidité et explique le danger de faire travailler les jeunes chevaux, dont les éminences sont encore à l'état d'épiphyses.

Des apophyses. Mais avec le progrès de l'âge, ce cartilage d'interposition s'ossifie, en sorte que l'éminence, soudée avec le corps de l'os, ne fait plus qu'une même pièce avec lui, et qu'elle acquiert ainsi la solidité nécessaire pour résister aux efforts des muscles qui agissent sur elle.

C'est après ce passage des épiphyses à l'état d'*apophyses* (voyez figure 2), c'est-à-dire après l'ossification du cartilage d'interposition, qu'on peut faire travailler le cheval sans danger de compromettre sa charpente osseuse. Applications

Mais on déroge souvent à cette règle : de là les chevaux tarés prématurément.

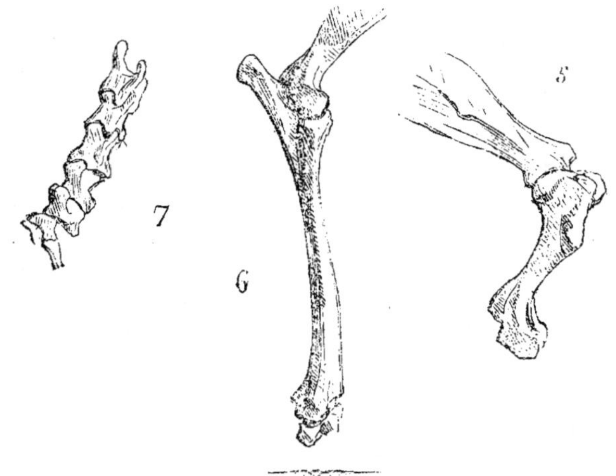

Article Deuxième.

DES ARTICULATIONS.

Définition des articulations. — Des articulations immobiles. — Méthode pour reconnaître les divers genres d'articulations mobiles. — Conditions de l'articulation orbiculaire. — Conditions de l'articulation angulaire. — Applications. — Définition des articulations mixtes.

Deux os réunis entr'eux constituent une *articulation*. On distingue les articulations *immobiles, mobiles* et *mixtes*. Définition d'une articulation.

Les pièces osseuses qui composent la boîte du crâne, réunies entr'elles par leurs bords, au moyen d'espèces d'engrainures, donnent l'exemple des articulations *immobiles*.

Articulations immobiles.

Pour faciliter l'étude des articulations mobiles, on va indiquer une méthode à l'aide de laquelle on pourra les distinguer par la forme des surfaces de frottement des abouts articulaires et par la position des ligaments.

Méthode pour reconnaître les articulations mobiles.

Si une *éminence* ressemble à une moitié de sphère tronquée (éminence en tête) (voyez figure 1), et si elle s'emboîte avec une cavité, on en conclura que les deux surfaces articulaires peuvent jouer l'une sur l'autre dans tous les sens : c'est-à-dire que les abouts articulaires exécuteront des mouvements de *flexion*, d'*extension*, d'*abduction* et d'*adduction*, d'où résultera l'articulation dite *orbiculaire* (voyez figure 5).

Conditions de l'articulation orbiculaire.

De ce genre de mouvements, attribuable à l'articulation orbiculaire, on conclura que le ligament qui réunira ses deux abouts sera situé à leur centre, ou bien qu'il règnera dans toute leur circonférence, au moyen d'une *capsule synoviale*, de telle sorte qu'il permettra les mouvements qu'elle comporte dans tous les sens; on en conclura encore que les muscles s'attacheront autour des deux os; toujours dans le sens des mouvements exécutables.

Dans le cas où la surface de frottement d'une éminence articulaire serait arrondie, seulement d'avant en arrière, et tronquée à angle droit sur les côtés (*éminences condyles*) (voyez figure 4), on en conclura qu'elle ne pourra exécuter de mouvements avec sa cavité, creusée dans le même sens, que d'avant en arrière, d'où résultera une articulation *angulaire*, ou de *charnière parfaite*, susceptible de mouvements de *flexion* et d'*extension* (voyez figure 6).

Conditions de l'articulation angulaire

Évidemment les ligaments seront placés sur les côtés des deux abouts articulaires, là où les mouvements seront impossibles, et les muscles s'attacheront au contraire en avant et en arrière sur les rayons articulaires, toujours dans le sens de leurs mouvements possibles.

On voit par ce qui précède que du moment où on aura su Conclusions. déterminer la forme d'une surface de frottement, on sera amené à en conclure nécessairement le genre de mouvements de l'articulation, la position de ses ligaments et le point d'attache des muscles ; ainsi se trouveront résolues les principales questions qui se rattachent à l'exécution des mouvements de la machine locomotrice.

Les os qui sont attachés par un cartilage ligamenteux , Articulations mixtes. représentent des articulations *mixtes :* tels sont les os de la colonne vertébrale (voyez figure 7). Ce mode de connexion est favorable à donner une grande solidité aux os , en ne leur permettant, toutefois que des mouvements assez bornés , mais souples et très-variés.

On distingue encore les articulations :

1° Par *charnière imparfaite*, qui ont un léger mouvement sur les côtés ;

2° Par *pivot*, ex. l'articulation atloïdo-axoïde ;

3° Par *coulisse*, ex. les apophyses du rachis.

ARTICLE TROISIÈME.

DU SQUELETTE.

GÉNÉRALITÉS.

La description du squelette que renferme ce chapitre est fort abrégée dans ses détails de forme, de contexture, de connexion des os, parce qu'on a cru devoir envisager le but d'utilité de leur étude, bien moins au point de vue de leur anatomie que sous celui de leurs fonctions dans l'exécution des mouvements.

En ce sens, on s'est surtout appliqué à montrer les os comme des leviers destinés à agir sur la masse pour la mouvoir avec une force et une vitesse relatives aux conditions mécaniques plus ou moins avantageuses qu'ils remplissent ; or, ce sera en apprenant à juger ces mêmes conditions des leviers osseux qu'on saura en inférer les diverses qualités des mouvements dans les allures ; leur étendue ou leur brièveté, leur vitesse ou leur lenteur, leur ressort, leur tride ou leur roideur ou leur mollesse.

C'est parce que l'expérience démontre tous les jours la vérité de cette assertion, que nous nous sommes attachés à bien faire comprendre que l'étude des os ne saurait être pour nous une science de mots ; qu'elle s'adresse moins à la mémoire qu'à l'intelligence ; qu'elle démontre presque mathématiquement que c'est dans la connaissance de la charpente osseuse que réside en partie la science du connaisseur ; que c'est elle qui lui apprend à juger les grandes lignes du cheval qui se dessinent sous la peau et lui révèlent ses moyens locomoteurs.

DESCRIPTION DU SQUELETTE.

Le *squelette* est l'ensemble de tous les os d'un même animal, dans l'ordre que la nature leur a assigné.

La division du squelette en trois groupes d'os, pour en faciliter l'étude, repose sur le principe de ranger ensemble tous ceux qui offrent entr'eux des caractères de ressemblance par leur forme et leurs usages.

Dans la première division, on a placé les os de la *tête* qui sont *plats* : ils forment des espèces de boîtes qui renferment des organes très-délicats et les protégent contre les agents extérieurs. Les os plats se rencontrent encore dans d'autres régions du corps.

La seconde division comprend les os *irréguliers* : tels sont les vertèbres et les côtes qui forment le *thorax*.

Dans la troisième division figurent les os *longs* ; leur caractère est facile à saisir ; ils sont cylindroïdes, creux dans l'intérieur, renflés à leurs extrémités et allongés souvent par des éminences ; ils composent les *membres*.

Les ouvrages modernes d'anatomie n'admettent que deux divisions du squelette, savoir : le tronc et les membres. Ils ont réuni la tête au tronc, en raison des traits d'analogie qu'offrent les os du crâne avec ceux du rachis, dont ils semblent être la continuation.

Décrire un os, c'est le dépeindre d'une manière exacte et précise pour qu'on puisse le distinguer d'un autre.

Pour signaler tout ce qui doit rendre une description complète, il faut mettre de l'ordre, suivre une marche régulière dans l'examen de toutes les parties qu'elle comprend ; ainsi on devra étudier :

1° La position de l'os ;
2° Sa configuration ;
3° Ses connexions avec certaines parties ;
4° Ses usages ;
5° Les applications relatives à ses qualités.

Le tronc.

Le tronc comprend *la tête, le rachis* ou *colonne vertébrale, le thorax* et *le bassin.*

La tête, située à l'extrémité antérieure du rachis, se divise en *crâne* et *face.* Le crâne est une boîte osseuse, à parois solides : il renferme le cerveau. La face, située en avant du crâne, offre des cavités destinées à abriter et contenir les appareils des sens.

Les os de la face du cheval sont plus développés proportionnellement que ceux du crâne. Ce rapport entre ces deux parties indique que les qualités physiques du cheval l'emportent beaucoup sur celles de l'intellect.

Chez l'homme, il existe un rapport contraire.

Le crâne.

Les os du crâne sont l'*occipital*, le *pariétal*, le *frontal*, les *temporaux*, l'*ethmoïde* et le *sphénoïde.*

L'*occipital*, os impair, situé à la partie supérieure du crâne, est supporté par une éminence qui donne attache au ligament suspenseur de la tête ; sa partie postérieure offre un trou qui livre passage au prolongement du cerveau.

On veut que la tubérosité de l'occipital soit bien développée pour donner de l'élévation à la nuque.

Le *pariétal* est situé au-dessous de l'occipital, sa surface extérieure est un peu convexe ; il se prolonge sur les côtés pour gagner l'arcade temporale.

Le *frontal* est situé au-dessous du pariétal ; sur ces côtés existe une apophyse qui se réunit au zigomatique pour former avec lui l'arcade orbitaire.

Le frontal doit être large pour donner de l'étendue à la boîte crânienne.

Les *temporaux*, os pairs, situés de chaque côté de la tête, ont pour base une partie pétrée interne qui recèle les organes de l'appareil auditif, et une autre partie externe qui présente une surface articulaire à laquelle se joint le maxillaire ; on y remarque aussi l'apophyse mastoïdienne.

Le *sphénoïde*, os impair, situé en arrière du crâne. Sa base cylindroïde offre sur ses côtés des prolongements qui vont rejoindre les autres parties du crâne dont il représente la clef de voûte.

L'*ethmoïde*, situé intérieurement, forme la séparation entre le crâne et les fosses nasales ; il montre du côté de cette cavité une multitude de petits cornets formés par des lames minces, feutrées ; ils sont placés de champ.

Tous les os de la tête sont réunis par des sutures serrées qui se soudent avec l'âge ; on en distingue cependant toujours la trace.

La face.

La face se compose de 17 os, savoir :

Le *grand sus-maxillaire*, qui forme la base de la mâchoire antérieure ; il est composé de deux lames et offre trois faces, une extérieure correspondant aux côtés de la tête, une interne aux cavités nasales, et une appelée palatine formant la base du palais; à la réunion des deux lames existent les alvéoles où sont implantées les molaires.

Les *sus-nasaux*, os pairs, placés à la suite du frontal, forment avec le grand sus-maxillaire les parois des cavités nasales. Les sus-nasaux se terminent par des cartilages en forme de X qui répondent à l'orifice des nasaux.

Les os qui forment les cavités nasales doivent avoir assez de développement pour leur donner la largeur nécessaire à laisser passer une grande colonne d'air.

Dans l'intérieur des cavités nasales on voit un os ressemblant à une mortaise (*vomer*), destiné à recevoir la cloison cartilagineuse du nez; sur les côtés des parois internes du grand sus-maxillaire existent les cornets qui, par les contours qu'ils décrivent sur eux-mêmes, étendent la surface de la pituitaire qui les recouvre et sert à l'animalisation de l'air.

Les *petits sus-maxillaires* viennent à la suite des grands; leur extrémité inférieure reçoit six incisives.

Il existe encore des petits os situés au bord de la lame interne du grand sus-maxillaire, à l'orifice guttural; on les appelle *palatins et ptérigoïdiens*.

Enfin la mâchoire antérieure comprend encore le *zigomatique*, sur les côtés de la cavité orbitaire, et les *lacrymaux* qui sont situés à sa base.

Le *maxillaire* est la base de la mâchoire postérieure; sa forme est celle du V romain; il présente deux lames développées et applaties par côté. Son extrémité supérieure est garnie d'une surface articulaire qui se joint à celle des temporaux et constitue une articulation de charnière imparfaite; on y remarque aussi une apophyse, dite *coronoïde*.

Le contour antérieur concave du maxillaire présente des alvéoles où sont implantées les molaires; l'espace qui sépare celles-ci des incisives, situées à l'extrémité de l'os, est appelé *espace interdentaire*, et forme en partie la base osseuse des barres.

Le bord postérieur, convexe à sa partie supérieure, répond à la ganache; l'espace compris entre les deux lames forme l'auge et plus profondément le canal, où se loge la langue que suspend un petit os nommé *hyoïde*.

Au point de jonction des lames du maxillaire se remarque une petite apophyse, dite *génienne*, sur laquelle porte la gourmette. Les alvéoles où se logent les incisives terminent la partie inférieure du maxillaire.

On veut que les lames du maxillaire soient écartées suffisamment pour contenir librement les organes qu'elles recèlent.

Le rachis.

Le *rachis* ou *colonne vertébrale* représente une espèce de poutre sur laquelle viennent s'appuyer la plupart des os du tronc; il relie les parties antérieures aux parties postérieures du squelette, et est formé de 31 os nommés *vertèbres* liées entre elles d'une manière assez intime, au moyen d'un *ligament fibreux* qui constitue une articulation mixte. La colonne vertébrale est traversée par un long canal qui contient le prolongement du cerveau.

La colonne vertébrale est divisée en trois régions : la première dite *cervicale*, la deuxième *dorsale*, et la troisième *lombaire*.

Les vertèbres, dans chacune de ces régions, offrent des différences dans leur volume et la manière d'être de leurs apophyses, qui sont subordonnées à leurs différents usages.

Les *vertèbres cervicales* sont au nombre de 7, savoir :

L'*atloïde :* son extrémité antérieure présente deux cavités qui s'emboîtent avec le condyle biconvexe de l'occipital; son extrémité postérieure présente une cavité dans laquelle s'enfonce l'éminence odontoïde de l'axoïde.

L'*axoïde,* indépendamment de cette dernière éminence, est caractérisée par la crête bifurquée qui la surmonte.

Les 5 autres vertèbres sont garnies à leurs surfaces supérieures, latérales et inférieures, d'apophyses peu développées, destinées à fournir des points d'attache aux muscles de l'encolure. On observe que les apophyses latérales ou transversales sont terminées par des surfaces articulaires qui se joignent deux à deux pour prêter des points d'appui plus solides à la colonne cervicale.

Si les vertèbres qui la composent sont plus développées que dans les autres régions, c'est que la nature a voulu départir une grande solidité jointe à beaucoup de souplesse à l'encolure qui est le gouvernail de la machine animale.

Un ligament assez élastique, dit *cervical*, s'attache à la tubérosité de l'occipital et aux premières apophyses du dos.

Sur toute l'étendue de la partie inférieure de ce ligament se développe une vaste expansion qui va gagner la face supérieure des vertèbres cervicales à laquelle elle s'attache.

La force de résistance dont est doué le ligament cervical est suffisante pour soutenir la tête, mais elle est susceptible toutefois de céder à l'action des muscles abaisseurs de l'encolure qui le forcent alors de s'allonger. Quand ceux-ci ont cessé d'agir il revient alors à ses dimensions premières en se raccourcissant et relève la tête.

Les 18 *vertèbres dorsales:* leurs apophyses épineuses sont très-élevées, surtout les 5 premières qui forment le garrot. Ce caractère indique que les leviers qu'elles représentent sont destinés à exercer une grande force sur la résistance du poids de la tête et de l'encolure qu'ils soutiennent au moyen du ligament cervical. L'inclinaison des vertèbres d'arrière en avant était aussi nécessaire pour mieux résister à la traction en sens contraire que cette corde exerce sur elles.

On voit sur les côtés des vertèbres dorsales des apophyses qui prêtent des points d'attache aux muscles, et d'autres qui offrent des surfaces articulaires avec lesquelles les côtes s'articulent par genou ou par coulisse.

Les 6 *vertèbres lombaires* ont pour caractère distinctif des apophyses transverses qui prêtent de larges points d'appui aux muscles.

Les apophyses épineuses, que nous avons vues dans la région dorsale s'incliner d'arrière en avant, perdent de leur inclinaison à mesure qu'elles se rapprochent des vertèbres lombaires, et dans celles-ci elles affectent une direction opposée, c'est-à-dire d'avant en arrière. Ceci s'explique par les fonctions d'un ligament dit *sus-épineux* qui s'étend sur le sommet des apophyses du dos et du rein ; il résiste à l'effort du poids dont il est chargé en tirant d'avant en arrière à partir des premières apophyses du dos où il prend son point fixe, tandis que l'autre extrémité de ce ligament, prenant son point fixe du côté du coxal, fait aussi effort sur le dos et concourt à le suspendre en tirant d'arrière en avant. En résumé, cette direction des apophyses dans le sens opposé à celui du mode de traction du ligament sus-épineux est donc propre à ajouter à sa puissance d'action. C'est ce qui peut le faire comparer aux cables en fer d'un pont suspendu qui soutiennent son tablier en s'appuyant sur ses culées, puisque le ligament suspend le dos et le rein en s'appuyant sur l'avant et l'arrière-main.

On doit faire encore remarquer que la tige osseuse que représentent les vertèbres du dos et du rein, doit tirer toute sa force de support de sa brièveté ; c'est pourquoi on veut que le dos et le rein soient courts.

Les côtes.

Les côtes sont au nombre de 18, divisées en *sternales* et *asternales* ; elles représentent des os longs et aplatis de dehors en dedans et courbés en manière d'arcs de cercle ; en se joignant au rachis et au sternum, elles forment l'espèce de cage qui constitue le thorax.

Les deux premières côtes sternales sont fortes, presque droites, et représentent deux colonnes de support appuyées par leur extrémité inférieure sur le sternum en supportant le rachis par leur extrémité supérieure ; les 7 dernières ne sont pas aussi propres que les deux premières à soutenir le rachis, en raison du cartilage de prolongement de leur extrémité inférieure qui diminue leur solidité d'attache et leur prête plus de mobilité.

Les 9 côtes asternales sont plus minces, plus courtes, plus arrondies que les sternales; elles ont aussi des cartilages de prolongement qui sont longs et aboutissent au sternum, sans s'articuler directement avec lui ; ces différences s'expliquent par les usages particuliers qui leur sont assignés de servir moins de colonne de support au rachis que de moyens d'agrandir et de rapetisser la poitrine par suite de la mobilité dont elles sont susceptibles.

Puisque l'on veut que la poitrine soit large pour renfermer beaucoup d'air, on en inférera que les côtes doivent être longues et bien cerclées pour former une cavité spacieuse.

Le *sternum*, situé à la base du poitrail, est triangulaire, mi-osseux et cartilagineux. Les côtes sternales s'appuient sur lui. Le long cartilage qui le termine est appelé *xiphoïde*.

Le *sacrum*, qui vient à la suite de la dernière vertèbre lombaire, est un os triangulaire formé de plusieurs vertèbres soudées entr'elles ; il s'attache par ses côtés avec les branches de l'ilium et forme avec elles la clef de voûte de l'arrière-main ; à la suite du sacrum sont les os coccigiens au nombre de 15 ou 18, ils forment la base de la queue.

Le *coxal* forme la base de la croupe ; il est divisé en trois parties: l'ilium, le pubis et l'ischium ; elles se réunissent à l'endroit qui forme la cavité dite cotyloïde.

L'*ilium* offre deux angles : l'un interne répond au sommet de la croupe, l'autre externe est la base des hanches ; le pubis forme l'ouverture du bassin ; l'ischium, situé en arrière du coxal, est terminé postérieurement par une éminence qui répond à la pointe des fesses. La partie supérieure de l'ilium et ses bords, ainsi que le coxal, offrent des crêtes raboteuses, des protubérances, des empreintes musculaires qui donnent attache à des muscles.

Le coxal représente un levier du troisième genre, lorsque ses moteurs le font basculer sur les membres de derrière pour relever l'avant sur l'arrière-main ; or, puisque sa puissance comme levier dépend de sa longueur, on en conclura que les belles proportions de la croupe, dont il est la base, sont le caractère propre de sa beauté.

Les membres.

Les membres sont formés d'os cylindroïdes, infléchis les uns sur les autres, de manière à former des angles qui se ferment et s'ouvrent pour produire leur allongement et leur raccourcissement, d'où résulte la locomotion ; ils représentent les quatre colonnes de support de la masse.

Membres thoraciques.

Le *scapulum*, os plat, est couché sur les parois du thorax, dans une direction d'arrière en avant : son extrémité supérieure est surmontée d'un cartilage qui favorise la suspension du corps sur les membres. Sur sa surface externe se voit l'*acromium*. Son extrémité inférieure offre une cavité dite *glénoïde* qui s'articule par genou avec l'humérus. Ces deux os sont réunis par une *capsule ligamenteuse*.

L'*humérus*, os cylindroïde, incliné d'avant en arrière, forme avec le scapulum le premier angle articulaire. A son extrémité supérieure se voit une éminence articulaire en forme de tête en avant de laquelle sont des apophyses dites *trochiter* et *trochin*, qui sont séparées par des rigoles dans lesquelles passent les tendons des muscles ; à son extrémité inférieure se remarque une trochlée externe et un condyle interne qui s'articulent par charnière parfaite avec la surface supérieure du cubitus. Sur les côtes de ces deux éminences se voient les empreintes des muscles qui s'y attachent ; l'extrémité inférieure et postérieure de l'humérus offre une rigole profonde qui sert de point d'arrêt à la base de l'apophyse olécrâne qui la reçoit.

La longueur du scapulum et de l'humérus sont favorables à l'étendue des arcs de cercle qu'ils décrivent.

Le *cubitus*, os long, affecte une direction verticale; il est convexe en avant, son extrémité postérieure et supérieure présente l'apophyse olécrâne qui ajoute à ses dimensions et partant à sa puissance de levier. La surface articulaire qui termine son extrémité inférieure se joint par articulation de charnière parfaite avec les os du genou.

Le cubitus représentant un levier dont l'olécrâne est le bras de la puissance, les belles proportions du cubitus seront favorables à l'étendue des mouvements.

Le cubitus, comme colonne essentielle de support, doit être vertical.

Les *carpiens* sont de petits os de forme irrégulière, placés sur deux rangées de trois chacune; le septième, situé en arrière, prend le nom de *suscarpien*.

La multiplicité des carpiens a pour objet de décomposer les effets du choc qui provient de la marche, afin que les viscères thoraciques en ressentent moins les impressions.

Les carpiens doivent être larges et biens développés.

Le *métacarpien* est arrondi en avant et presque plat en arrière : sur ses côtés supérieurs et postérieurs, il est garni de deux péronés qui sont des espèces de rudiments de métacarpiens.

Les métacarpiens auront des dimensions de longueur inverses de celles du cubitus.

Le *doigt* est composé de trois phalanges, savoir :

La première, le *paturon*, qui se joint supérieurement au métacarpien et en arrière offre les *sésamoïdes* placés là comme deux poulies de renvoi, destinées à éloigner les tendons des muscles qui passent sur elles pour ajouter à leur puissance d'action. Les parties qu'on vient de décrire forment le *boulet*.

On voudra que les paturons aient de justes dimensions pour ne pas trop fatiguer les tendons et les ligaments fléchisseurs du doigt.

Le deuxième phalangien ou *os de la couronne*.

Le troisième phalangien ou *os du pied :* à sa partie postérieure on voit le *petit naviculaire* qui remplit les mêmes fonctions que les sésamoïdes.

Membres abdominaux.

Le *fémur*, os long, situé à la suite du coxal. A son extrémité supérieure existe une tête articulaire qui se joint à la cavité cotyloïde, et dans laquelle il est attaché par un ligament rond. En arrière de cette tête se trouve l'éminence trochantérienne et au-dessous de celles-ci le trochantin. La surface articulaire inférieure du fémur présente une *trochlée* externe et un *condyle* interne ; c'est sur cette surface que glisse la *rotule*, os annexé là comme un prolongement de levier du tibia.

La rotule est attachée au tibia par trois forts ligaments.

Le fémur, qui agit par un levier de premier genre dans son extension, devra offrir des dimensions assez avantageuses pour seconder sa force de levier.

Le *tibia*, os long, triangulaire, a son extrémité supérieure garnie d'un cartilage très-épais, présentant une cavité qui le met en rapport de forme avec l'extrémité inférieure du fémur avec laquelle il a une articulation de charnière parfaite ; par son extrémité inférieure le tibia s'articule avec un des tarsiens *(l'astragal)*.

Les *tarsiens* sont au nombre de 6 : 4 sont disposés sur deux rangs au-dessous de l'astragal. En arrière de ceux-ci est situé le 6°, appelé *calcanéum :* il doit faire avec le tibia un angle de 45 degrés.

La longueur du tibia et du calcanéum est toujours la condition nécessaire de leur puissance comme levier.

Les métatarsiens et les phalanges ne diffèrent de leurs congénères, que nous avons décrits à l'article des membres thoraciques, que parce qu'ils sont plus forts.

Le métatarsien est incliné d'arrière en avant et forme un

angle de plus que dans les membres de devant. Le calcanéum est le prolongement de cet os.

Quoique les quatre membres partagent les fonctions de servir de support au corps, ceux de devant ont plus spécialement
pour usage de soutenir la masse, de l'arrêter, de la faire
rétrograder et de la tirer en quelque sorte en avant, tandis
que ceux de derrière sont essentiellement chargés de la
pousser dans le même sens.

L'examen comparatif des rayons des membres de devant
et de derrière va servir à démontrer cette proposition.

On verra, à l'article de la *myologie*, que le corps du cheval est suspendu sur les membres de devant au moyen des
muscles qui, comme des soupentes élastiques, servent à
amortir la dureté du choc qui résulte de la marche en faveur des organes que renferment les cavités splanchniques.
Cette disposition est donc en rapport avec les fonctions des
membres de devant.

Le mode d'attache des membres de derrière est bien
différent ; comme ils sont chargés de pousser la masse
en avant, fonction qui demande l'emploi d'une grande
somme de force, ils s'attachent d'une manière intime et
très-solide, par les branches de l'ilium avec le sacrum,
au moyen d'un fibro-cartilage. Il en résulte que ce mode
d'articulation se fait presque d'os à os, car le cartilage qui
les réunit a fort peu d'épaisseur, et partant lorsque la pulsion de la masse a lieu par l'extension des membres, elle
s'opère sans aucune décomposition de force et profite d'autant plus à la progression.

L'angle scapulo-huméral, dont l'ouverture regarde le train
de derrière, est propre, en s'ouvrant, à arrêter la masse
quand elle a reçu son mouvement en avant, à la faire rétrograder et encore à la soutenir, fonctions toujours relatives
aux attributions spéciales des membres de devant.

Dans les membres de derrière, l'angle ilio-fémoral, ouvert en avant, en opérant son extension détermine la chasse de la masse dans le même sens.

De la comparaison entre la direction du cubitus et celle du tibia ressort encore la preuve de notre proposition, car, si le cubitus offre une direction verticale, c'est pour servir comme un bois debout à assurer le soutien de la masse.

Dans les membres de derrière, on voit au contraire que le tibia qui correspond au cubitus est fléchi sur le canon, et forme un angle qui, comme un ressort angulaire, concourt à déterminer la pulsion de la masse en avant.

Enfin, lorsque l'on remarque que les pieds de devant sont larges, évasés, tandis que ceux de derrière sont pointus en avant, ne doit-on pas en inférer que les premiers sont propres à donner à la masse une base suffisamment étendue pour son soutien, tandis que ceux de derrière, étant moins larges, sont susceptibles de se cramponner sur le sol et d'y prendre un point d'appui fixe, nécessaire à produire la pulsion de la masse sans décomposition de force.

Les applications qui ressortent de ces faits sont que si le coxal n'est pas fortement rivé au sacrum, il y aura vacillement dans le train de derrière, décomposition de force et par conséquent moins de chasse; que si le cubitus n'affecte pas une direction verticale, ce sera le cas du brassicourt ou du genou arqué, et que la marche sera chancelante: en résumé, toutes les fois que la structure organique ne satisfera pas aux lois de la nature, il en résultera une diminution dans les facultés de mouvement et une cause incessante d'usure.

CHAPITRE DEUXIÈME.

DES MUSCLES.

GÉNÉRALITÉS.

La connaissance des muscles, au point de vue de leur organisation et de leurs usages, s'applique à l'extérieur et à l'équitation. But d'utilité de l'étude des muscles.

Relativement à l'extérieur, puisque les muscles sont les agents actifs des mouvements, il est évident que, selon que les formes qu'ils accusent offriront les caractères de leur force ou de leur impuissance, elles donneront en partie la mesure des facultés locomotiles.

Sous le rapport de l'équitation, l'étude des muscles, en expliquant le mécanisme des mouvements, jettera une vive lumière sur les principes de l'équitation, puisque l'art de provoquer les mouvements et de les maîtriser, renferme le secret de la conduite du cheval.

Ces sujets d'étude comprendront quatre articles.

Article 1er. — Anatomie des muscles.

Article 2e. — De l'action musculaire dans ses rapports avec la force inerte.

Article 3e. — De l'action musculaire dans ses rapports avec les leviers qu'elle met en jeu.

Tableau synoptique des muscles, classés d'après leur usage.

Article 4e. — Considérations sur le système musculaire, relativement aux formes extérieures et aux facultés de mouvement.

Article Premier.

ANATOMIE DES MUSCLES.

Définition des muscles. — Fibres qui les composent. —Définition des tendons.—Des aponévroses.—Des interstices musculaires. —Applications. — Phénomènes de la contraction.—Causes de la contraction. — Définition des muscles volontaires.— Involontaires.—Causes qui modifient la force des muscles.—Définition du tissu cellulaire et de la graisse.— Que l'accumulation de la graisse nuit à la force musculaire.— Et à la sensibilité. — Que les qualités du sang influent sur la force musculaire.—Que la puissance nerveuse influe sur la force musculaire. — Applications. — Que la multiplicité des fibres influe sur la force musculaire.—Que la longueur des fibres influe sur la rapidité des mouvements. —Applications.

Définition des muscles. Les *muscles* sont des organes rouges contractiles, s'appliquant aux os et à tout autre organe qu'ils font mouvoir. C'est pourquoi on les a définis les agents actifs des mouvements. Ils constituent ce qu'on appelle vulgairement la chair.

Fibres qui les composent. Les muscles sont formés de *fibres rouges* contractiles, auxquelles se joignent des *fibres blanches* résistantes.

Définition des tendons. On voit encore ces fibres blanches traverser le corps charnu des muscles, se réunir à leurs extrémités et former des espèces de cordes nommées *tendons*. Les tendons reçoivent les effets de la contraction des muscles et les transmettent aux os auxquels ils s'attachent. Tels sont les tendons qui s'étendent depuis les articulations des genoux et des jarrets, jusqu'aux doigts.

Définition des aponévroses. Ces fibres blanches, lorsqu'elles sont tissées en manière de toile, forment de grandes expansions membraneuses, appelées *aponévroses*. Les aponévroses enveloppent les faisceaux charnus, resserrent leurs fibres, et, en multipliant leurs points de cohésion entr'elles , augmentent beaucoup la force des muscles.

Les muscles, ainsi resserrés par les aponévroses, sont espacés entr'eux par des intervalles nommés *interstices musculaires*. Or , ceux-ci seront donc un signe de force à rechercher , puisqu'ils accusent la cause qui augmente la force musculaire. La dureté des muscles au toucher , étant due également au resserrement des aponévroses, offrira des symptômes des mêmes qualités. *[Définition des interstices musculaires.]*

Les faits d'observation pratique attestent ce qu'on vient d'avancer , car on remarque que les bons chevaux ont des interstices très-prononcés , et que leurs muscles sont durs au toucher. *[Applications.]*

L'organisation des muscles offre encore des vaisseaux et des nerfs , soit pour porter le fluide nourricier aux parties que l'usure a détruites, soit pour leur donner le sentiment et la vie.

Les muscles sont doués de la propriété *de se contracter*. Un muscle se contracte lorsqu'il se raccourcit en rapprochant ses deux extrémités vers son milieu, nommé *ventre*. Du moment où la contraction cesse, le muscle se relâche , s'allonge et rentre dans son état normal. *[Phénomènes de la contraction.]*

La cause de la contraction est due à l'action nerveuse et à l'afflux du sang dans le tissu musculaire ; les nerfs et le sang sont donc les stimulants nécessaires à ce phénomène ; il ne peut avoir lieu sans le concours de ces deux agents , et, en effet , il suffit de pratiquer la ligature des nerfs ou des vaisseaux sanguins d'un organe musculaire , pour faire cesser sa propriété contractile , c'est-à-dire le frapper de paralysie. *[Causes de la contraction]*

On a établi la distinction des muscles, en *volontaires* et *involontaires;* les premiers se contractent par la détermination de la volonté de l'animal, en sorte qu'il a la conscience de ses effets : tels sont les muscles de la locomotion. Mais lorsque cette contraction s'opère sans que la volonté de l'animal y participe, les muscles sont dits alors *involontai-* *[Définition des muscles volontaires ou involontaires.]*

res. Ainsi, le cœur, qui est un muscle, se contracte pour recevoir ou expulser le sang; de même les muscles de la poitrine dilatent ou resserrent cette cavité, sans que l'animal ait la conscience des contractions qui produisent cet effet. Elles s'opèrent par une espèce d'instinct, sous l'empire de la vie organique, pendant le sommeil comme pendant la veille.

Causes qui modifient la force des muscles. Une des questions les plus importantes à résoudre est celle de la force musculaire. Dans ce but on va rechercher les causes qui tendent à l'augmenter, à l'amoindrir ou à la modifier d'une manière quelconque. Les fibres qui constituent les muscles sont réunies entr'elles par une substance formée de lames minces, composant une multitude de petites cellules. Cette disposition lui a fait donner le nom de *tissu cellulaire.*

Définition du tissu cellulaire et de la graisse. Le tissu cellulaire se rencontre dans tous les organes; il réunit leurs éléments constitutifs, il est associé dans certaines parties de son étendue au tissu *adipeux* qui est l'agent sécréteur de la graisse, substance molle, jaunâtre.

Que l'accumulation de la graisse nuit à la force musculaire. Lorsqu'elle existe dans de justes proportions, elle facilite le jeu des parties entre lesquelles elle se place; mais lorsqu'elle s'accumule en trop grande quantité, elle obstrue en quelque sorte les couloirs de l'économie, alourdit les formes et énerve l'action musculaire. Pour bien comprendre cet effet, il faut savoir que la graisse, devenue trop abondante, s'interpose entre les fibres musculaires, détruit leur cohésion, les distend et annihile l'énergie des contractions musculaires; c'est pourquoi les animaux qui sont très-gras sont ordinairement mous et impropres à résister à des travaux fatigants.

Et à la sensibilité. Il arrive encore que la graisse, en enveloppant les nerfs, les dérobe à l'action des agents extérieurs et diminue leur sensibilité. Aussi, remarque-t-on que les animaux perdent leur finesse aux aides quand ils acquièrent trop d'embonpoint.

Puisque les contractions s'opèrent sous l'influence du sang qui se répand dans le tissu charnu, qu'il agit sur elles comme un stimulant, on en conclura que les qualités de ce fluide doivent modifier essentiellement l'action musculaire ; or, quand le sang sera doué de qualités vitales , il produira des contractions plus puissantes que s'il était aqueux, désoxigéné, et les preuves ne font pas faute à cette assertion, car on voit tous les jours les chevaux dits de *pur sang* résister à des travaux auxquels succomberaient ceux qui sont dénués de ce sang éminemment vital, qui est la source de toutes les facultés.

Que les qualités du sang influent sur la force musculaire.

Les nerfs , ainsi que le sang , a-t-on déjà dit , sont les stimulants de la contraction ; par conséquent, leurs qualités, étant variables dans chaque individu , feront varier proportionnellement la force musculaire.

Que les nerfs influent sur la force musculaire.

Qu'on interroge encore l'expérience des faits qui ne trompent jamais , et elle montrera que souvent les chevaux d'une conformation très-chétive supportent des travaux inouïs : tels sont les petits bidets du Conquet ou de la Normandie, qui font 20 à 25 lieues par jour , en portant des fardeaux très-lourds ; on dit vulgairement, alors, qu'ils sont *nerveux* , et on a raison , car cette épithète exprime bien le principe de leurs facultés. Ils ont en effet des nerfs trèspuissants et qui sont la cause des qualités qui les distinguent.

Dans certains cas, l'action nerveuse augmente encore la force des animaux dans une proportion incommensurable. Ainsi, dans des accès de colère ou de rage , dans des attaques de maladies nerveuses , elle développe en eux une force dont on ne les aurait jamais crus susceptibles.

En résumé , le sang et les nerfs sont des éléments efficients de la force musculaire.

Puisque chaque fibre est douée, dans chaque individu , du même degré de force, il est constant que plus elles seront nombreuses, plus elles augmenteront la force des masses

La multiplicité des fibres musculaires influe sur la

force des mus-
cles.

charnues qu'elles constituent ; c'est pourquoi il arrive assez ordinairement que les chevaux qui ont le système musculaire très-développé, sont doués d'une force supérieure à celle des animaux chez lesquels il est grêle, étiolé en quelque sorte.

Leur lon-
gueur est fa-
vorable à la
vitesse des
mouvements.

La longueur des fibres implique d'autres qualités qu'il faut apprécier ; elle influe essentiellement sur l'étendue et la vitesse des contractions ; car on remarque que plus les fibres sont longues, plus elles sont susceptibles de se raccourcir, et de faire décrire aux rayons qu'elles mettent en action des arcs de cercle d'autant plus grands dans des espaces de temps plus courts.

Applications

On en inférera que la longueur des faisceaux musculeux est en quelque sorte l'expression de l'étendue et de la vitesse des mouvements. Aussi l'expérience atteste que les chevaux qui montrent la plus grande vélocité sur les hippodromes, se font toujours remarquer par les belles proportions de leurs rayons supérieurs, et, par conséquent, par celles des muscles qui les recouvrent.

Et de trait.

Les chevaux de trait offrent un contraste-frappant avec les premiers : leurs rayons supérieurs sont assez courts, mais forts et volumineux ; leurs muscles participent des mêmes propriétés, qui sont, du reste, en rapport avec les qualités qui leur sont propres, savoir : de pouvoir supporter de lourds fardeaux.

Article Deuxième.

DE L'ACTION MUSCULAIRE DANS SES RAPPORTS AVEC LA FORCE INERTE.

*Ce qu'on entend par point d'origine et d'insertion. — Causes de
leurs variations.—Conditions voulues pour que le même muscle
étende le fémur, ou redresse le coxal. — Que la volonté de l'a-
nimal ne peut s'opposer à la loi de la pesanteur.—Application
à l'équitation. — Que les théories précédentes ont été suivies
de tout temps instinctivement. — Rôle de la force inerte dans
les mouvements.—Du concours des forces inerte et musculaire
au point de vue de l'équitation. — Conclusions.*

Le poids de la masse ou la force inerte se combine de
telle sorte avec la force musculaire, qu'il peut, selon certaines circonstances données, seconder ou annihiler les effets
de celle-ci. Pour bien comprendre le mode d'action de ces
deux forces et le rôle qu'elles remplissent dans la production des mouvements, il faut d'abord savoir que les muscles
sont fixés aux os par leurs deux extrémités; par exemple,
que celui qui s'attache à un os par une de ses extrémités,
y trouve un point fixe nommé *origine;* que son autre
extrémité est fixée à un autre os qu'on appelle point mobile ou *d'insertion.* Si donc on suppose que le point d'origine
représente une force de résistance égale à un poids de 400
kilos (1), celui d'insertion un poids de 150, et que le
muscle agisse sur ces deux points par une force égale à 300
kilos, il est évident qu'il trouvera une résistance invincible

Ce qu'on
entend par
point d'origi-
ne et d'inser-
tion.

(1) On sait que les poids équivalent aux forces.

de la part de l'origine (400 kilos) tandis qu'il mouvra facilement le point d'insertion (150 kilos).

Variations des points mobiles et immobiles par l'effet de la pesanteur. Mais il faut observer que la quantité de poids dont les os sont chargés sera susceptible de varier, selon les attitudes particulières que le cheval prendra, de telle sorte qu'il pourra arriver que le point qui était le plus lourd devienne le plus léger, et réciproquement que le plus léger devienne le plus lourd, et, par conséquent, que l'origine devienne insertion et l'insertion origine.

Exemple. Un exemple va rendre sensible ce qu'on vient d'avancer. Que l'on suppose un muscle s'attachant d'une part au trochanter, et de l'autre à l'ilion ; si l'on admet que ce muscle se contracte pendant que le membre est levé, il est constant que, faisant également effort sur les deux os auxquels il s'attache, il ne saurait mouvoir l'ilion qui est chargé du poids du membre, tandis qu'il attirera à lui le trochanter ; or le point fixe aura été dans ce cas à l'ilion, et le point mobile au trochanter.

Mais que l'on suppose maintenant une distribution contraire dans la répartition des masses, comme dans le cas où les membres de derrière seraient posés sur le sol, et où le cheval aurait fait refluer sur eux le poids de son avant-main ; alors l'ilion ayant été allégé et le trochanter alourdi par l'afflux du poids sur les membres de derrière, lorsque le muscle viendra à se contracter, il trouvera un point immobile sur le trochanter et un point mobile sur l'ilion, et fera relever l'avant sur l'arrière-main : ainsi le cabrer aura été produit.

Que la volonté de l'animal ne peut s'opposer à la loi de pesanteur. Dans les deux exemples que l'on vient de citer, on a vu que, selon que le cheval allège une partie ou l'alourdit, il met ses forces dans des conditions dynamiques telles, qu'il faut nécessairement qu'elles produisent certains effets déterminés, et qu'alors il n'est plus en la puissance de sa volonté d'en empêcher les conséquences ; elles deviennent incessantes, inévitables ; qu'ainsi il ne saurait détacher la ruade quand ses forces sont disposées pour l'action du cabrer, ou se cabrer quand elles sont combinées pour détacher la ruade.

Si on a bien compris cette démonstration, on saisira facilement les inductions qui en découlent pour l'équitation pratique.

Évidemment le cavalier peut faire prendre au cheval, par l'action intelligente de ses aides, les deux positions qu'on vient d'indiquer pour déterminer le cabrer ou la ruade ; ainsi la position obtenue, produira nécessairement son mouvement corrélatif.

Cette proposition a été formulée en axiome d'équitation dans la méthode de dressage de M. Baucher, et, disons-le tout d'abord, cet axiome, qui veut que la position du cheval commande le mouvement qui lui correspond, est une des vérités les plus incontestables de l'équitation. Si elle n'a pas été comprise de tout temps, comme principe, on ne saurait méconnaître qu'elle n'ait été reçue comme fait accompli dans la pratique instinctive des écuyers de tout les temps, car il est constant que les hommes qui ont brillé par leur talent en équitation, ont dû tout le prestige de leur exécution à l'art de savoir équilibrer le cheval et de le mettre dans des conditions de pondération voulues pour faire ce qu'il ne pouvait se refuser à exécuter. Mais aujourd'hui la science équestre a formulé en principe ce que la pratique instinctive avait produit ; c'est un pas immense dans la voie des progrès de l'équitation.

On vient de voir la force inerte modifier les points d'origine et d'insertion des muscles, et, partant, les mouvements qu'ils exécutent ; mais le rôle de la force inerte ne s'arrête pas là, il s'étend encore aux actions les plus variées de la locomotion. Ce sujet d'étude sera l'objet d'un chapitre de l'extérieur, ayant pour titre : *Des rapports de la force inerte avec l'exécution des mouvements.* On y verra qu'elle seconde l'action musculaire dans la descente, qu'elle contrarie ses effets dans la montée, qu'elle agit dans le cheval de trait comme force efficiente, que dans le cheval de course elle est contraire à sa vitesse, et que c'est pour l'annihiler qu'on fait usage de l'entraînement.

Du concours des forces inerte et musculaire au point de vue de l'équitation — En envisageant la force inerte et la force musculaire comme deux forces qui gouvernent le cheval, qui accélèrent ou ralentissent son mouvement, selon qu'on les combine ensemble, pour en obtenir le plus grand effet, c'est-à-dire qu'on les concentre ou qu'on les oppose les unes aux autres, pour qu'elles augmentent d'intensité ou s'annihilent réciproquement, on arrivera à établir un autre axiôme essentiel d'équitation, à savoir : que les forces inerte et musculaire sont les deux puissances dont le cavalier dispose pour gouverner le cheval, comme le mécanicien se sert de la vapeur pour gouverner sa locomotive.

Conclusions — Résumons-nous. La connaissance du mécanisme de l'action musculaire nous a conduits à ces deux axiômes applicables à l'équitation, savoir : 1° Que la position du cheval déterminée par l'action musculaire engendre nécessairement le mouvement qui lui correspond; 2° Que les forces inerte et musculaire sont les deux agents dont dispose le cavalier pour conduire le cheval. Ces considérations ne figurent ici qu'à titre de bases générales d'instruction. Le *Cours d'Équitation* en donnera les développements.

ARTICLE TROISIÈME.

DE L'ACTION MUSCULAIRE DANS SES RAPPORTS AVEC LES LEVIERS QU'ELLE MET EN JEU.

Effet des muscles s'insérant à angle droit ou à angle aigu sur les os. — Que le levier du troisième genre est le plus favorable à la vitesse. — Os qui agissent par des leviers de troisième, de deuxième et de premier genre. — Proportions des leviers dans les chevaux de course et de trait.— Considérations sur le cheval de service.

Dans l'examen qu'on va faire des différents genres de leviers de la mécanique animale, on démontrera que la nature les a employés, en raison de leurs propriétés.

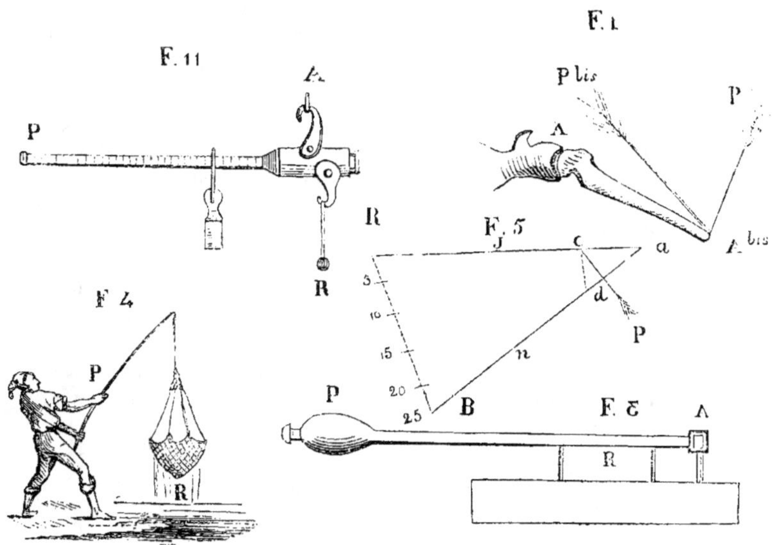

Muscles s'insérant à angle droit sur un os.

Toutes les fois qu'un muscle agit perpendiculairement à l'os qu'il doit mouvoir, il est dans les conditions mécaniques les plus avantageuses pour produire le plus grand effet possible.

Voyez figure 1. Le muscle P A *bis* est perpendiculaire à A A *bis*.

A angle aigu.

Plus au contraire le muscle s'insèrera obliquement, plus il dépensera inutilement sa force, et moins il lui en restera pour produire l'effet sur l'os à mouvoir. Voyez figure 1. Le muscle P *bis* s'insère obliquement sur l'os A A *bis*.

Or, le muscle P, dans le premier cas, n'emploiera que les trois quarts de la force nécessaire au muscle P *bis*, dans le second cas, pour produire sur l'os A A *bis* des effets semblables, parce qu'une partie de la force du dernier sera perdue en agissant dans le sens de A A *bis* (1).

Du levier du 3ᵉ genre.

Quoique le levier du troisième genre soit le moins favorable à produire beaucoup d'effet, la nature l'a employé de préférence aux autres leviers dans la mécanique animale, parce qu'il a la propriété de faire parcourir au bras de levier de la résistance des arcs de cercle d'autant plus grands, que le

---

(1) Un levier est une verge inflexible qui se meut sur un point fixe ou point d'appui.

La force qui met le levier en mouvement se nomme la puissance ; le corps sur lequel il agit se nomme la résistance ; la distance qui sépare ces deux forces du point d'appui, constitue les deux bras de levier de la puissance et de la résistance.

La position du point d'appui et des forces donne lieu à trois genres de leviers, savoir : levier du premier genre ; il a la résistance à un bout, la puissance à l'autre bout, le point d'appui entre les deux bouts : tel est le fléau qui sert à peser les corps. Voyez figure II.

Levier du second genre : le point d'appui est à un bout, la puissance à l'autre, la résistance entre les deux. Exemple : le couteau à racines. Voyez figure 3.

Levier de troisième genre : il a la puissance entre le point d'appui et la résistance ; le filet que soulève un pêcheur, en l'appuyant sur lui, donne l'exemple d'un levier de troisième genre. Voyez figure 4.

bras de la puissance en parcourt proportionnellement de
plus petits; en sorte qu'il est le plus propre à seconder la
vitesse du cheval, qualité qui est son attribut distinct,
comme animal éminemment locomoteur (1).

Les os qui agissent par des leviers de troisième genre

Os qui agissent par le levier de 3ᵉ genre.

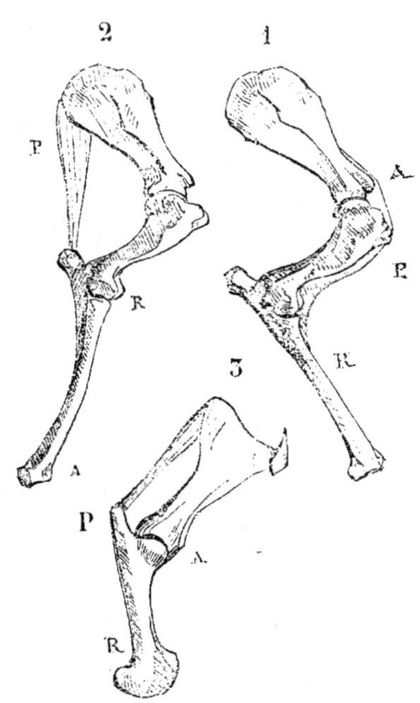

(1) Les lois de la mécanique établissent que plus le bras de la puissance
est long et plus la puissance est grande. Par conséquent, plus le bras
de la puissance est long et plus le bras de la résistance est court, et moins
celui-ci aura de vitesse en décrivant ses arcs de cercle. Réciproquement,
si le bras de la résistance est très-long et celui de la puissance très-
court, il faudra une puissance très-grande pour vaincre la résistance,
mais plus aussi le bras de la résistance aura de vitesse, en parcourant
ses arcs de cercle.

J'emprunte à Milne Edwards une démonstration relative à ce sujet.

sont, par exemple, le cubitus, le canon de devant et le doigt dans la flexion (1).

Exemple. Voyez figure 1. Quand le coraco cubital fléchit le cubitus, son point d'appui est au scapulum , sa résistance au cubitus, et sa puissance au corps charnu du muscle.

Or, on remarque que dans ce cas le bras de la résistance que représente le cubitus, embrasse l'espace à parcourir, aussi est-il très-long relativement à celui de la puissance représenté par l'olécrâne, c'est pourquoi les chevaux vites dans leurs allures on des rayons supérieurs très-longs.

Après le levier du premier genre , celui du deuxième genre est le plus favorable à l'effet que sa puissance exerce sur la résistance ; ainsi le cubitus , le calcaneum et le boulet opèrent leur extension par des leviers du deuxième genre.

Exemple. Quand les scapulo-olécrâniens opèrent l'extension du

La disposition des leviers influe autant sur la rapidité des mouvements produits que sur leur force , et si , en employant une puissance comparativement faible , on peut vaincre ainsi une résistance beaucoup plus forte , on peut aussi , en employant une force motrice d'une vitesse quelconque , obtenir à l'aide de ces instruments un mouvement plus lent ou plus rapide.

Ainsi , supposant (voyez figure 5) que la puissance P agisse sur le levier de manière à faire parcourir au point d'insertion C un espace de 5 dans une seconde , il déplacera en même temps l'extrémité R du levier et le fera arriver en B, avec une vitesse qui sera égale à 25, car la distance parcourue , dans des temps égaux , par ce point , sera cinq fois plus considérable que celle parcourue par le point D.

Avec une force dont la vitesse n'est que de 5 , on produit donc , en l'appliquant au point C, le même résultat que si on appliquait directement au point R une force dont la vitesse serait égale à 25.

Mais , d'après ce qui été dit plus haut , on voit que tout ce qu'on gagne en vitesse , on le perd en force , car c'est surtout en rendant le bras de la résistance plus long que celui de la puissance , qu'on arrive à ce résultat.

(1) Voyez le tableau synoptique des muscles , page 49.

cubitus, la résistance est à l'articulation scapulo-humerale,
la puissance à l'olécrâne, et le point d'appui est au pied
qui pose à terre.

Mais si les mouvements commandent la plus grande
somme de force possible, on voit figurer le levier de premier genre : ainsi le fémur opère son extension sur l'ilion
par un levier de premier genre. Voyez figure 5. La puissance est au trochanter, le point d'appui à l'articulation ilio-
fémorale A, la résistance au fémur R. C'est ce qui explique
la force avec laquelle le cheval détache la ruade.

On fera observer que le tendon perforé et le perforant,
quoiqu'ils ne remplissent pas les conditions rigoureuses de
leviers, puisqu'ils ne sont pas des verges inflexibles, agissent toutefois sur le boulet pendant l'extension, à la manière des leviers, lorsqu'ils les redressent, en poussant
l'articulation d'arrière en avant.

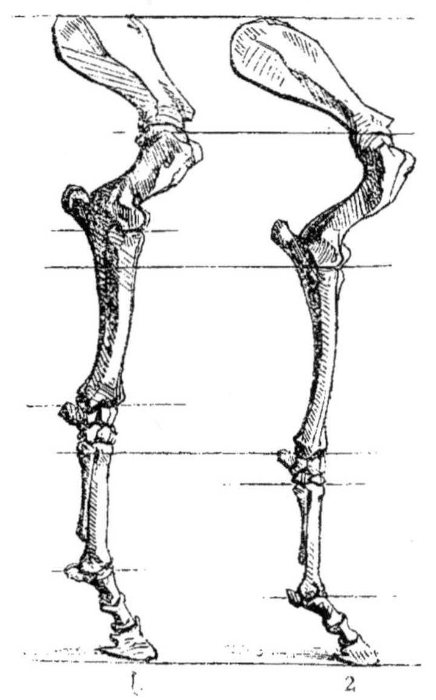

Les propriétés des leviers osseux doivent être relatives aux facultés particulières qu'on recherche dans différentes espèces de chevaux.

Ainsi, on veut que le cheval, qui doit être très-vite dans ses allures, ait des rayons supérieurs très-longs, tandis qu'on demandera au cheval de trait, qui marche à des allures lentes et porte de lourds fardeaux, des rayons moins longs, mais plus larges et plus forts.

On a représenté dans les figures 1 et 2 deux membres, dont la longueur totale est la même, mais qui offrent des proportions différentes dans leurs rayons.

Elles montrent que les rayons supérieurs du cheval susceptible d'une grande vitesse sont très-longs et que son épaule est fort inclinée sur le corps, tandis que dans le cheval de trait les rayons supérieurs sont assez courts.

D'où il faut conclure que, si l'on veut trouver dans le cheval de service une vitesse moyenne et des conditions essentielles de force et de résistance au travail, il faut que ses rayons offrent des dimensions moyennes de celles des deux types précédents.

TABLEAU SYNOPTIQUE DES MUSCLES

CLASSÉS D'APRÈS LEURS USAGES.

NOMS ANCIENS.	NOMS NOUVEAUX.	USAGES ET PARTICULARITÉS.
Panicule charnu.	Sous-cutanés du thorax, de l'encolure et de la face.	Ils servent aux frémissements de la peau et ajoutent à la force des muscles qu'ils recouvrent en les resserrant.

MUSCLES MOTEURS DE LA TÊTE.

NOMS ANCIENS.	NOMS NOUVEAUX.	USAGES ET PARTICULARITÉS.
Splénius.	Cervico-mastoïdien, 15.	Il produit la flexion latérale de la tête et de l'encolure.
Petit oblique.	Atloïdo-mastoïdien.	Fléchisseur de la tête.
Grand oblique.	Axoïde-atloïdien.	Produit le mouvement de rotation de la tête.
	Sterno-maxillaire.	Il abaisse la tête.
	Zigomento-maxillaire.	Il rapproche les deux mâchoires.

MUSCLES MOTEURS DE L'ENCOLURE, DU DOS ET DU REIN.

NOMS ANCIENS.	NOMS NOUVEAUX.	USAGES ET PARTICULARITÉS.
Le commun à la tête, à l'encolure et au bras.	Mastoïdo-huméral, 5.	Il fléchit la tête ou l'encolure, ou porte le membre en avant selon le mode de répartition des masses.
Le grand complexus.	Dorso-occipital.	Releveur de la tête et de l'encolure.
	Sterno-hyoïdien, 1.	Fléchisseur de la tête.

NOTA. — Le ligament cervical doit figurer parmi les muscles de l'encolure, en raison de son action sur elle. Il offre un gros tendon, qui d'une part s'attache à la tubérosité de l'occipital, et de l'autre aux apophyses épineuses. De ce tendon naît une expansion tendineuse qui va gagner les vertèbres cervicales. Quoique d'une nature élastique, il a assez de force de résistance pour soutenir la tête dans son état normal. Lorsque les abaisseurs de l'encolure se contractent, il s'allonge; il se raccourcit au contraire quand ils se relâchent.

Inter-cervicaux.	Inter-vertébraux.	Ils produisent les mouvements partiels des vertèbres les unes sur les autres.
Long dorsal, long épineux, court transversal.	Ilio-spinal.	Il relève l'avant sur l'arrière-main, l'arrière sur l'avant-main, et produit les flexions latérales de la colonne vertébrale.
Psoas de la cuisse et des lombes.	Sous-lombo-pubien et fémoral.	Ils servent à rapprocher le bassin du thorax et à voûter le rein en contre-haut.

MUSCLES SERVANT A LA RESPIRATION.

Le diaphragme.	Le diaphragme.	Il sépare la poitrine de l'abdomen, est aponévrotique à son centre, et musculaire à sa circonférence; en se portant en arrière et en avant alternativement, il agrandit et diminue la cavité thoracique et sert à la respiration.
Inter-costaux.	Inter-costaux, internes et externes.	Ils servent aux deux mouvements de dilatation et de resserrement de la poitrine.
Long dentelé de la respiration.	Dorso et lombo-costal.	Relève les côtes dans l'inspiration.
Grand oblique.	Costo-abdominal.	Produit l'expiration.
Petit oblique.	Ilio-abdominal.	Id. Id.

Nota. — Une large expansion aponévrotique s'étend du sternum au pubis et sert à soutenir l'abdomen. On l'appelle *tunique abdominale*.

MUSCLES SERVANT AUX MOUVEMENTS DE L'ÉPAULE OU DU BRAS.

Releveur propre de l'épaule.	Cervico-sous-scapulaire, 14.	Porte l'épaule en haut et en avant.
Sous-scapulaire.	Sous-scapulo-huméral.	Suspend le membre et le rapproche du corps.
Grand dentelé.	Costo-sous-scapulaire, 2	Il fixe le membre au corps et étend l'épaule.
Portions antérieures et postérieures du trapèze	Dorso-acromien.	Releveur de l'épaule.
Dentelé de l'épaule.	Trachélo-sous-scapul^re, 3	Sert à son extension.

Petit pectoral.	Sterno-scapulaire.	Il tire l'épaule en bas.
Ant-épineux.	Sus-acromio-trochitéren	Extenseur du bras.
Post-épineux.	Sous-acromio-trochité-rien , 4.	Concourt au mouvement de semi-rotation en dehors du bras.
Grand dorsal.	Dorso-huméral , 26.	Sert à l'extension du bras et de l'épaule.
Grand pectoral.	Sterno-trochinien.	Id. id.

MUSCLES SERVANT AUX MOUVEMENTS DE L'AVANT-BRAS.

Le court fléchisseur.	Huméro-cubital.	Fléchisseur de l'avant-bras.
Long fléchisseur de l'a-vant-bras.	Coraco-cubital , 10.	Il fléchit l'avant-bras dans le lever et l'étend dans le poser.
Le gros, le court, le long , extenseurs de l'avant-bras.	Le grand scapulo-olécrâ-nien , 8.	Extenseur de l'avant-bras.
	Le court scapulo-olécrâ-nien, 9.	Id. id.
	Le long scapulo-olécrâ-nien.	Id. id.

MUSCLES SERVANT AUX MOUVEMENTS DU CANON.

Fléchisseur du canon.	Epitrochlo-sus-carpien , 11.	Il fléchit le genou et le canon pendant le lever.
Fléchisseur oblique.	Epicondilo-sus-carpien , 13.	Id. id.
Extenseur droit anté-rieur.	Epitrochlo-prémétacar-pien.	Extenseur du canon.

MUSCLES SERVANT AUX MOUVEMENTS DES PHALANGIENS.

Sublime ou perforé.	Epicondylo-phalangien , 12.	Il suspend le boulet pendant le repos, le fléchit dans le lever et l'étend dans le poser.
Profond ou perforant.	Cubito-phalangien , 16.	Id. id.
Extenseur antérieur.	Epitrochlo - préphalan-gien.	Extenseur des phalanges.
Id. oblique du pied.	Cubito-préphalangien.	Id. id.

Nota. — Le ligament suspenseur du boulet suspend le boulet.

MUSCLES SERVANT AUX MOUVEMENTS DE LA CUISSE.

	Ilio-aponévrotique.	Fléchit la cuisse et resserre les muscles au moyen de son expansion aponévrotique.
Le grand fessier.	Grand Iliotrochantérien 27.	Servent à étendre la cuisse en arrière et à redresser l'avant sur l'arrière-main, selon leurs points d'appui.
Le moyen fessier.	Moyen Iliotrochantérien 17.	

MUSCLES SERVANT AUX MOUVEMENTS DE LA JAMBE.

Le long vaste.	Ischio-tibial externe, 20	Ils fléchissent la jambe dans le lever et l'étendent dans le poser.
Demi-membraneux.	Ischio-tibial interne, 21	
Droit antérieur.	Ischio moyen.	
Le vaste interne, externe et le crural.	Tri-fémoro-rotulien, 19	Ils concourent à relever le membre; ils sont, pendant le poser, à l'extérieur de la cuisse et de la jambe

MUSCLES SERVANT AUX MOUVEMENTS DU JARRET ET DU CANON.

Fléchisseurs du canon.	Tibio - prémétatarsien, 24.	Fléchit le canon.
Les jumeaux.	Bifémoro-calcanien, 25.	Extenseur du jarret.
Extenseur latéral du canon.	Péronéo-calcanien.	Idem.

MUSCLES SERVANT AUX MOUVEMENTS DES PHALANGIENS.

Extenseur oblique.	Péronéo-préphalangien.	Extenseur des phalangiens.
Extenseur antérieur.	Fémoro-préphalangien.	Id. id.
Sublime ou perforé.	Fémoro-phalangien, 22.	Fléchisseur des phalanges.
Profond ou perforant.	Tibio-phalangien, 23.	Id. id.

Les ligaments suspenseurs des boulets ou carpo-phalangien, tarso-phalangien.

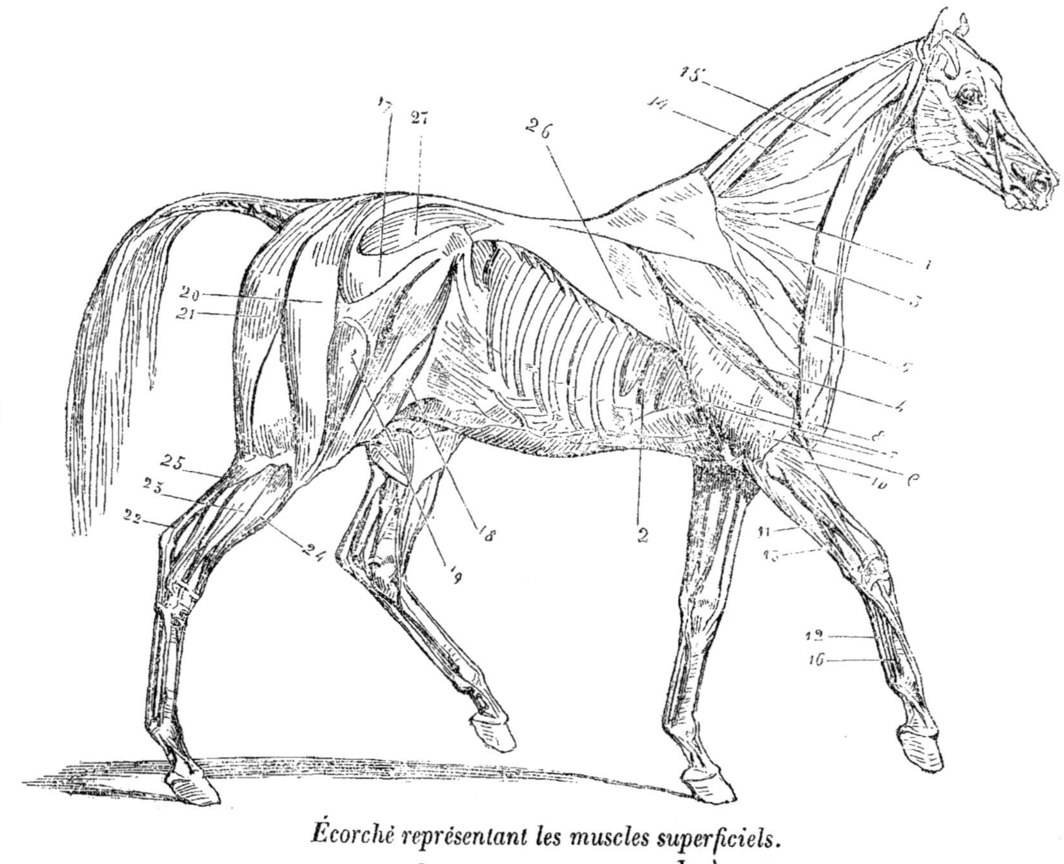

Écorché représentant les muscles superficiels.

Article Quatrième.

CONSIDÉRATIONS SUR LE SYSTÈME MUSCULAIRE RELATIVEMENT AUX FORMES EXTÉRIEURES ET AUX FACULTÉS DE MOUVEMENTS.

Muscles de la tête. — *Des muscles dits grimaciers.—Fonctions du masseter ou des intervertébraux dans les assouplissements de l'encolure.*
Muscles du corps.—*Usage des muscles de la colonne vertébrale.— Formes qu'ils déterminent à l'extérieur. — Des muscles de la respiration.*
Muscles des membres antérieurs.—*Formes des muscles extenseurs de l'épaule. — Muscles du bras et de l'avant-bras. — Double fonction du coraco-cubital.—Mode d'action de l'abducteur du bras. — Muscles fléchisseurs des doigts.*
Muscles des membres postérieurs. — *Fonctions des extenseurs de l'ilion et du fémur. — Doubles fonctions des fléchisseurs de la jambe. — Fonctions du bifémoro-calcaniin. — Symptômes de forces des muscles qui sont chargés d'opérer la chasse de la masse en avant.*

MUSCLES DE LA TÊTE. — Les muscles des yeux, des oreilles, des naseaux et des lèvres, servant aux mouvements de ces diverses parties, déterminent l'expression de la physionomie du cheval, qu'il est si nécessaire de consulter comme symptômes de ses qualités morales. Ces muscles ont été désignés sous le nom générique de *muscles grimaciers*.

Les assouplissements des mâchoires, enseignés par M. Beaucher, tendent à habituer, en quelque sorte, le crotaphite et le masseter à répondre à l'action des aides de la main, et à empêcher que la raideur que l'animal mettrait dans ces muscles ne se communique à l'encolure et ne devienne un moyen de défense contre la volonté du cavalier ; c'est ce qui explique pourquoi M. Baucher n'a pu parvenir à assouplir complètement l'encolure, qu'après avoir découvert que la raideur de cette partie ne pouvait être détruite entièrement que par l'assouplissement des muscles des mâchoires.

Ces muscles des mâchoires ne semblent-ils pas être le point de départ de la contraction de tout le système musculaire de la locomotion, si on en juge par ce fait que l'animal qui entre dans un mouvement de colère commence par grincer des dents, c'est-à-dire, par contracter les muscles des mâchoires, comme si cette contraction était le signal avant-coureur, en quelque sorte, de la contraction de tous les muscles ?

MUSCLES DE L'ENCOLURE. — Les muscles qui agissent sur l'encolure sont de deux sortes : les intervertébraux et les extenseurs et fléchisseurs propres.

Les intervertébraux produisent les mouvements partiels de toutes les vertèbres, lorsque l'encolure ondule, en quelque sorte, dans tous les sens. Ainsi, il peut arriver qu'ils meuvent la première vertèbre sur la seconde, la seconde sur la troisième, et que ce mouvement, s'étendant de proche en proche, s'exécute dans toute la colonne cervicale.

Les assouplissements de l'encolure sont produits par ce mode d'action des muscles intervertébraux ; en agissant successivement sur chaque pièce de l'encolure, pour faciliter leur jeu, ils la forcent à répondre à l'action des aides du cavalier. La pensée qui a dicté ce moyen a donc été de procéder du simple au composé : d'arriver à l'assouplissement de toute la colonne cervicale par l'assouplissement partiel et successif des pièces qui la composent.

Mais quand l'encolure doit se mouvoir tout d'une pièce, en quelque sorte, alors il faut que les intervertébraux se contractent préalablement, pour lier toutes les vertèbres entr'elles et en faire une verge inflexible, sur laquelle s'appliqueront alors les extenseurs ou les fléchisseurs propres de l'encolure, pour lui imprimer sa direction.

MUSCLES DU CORPS. — Les muscles qui meuvent ce grand levier de la colonne vertébrale (ilio-spinal), se rapportent aux actes les plus essentiels de la locomotion, car ils relèvent l'avant sur l'arrière-main, l'arrière sur l'avant-main ; ils allongent ou raccourcissent la colonne, selon que la masse doit accélérer ou ralentir son mouvement : ils la fléchissent enfin, à droite ou à gauche, dans les mouvements latéraux.

Usage des muscles de la colonne.

Si ces muscles sont bien développés et partant forts et souples, ils donneront au dos et au rein une forme plane et large ; mais si le dos et le rein sont étroits et anguleux, on en conclura qu'ils manquent des qualités nécessaires à bien remplir leurs fonctions.

Formes qu'ils déterminent à l'extérieur.

L'équitation apprend qu'en mettant en jeu les muscles du dos et du rein par les assouplissements successifs, on obtient sur ces parties des effets comparables à ceux que l'on vient d'indiquer à l'occasion de l'encolure. Les procédés qui se rapportent à ses résultats sont la rotation des épaules sur les hanches et des hanches sur les épaules ; il en sera question en équitation.

Leurs fonctions au point de vue des assouplissemens

On parlera des muscles de la respiration à l'article de cette fonction. Pour le moment, il faut se borner à dire qu'ils servent aussi à seconder les actes de la locomotion, en ce sens que, quand le cheval fait un effort violent pour sauter ou agir puissamment sur une résistance, la respiration étant suspendue, les côtes deviennent immobiles et prêtent des points d'appui fixes aux muscles qui s'attachent sur elles, ce qui seconde essentiellement les effets de leur contraction.

Muscles de la respiration

MUSCLES DES MEMBRES ANTÉRIEURS. — Les muscles qui recouvrent l'épaule ne sont pas ceux qui la font mouvoir ;

leurs extenseurs existent à la base de l'encolure et sur le
corps ; les uns attirent son extrémité supérieure, tandis
que d'autres impriment à sa partie inférieure un mouvement contraire ; ils produisent ainsi son extension, d'où il
suit qu'ils lui font exécuter un mouvement de bascule sur
son centre.

Lorsque les extenseurs de l'épaule sont bien développés,
ils forment un renflement en arrière du scapulum, qui est
un symptôme de ses facultés de mouvements.

Par suite de ce développement, ces muscles dominent le
plan de l'épaule, font saillie sur elle, en sorte qu'elle paraît
plate. Ce caractère de forme constitue la beauté de l'é-
paule.

La flexion de l'épaule et le transport du membre en avant
sont exécutés, en grande partie, par le commun de la tête
et de l'encolure.

Généralement tous les extenseurs sont plus nombreux et
plus forts que les fléchisseurs, vu qu'ils ont des fonctions
plus difficiles à remplir que ceux-ci, savoir : d'étendre les
membres quand ils sont chargés de la masse.

MUSCLES DU BRAS ET DE L'AVANT-BRAS. — Le fléchisseur
de l'avant-bras (coraco-cubital), devient encore extenseur
du bras et de l'épaule, lorsque le membre est posé ; comme
il ne peut pas amener l'avant-bras en avant, son action
se passe sur le sommet de l'angle (scapulo-huméral), qu'il
comprime et chasse en arrière, à l'aide d'un gros tendon,
faisant fonction de rotule, dont est armée sa partie supérieure.

L'abducteur du bras, le long scapulo-huméral, étant
parallèle aux deux os auxquels il s'attache, ne saurait porter le bras en dehors ; mais pour que son action soit possible,
il faut que le corps s'incline sur le membre, ou s'éloigne de
lui, afin de détruire le parallélisme des deux os et faire que

le muscle puisse porter le membre en dehors : c'est ce qui a
lieu dans la marche par des pas de côté.

MUSCLES DU DOIGT. — Les fléchisseurs du doigt (perforant *Des fléchis-*
et perforé) servent à la flexion pendant le lever du membre ; *seurs du doigt*
mais, aussitôt qu'il a exécuté son poser, ils agissent par
pression sur l'articulation du boulet au moyen de leurs
tendons, la redressent et produisent l'extension du doigt.
Enfin, pendant le repos, ils partagent, avec le ligament
suspenseur du boulet, la fonction de soutenir cette articulation, en sorte qu'ils remplissent les trois fonctions
de fléchir, étendre et soutenir le boulet. On infèrera de
là combien il importe que les cordes tendineuses des fléchisseurs du canon, qui se dessinent à l'extérieur, soient
grosses, fortes et bien écartées du canon, vu que ces caractères assureront leurs propriétés à remplir le rôle important
que la nature leur a assigné.

MUSCLES DES MEMBRES POSTÉRIEURS. — Une large expansion aponévrotique, provenant du muscle (fascia-lata),
s'attache à l'ilion, enveloppe les muscles de la cuisse et de la
jambe, les comprime de manière à ajouter à leur puissance
contractile.

Les muscles fessiers, qui sont les plus volumineux du *Fonctions*
système musculaire, redressent l'avant-main sur les mem- *des extenseurs*
bres de derrière, en faisant agir le coxal par un levier de *de l'ilion et du*
fémur.
troisième genre : c'est ce qui a lieu dans le cabrer ; mais lorsque leurs points fixes s'établissent aux ilions, ils font basculer le fémur sur le coxal, en tirant en avant le trochanter,
tandis qu'ils dirigent le corps du fémur en arrière ; cet effet
produit son extension.

Les fléchisseurs de la jambe (ischio-tibial) servent aussi à *Double fonc-*
son extension, lorsque le membre est posé à terre, car, *tion des flé-*
alors, ils attirent en arrière le sommet de l'angle (fémoro- *chisseurs de*
la jambe.
tibial), tandis que les rotuliens le poussent dans le même

sens, en le comprimant d'avant en arrière, au moyen de la rotule qui s'appuie sur le fémur ; ils sont donc, dans ce cas, extenseurs de cet os et du tibia. Ces muscles dessinent la cuisse et les fesses à l'extérieur. On ne saurait trop rechercher leur développement, car ils donnent la garantie de la force de chasse du train de derrière.

Fonctions du bifémoro-calcaniin. Enfin, les muscles extenseurs du jarret (bifémoro-calca-niin) sont les agents essentiels de l'extension du jarret, puisqu'ils concourent, comme les fessiers et les muscles des cuisses, à la pulsion de la masse en avant. Ils dessineut le mollet.

Symptômes de la force des muscles qui chassent la masse en avant. Si l'on considère que les muscles qui opèrent l'extension de la colonne vertébrale et des membres postérieurs, constituent une série de muscles non interrompue, depuis l'encolure jusqu'à la partie inférieure des membres ; que les fibres qui composent ces muscles s'engraînent les unes dans les autres, de manière à s'entr'aider, se fortifier mutuellement, dans l'action musculaire, on en inférera qu'ils sont les agents essentiels de la chasse, et par conséquent de la progression. Il faut donc attacher une grande importance à la forme des parties qu'ils dessinent à l'extérieur, savoir : le dos, le rein, la croupe, les cuisses et les mollets ; on se rappellera enfin qu'ils doivent offrir, par leur dureté au toucher, leurs interstices bien prononcés et leur grand développement, les garanties de la force nécessaire à chasser énergiquement la masse en avant.

CHAPITRE TROISIÈME.

FONCTIONS VITALES.

GÉNÉRALITÉS.

On vient de voir les muscles s'appliquer sur les leviers osseux et remuer les masses pour exécuter la locomotion ; mais la puissance d'action de ces muscles ne dépend pas seulement des conditions organiques et mécaniques qu'on a précédemment indiquées, elle dépend encore et surtout de la force vitale qui anime les muscles, ainsi que tous les autres organes de l'économie, et élève leurs facultés au plus haut degré d'énergie possible. *Rapport des fonctions d'entretien avec les qualités morales.*

C'est elle qui constitue les qualités de fond, de vitesse, d'haleine, qu'on désigne généralement sous les épithètes de qualités morales ou qualités de race et de sang. Evidemment, elles sont les plus précieuses de toutes, car elles peuvent, jusqu'à un certain point, racheter les qualités physiques, tandis que celles-ci ne sauraient jamais les remplacer complètement. A l'appui de cette assertion, on dira que le cheval d'une conformation régulière qui manquerait de moral, serait comme une locomotive très-bien construite, mais qui, étant mise en action par un moteur impuissant, serait incapable de fonctionner énergiquement.

Comme la force vitale dépend de la manière d'être des

fonctions, il importe donc de les étudier dans leur source, leur mode d'exécution et leur manifestation.

Division et définition des fonctions d'entretien de relation et de génération.

Les fonctions se divisent en trois ordres bien distincts, savoir : en fonctions d'*entretien*, fonctions de *relation* et fonctions de *génération*.

Les fonctions d'entretien sont communes à tous les êtres vivants, végétaux ou animaux ; ils puisent dans le monde extérieur les matériaux propres à s'assimiler à leurs propres organes et à régénérer les parties que l'usure a détruites.

La plante s'entretient et se reproduit comme l'animal.

Mais il appartient à l'animal seul de recevoir les impressions des corps avec lesquels il est en contact, de réagir sur elles à l'aide du mouvement, de se rapprocher des objets qui lui conviennent, et de fuir ceux qui lui sont contraires ; ainsi, la sensibilité et la mobilité sont les attributs caractéristiques de l'animalité. Ces deux facultés sont dans une dépendance indispensable de l'organisation des animaux, parce qu'à la faculté de recevoir les impressions extérieures se rattache celle d'échapper à leurs effets, lorsqu'ils menacent leur existence.

Au contraire, la plante fixée sur le sol n'a pas besoin de fuir les objets qui l'environnent, puisqu'elle est insensible à leur action.

Les fonctions d'entretien comprennent la digestion, la circulation, la respiration, la nutrition et les secrétions ; elles ont été rangées en raison des changements qu'elles impriment successivement aux aliments.

FONCTIONS D'ENTRETIEN.

ARTICLE PREMIER.

DE LA DIGESTION.

Définition des aliments. — De la faim. — Appareil digestif. — Définition du tube digestif. — Description de la bouche. — De la muqueuse de la bouche et de ses productions. — Du voile du palais. — Des dents , de la langue. — De l'arrière-bouche ou pharynx. — De l'œsophage. — De l'estomac ou ventricule. — Des intestins grêles —Des gros intestins.— Organes accessoires de la digestion. — Description des glandes salivaires.—Du foie. — De la rate.— Du péritoine. — De l'épiploon. — Du mésantère. — Actes de la digestion.— Préhension des aliments.—Déglutition des aliments.—Digestion stomacale.—De la chimification.—Digestion intestinale.— De la chylification. —Absorption du chyle.—De la défécation.—Applications.—Résultats d'une bonne digestion. — Moyens de développer les facultés digestives. —Conformation qui annonce cette faculté.

Les aliments sont le principe sur lequel s'exerce la diges- Des aliments
tion , pour former un produit particulier. On étudiera les aliments, dans leur nature et leur propriété nutritive, à l'article de l'hygiène.

Le besoin d'aliment se fait sentir par une sensation qui a son siége dans l'estomac , c'est la *faim.*

L'appareil de la digestion comprend le tube digestif et ses dépendances ou organes accessoires.

APPAREIL DE LA LA DIGESTION. — *Le tube digestif,* qui Du tube di-
gestif.
commence à la bouche et se termine à l'anus. offre des

dilatations ou renflements, dans toute son étendue, tels que la bouche, le pharynx, l'estomac et les intestins.

Bouche, lèvres. La bouche a son ouverture circonscrite par les lèvres, qui servent à prendre les aliments.

De la muqueuse buccale. Une membrane muqueuse, nommée *buccale*, garnit les parois internes de la bouche ; sous la voûte du palais, elle présente des sillons transversaux, dont toute la surface est hérissée de houppes nerveuses, destinées à recevoir les impressions des saveurs.

Voile du palais. A l'extrémité du palais, elle s'abaisse et forme le voile du palais, appelé encore *septum-staphylien;* il est fixé par ses côtés et se prolonge jusqu'à l'épiglotte ; son extrémité inférieure, libre, forme un bord, mince, concave, qui s'élève ou s'abaisse pour permettre ou empêcher la communication de la bouche avec l'arrière-bouche. Cette disposition du voile du palais, chez les grands monodactyles, les empêche de respirer par la bouche.

Des dents. Les dents qui garnissent les mâchoires comprennent les incisives, les crochets et les mâchelières. (1).

(1) Les dents offrent les caractères les plus propres à la classification des animaux ; elles diffèrent, dans leur nombre, leur genre, leur configuration, en raison des aliments dont se nourrissent les différentes espèces animales.

L'homme, qui est omnivore, a des dents incisives, des canines et des mâchelières.

Chez les frugivores, tels que les singes, les mâchelières ont leur couronne garnie de tubercules mousses ; elles leur servent à exprimer le sucre des fruits en les écrasant.

Les carnassiers ont non-seulement des dents canines terminées en pointes aiguës, mais encore des mâchelières, dont les couronnes sont armées de pointes tranchantes, propres à déchirer les chairs des animaux dont ils font leur proie.

On sait que les baleines, ces immenses mammifères qui ont la forme de poissons, ont les mâchoires garnies de fanons de 5 mètres de haut, et à travers lesquels passent les petits mollusques dont ils font leur nourriture.

Les incisives coupent les aliments, les mâchelières les triturent et les broient. On les étudiera plus particulièrement à l'article de l'âge.

Les crochets ne servent pas à la mastication ; ils sont un trait de rapprochement entre les herbivores et les carnivores.

La langue, organe musculeux, de forme oblongue, située au fond de la bouche, sert principalement à diriger les aliments sous les mâchelières et à exécuter la déglutition. La base de la langue est fixée au fond de la cavité buccale, par des replis de la muqueuse qui forment le frein de la langue ; la pointe de cet organe est libre dans tous ses mouvements. *De la langue*

Derrière le voile du palais se rencontre le *pharynx* ou arrière-bouche ; le pharynx est composé de deux couches membraneuses superposées : l'une externe est musculeuse, l'autre interne, muqueuse, se continue avec les mu- *Arrière-bouche ou pharynx.*

On a parlé des dents des herbivores au sujet du cheval ; il faut ajouter que les ruminants qui appartiennent à cette famille n'ont pas de dents à la mâchoire antérieure, qu'elle est garnie d'un bourrelet très-dur, sur lequel s'appuient les incisives lorsqu'elles coupent les aliments.

On avait cru longtemps que les oiseaux étaient dépourvus de dents ; mais un examen plus attentif de leur bec a fait reconnaître qu'il était garni d'une pièce cornée très-dure, qui leur sert à mâcher les aliments.

Les oiseaux de proie, qui se nourrissent de chair, ont un bec crochu et tranchant, pour saisir et déchirer leur proie.

Rien n'est plus curieux que l'appareil de mastication de certains reptiles. Ils ont deux rangées de dents, l'une sur les arcades des maxillaires, l'autre sur les os palatins. En avant de leurs mâchoires sont les dents à crochets venimeux, qui sont mobiles et creusées d'une gouttière qui livre passage au venin secrété par une glande qui est située à leur base ; en sorte que, lorsque ces crochets s'introduisent dans les chairs des animaux, ils compriment ces glandes, en expriment le venin qui passe par le conduit des crochets, et s'introduit dans les chairs.

Les mâchoires de plusieurs espèces de poissons sont armées d'un grand nombre de dents ; il en existe même sur les os palatins ; elles sont

queuses du nez et de l'œsophage. C'est dans cette cavité qu'aboutissent les ouvertures du nez et celles des conduits de l'air et des aliments. Le pharynx enveloppe le bol alimentaire, au moment de la déglutition.

Œsophage. A la suite du pharynx, vient l'*œsophage*, conduit qui porte les aliments dans l'estomac.

L'œsophage est formé : 1° par une tunique extérieure musculaire, qui se resserre sur le bol alimentaire et le pousse d'avant en arrière; 2° par une tunique muqueuse, garnissant les parois internes de la première ; elle secrète un mucus qui facilite le passage des aliments et concourt à les animaliser. Après avoir franchi la poitrine et les piliers du diaphragme, l'œsophage se courbe de haut en bas et s'inscrre obliquement entre les membranes de l'estomac ; cette disposition concourt à rendre le vomissement très-difficile chez le cheval.

Estomac. L'estomac fait suite à l'œsophage ; sa forme est celle d'un

disposées, dans les squales et dans les terribles requins, sur trois rangées.

Certains crustacés, tels que les écrevisses, offrent une particularité très-bizarre, c'est l'existence d'un appareil de mastication situé dans leur estomac ; il représente deux arcades dentaires, armées d'espèces de dents.

Pour dernier trait caractéristique de la subordination parfaite que la nature a mise entre les instruments de mastication et la nature des aliments, on fera remarquer que les insectes ont des appareils de mastication qui varient suivant la forme qu'ils prennent dans leurs métamorphoses.

Ainsi, à l'état de larves ou de chenilles, les insectes étant très-voraces, ont de fortes mandibules et des mâchoires, avec lesquelles ils saisissent et dévorent leur proie ; mais quand ils ont revêtu la forme de papillon, qu'ils sont devenus habitants des airs, ils prennent une organisation plus délicate, des appétits moins voraces, leurs nombreuses mâchoires se sont changées alors en trompe roulée, espèce de siphon avec lequel ils vont pomper, dans le calice des fleurs, le nectar dont ils font leur nourriture.

sac allongé ou d'une cornemuse ; il est situé dans l'abdomen, derrière le diaphragme, à travers la colonne vertébrale ; sa partie inférieure présente une grande courbure convexe, sa partie supérieure, une courbure concave, beaucoup moins étendue. Au point de réunion de ces deux courbures, existent deux ouvertures ; l'une à gauche (œsophagienne), l'autre à droite (pylorique), qui ne s'ouvre que lorsque les aliments chimifiés doivent la traverser pour se rendre dans les intestins grêles.

Les parois du ventricule sont formées par trois tuniques :

La première, séreuse perspirable ; la seconde, musculaire ; la troisième, muqueuse. La surface interne de celle-ci est garnie de villosités et follicules, qui secrètent le suc gastrique. L'intérieur de l'estomac offre une frange circulaire qui le partage en deux sacs, l'un (œsophagien) situé à gauche, l'autre (pylorique) à droite (1).

(1) L'estomac de l'homme a plus de ressemblance avec celui des carnivores qu'avec celui des herbivores. Les carnivores ont un estomac unique.

Les ruminants, qui appartiennent à la classe des herbivores, ont un estomac composé de quatre poches, savoir : la panse ou rumen, le bonnet ou réseau, le feuillet et la caillette. A la partie supérieure des deux premières poches se trouve une gouttière dite œsophagienne. Les aliments qui arrivent en abondance à l'estomac et qui n'ont pas été ruminés font effort sur la gouttière, en aplatissent les bords, et, en la franchissant, passent dans la panse et le bonnet ; mais lorsque les aliments sont remontés de l'estomac dans la bouche et qu'ils ont été de nouveau triturés, c'est-à-dire, ruminés, alors, étant devenus demi-fluides, lorsqu'ils viennent à se présenter à la gouttière, ils ne sauraient faire assez d'efforts sur elle pour la dilater ; ils la traversent, s'introduisent dans le feuillet, et ensuite dans la caillette.

Chez les oiseaux de proie, l'estomac est simple, mais celui des granivores est très-compliqué ; ainsi, il se compose du jabot, premier réservoir des aliments, et d'un gésier, dont les membranes externes musculaires, sont douées d'une très-grande force de contraction, et les parois internes sont denses, cartilagineuses, et susceptibles de triturer les aliments.

Les intestins font suite à l'estomac ; ils se distinguent en intestins grêles et gros intestins ; leur longueur est de 29 mètres.

Intestins grêles. Les intestins grêles sont placés dans l'hypochondre et le flanc gauche ; ils sont comme appendus à la colonne vertébrale par le grand mésentère.

Gros intestins. Les gros intestins comprennent trois portions : 1° le cœcum, espèce de poche de forme pyramidale ; 2° le côlon, qui se reconnaît par ses nombreuses bosselures, destinées à augmenter les surfaces des parois internes sur lesquelles portent les aliments ; 3° le rectum, qui est également distingué par des bosselures, où se forment les crottins. Un muscle, *sphincter*, forme l'anus, qui est l'ouverture extérieure de ce dernier conduit.

Organes accessoires du tube digestif. — Les glandes qui accompagnent le tube digestif dans son trajet, sont les glandes salivaires, le foie, la rate et le pancréas.

Glandes salivaires. Les glandes salivaires, formées de granulations jaunâtres, sont situées sous la langue et près de la gorge ; elles secrètent la salive.

Le foie. Le foie, organe glanduleux, de couleur brunâtre, est situé en arrière du diaphragme et en avant des viscères abdominaux. Il est divisé en trois lobes, reçoit le sang veineux dans son tissu et en extrait la bile, qui est conduite par le canal cholédoque dans l'intestin grêle.

Le pancréas est situé sous les lombres ; il secrète la liqueur pancréatique.

La rate. La rate est un organe spongieux, vasculaire ; sa forme est celle d'une faulx ; elle est suspendue à la courbure convexe de l'estomac par un repli du péritoine, et sert de réservoir au sang en rétablissant l'équilibre de la circulation abdominale.

Péritoine. Le péritoine est une membrane séreuse qui exhale continuellement, sous forme de vapeurs, la sérosité du sang.

Le péritoine, après avoir garni toute l'étendue des parois internes de l'abdomen, fournit à tous les viscères que renferme cette cavité des prolongements qui les enveloppent de toute part à la manière de sacs ; il sert encore à les suspendre dans l'abdomen. Le péritoine est utile à la perspiration abdominale ; il est à l'abdomen, ce que la peau est à toute l'étendue du corps. Péritoine.

Au-dessus de l'estomac, il se dispose comme une calotte sphérique nommée *épiploon*, présentant un grand nombre de replis qui recèlent la graisse ; cette substance, étant mauvais conducteur de calorique, sert à le concentrer en faveur de l'estomac. De l'épiploon.

Sous le nom de *mésentère* on désigne cette portion du péritoine qui suspend les intestins et les dispose à la manière d'un épervier ; le mésentère soutient les vaisseaux et les nerfs qui viennent des intestins ou qui aboutissent à ce conduit. Du mésentère.

ACTES DE LA DIGESTION. — Après avoir décrit l'appareil digestif, on va exposer les actes qu'il exécute successivement pour produire le chyle.

L'animal commence par flairer les aliments ; son odorat l'avertit s'il doit les prendre ou les rejeter. Si on voit parfois des animaux prendre des plantes vénéneuses et s'empoisonner, c'est que l'habitude de la domesticité a émoussé la susceptibilité de leurs sens.

Les lèvres remplacent chez le cheval les instruments de préhension des quadrumanes et de certains rongeurs ; elles saisissent, comme des mains, les aliments et les portent sous les incisives qui les coupent ; dirigés ensuite par la langue et les joues entre les tables des molaires, ils y sont triturés. Préhension des aliments.

Au moment où les aliments arrivent dans la bouche, leur présence dans cette cavité stimule la secrétion des glandes salivaires qui dégorgent la salive ; les aliments s'en imbibent, se ramollissent et deviennent plus susceptibles de recevoir des modifications ultérieures.

Déglutition des aliments. Ensuite s'exécute leur *déglutition :* les joues, la langue rassemblent toutes les parcelles disséminées des aliments, en forment une boule nommée *bol alimentaire ;* ce bol est dirigé vers la pointe de la langue qui se creuse en forme de cuillère pour le recevoir ; elle s'applique ensuite par sa pointe sur le palais, et forme un plan incliné sur lequel le bol glisse jusqu'au bas du voile du palais, qui aussitôt s'élève et livre passage au bol dans le pharynx ; celui-ci l'enveloppe, le fait passer au-dessus de l'orifice du conduit de l'air (la glotte) que ferme l'épiglotte.

La déglutition étant opérée, les aliments cheminent dans toute l'étendue de l'œsophage et arrivent jusque dans l'estomac. Ils sont poussés vers ce viscère par la tunique musculaire qui se resserre sur eux d'avant en arrière.

Digestion stomacale. L'arrivée des aliments dans l'estomac est le signal d'une crise dans l'économie qui appelle vers ce viscère toutes les forces vitales distribuées sur les autres organes. Ceux-ci, privés alors de leur stimulant, s'énervent, s'engourdissent en quelque sorte, et passent à cet état d'atonie que témoigne l'assoupissement que ressentent les animaux au moment où commence la digestion.

Ce fait doit être pris en considération ; il indique que, puisque la première digestion demande le concours de toutes les forces vitales, ne pas seconder ce moyen d'action serait agir contrairement au vœu de la nature, et empêcher la digestion de s'accomplir régulièrement. Il ne faut donc pas faire travailler le cheval à des allures vives, lorsqu'il vient de prendre un repas, puisque ce serait appeler les forces vitales en faveur des organes du mouvement, et les détourner de l'estomac qui doit les employer à opérer la digestion stomacale.

De la chymification. Aussitôt que les aliments arrivent dans l'estomac, le sang y aborde de toutes parts, les secrétions du suc gastrique

s'accélèrent, les parois du viscère se contractent par un mouvement vermiculaire dit *péristaltique*, qui porte les aliments
du pylore vers l'œsophage, et de l'œsophage vers la première
ouverture ; mais toutes deux restent fermées d'abord, et ce
n'est que lorsque les aliments ont été suffisamment transfor-
més en *chyme* par leur imprégnation du suc gastrique, que
le pylore leur livre passage dans les intestins grêles.

Le chyme est une matière d'une couleur grisâtre homogène.

Comment se fait cette transformation des aliments en
chyme ?

Dans l'état actuel de la science physiologique, il est reconnu que la chymification est une opération essentiellement
vitale, que le suc gastrique en est l'agent principal, que les
systèmes nerveux, musculaire et vasculaire y prennent
une part plus ou moins active, et qu'elle ne saurait se
passer de leurs concours (1).

Les matières qui ont résisté à l'action digestive, ainsi que le chyme introduit dans les intestins grêles, y rencontrent la bile et la liqueur *pancréatique*, qui paraissent avoir la pro- priété de neutraliser l'acidité du chyme ; en dernier résultat elles concourent à changer le chyme en *chyle*, fluide qui ressemble à du lait. Digestion intestinale. Chylification.

L'absorption du chyle dans les intestins grêles se fait de la manière suivante : des bouches béantes du côté des parois internes des intestins, pompent, à la manière de syphons, le chyle, et, comme ces bouches sont les orifices des conduits chylifères, une fois que le chyle y est introduit, il parcourt Absorption du chyle.

(1) Les digestions artificielles faites par Spallanzani, à l'aide du suc
gastrique, prouvent qu'il joue un grand rôle dans la chymification, mais
elles ne détruisent pas l'opinion qu'il existe d'autres agents utiles à la
chymification.

Le temps a fait raison des hypothèses des anciens physiologistes, qui
avaient établi que la chymification était le produit d'une coction des aliments ou d'une trituration ou encore d'une macération.

leur étendue et est porté par eux jusqu'à un réservoir placé sous les vertèbres lombaires, et enfin celui-ci se dégorge au moyen du canal thoracique dans une des veines qui aboutissent à l'oreillette droite du cœur.

Les gros intestins, le cœcum et le côlon, reçoivent le résidu des matières chylifiées dans les intestins grêles, aussi ne renferment-ils que peu de principes susceptibles de former le chyle; son absorption est presque nulle dans ces conduits.

A mesure que le mouvement péristaltique pousse le résidu des aliments vers le rectum, il y est recueilli, façonné en crottin dans ses bosselures, pour y être bientôt rejeté au dehors par la défécation.

Défécation. La défécation s'exécute par une forte expiration qui refoule les matières excrémentielles vers le sphincter et le force à s'ouvrir pour livrer passage aux crottins.

Applications. Arrivons maintenant aux applications qui ressortent de l'enseignement des phénomènes digestifs.

Résultats d'une bonne éducation. Évidemment une bonne digestion produira un chyle abondant et de bonne nature; or, puisque ce chyle est un des matériaux essentiels propres à former le sang, il s'ensuit que les quantités et les qualités de celui-ci dépendront des qualités et des quantités de son principe efficient, le chyle; et en effet, puisque le sang est non-seulement le principe générateur de tous les tissus, mais encore le stimulant qui élève les facultés morales au plus haut degré d'énergie qu'elles puissent atteindre, le cheval qui devra les qualités de ce fluide à la faculté de bien digérer, sera susceptible de bien s'entretenir et de résister aux efforts du travail.

Moyens de développer les facultés digestives. Les moyens qui répondent à ce résultat à obtenir seront indiqués par l'hygiène; ils ressortiront des conditions de régime, de travail et de nourriture que l'on doit subordonner à celles de l'âge, du tempérament et des habitudes de repos ou de travail.

Conformation qui an- Si une bonne digestion exerce une influence si puissante sur la force et la santé du cheval, on en conclura la néces- nonce cette fa-
culté. cité de rechercher les symptômes qui accusent en lui la faculté de bien digérer ; or, ces symptômes seront des côtes bien cerclées, des flancs bien pleins, une poitrine spacieuse.

Lorsque la digestion a été bien faite, les excréments ne renferment aucune parcelle de substances alimentaires qui n'aient été modifiées.

Article Deuxième.

DE LA CIRCULATION.

Des fluides circulatoires.— *But de la circulation.—Définition du sang artériel, du sang veineux.—Composition du sang.—Définition des globules. — Des globules sanguins au sujet de pur sang. — Propriétés des globules sanguins. — Faits d'histoire naturelle relatifs aux globules sanguins. — Définition de la lymphe.*
Appareil de la circulation. — *Description du cœur, des valvules auriculo-ventriculaires, des vaisseaux du cœur.—Description de la plèvre, du péricarde, des artères, des veines, des capillaires, des lymphatiques, des systèmes vasculaires.*
Fonctions circulatoires. — *Description des trois espèces de circulations, de la circulation pulmonaire, de la grande circulation, de la circulation fœtale.—Résultats de la circulation.—Applications.—Influence du travail et de l'alimentation sur le mouvement du sang.*

Le chyle, que l'on vient de voir se former par l'acte diges- But de la
circulation tif, a besoin d'être porté aux poumons pour se modifier au contact de l'air qu'ils recèlent. C'est au moyen de la circulation que ce transport a lieu ; il s'exécute encore sur d'autres fluides de l'économie, tels que le sang , la lymphe, etc.

Définition du sang artériel. — DES FLUIDES CIRCULATOIRES. — On distingue deux espèces de sang, l'un dit *artériel*, l'autre *veineux*. Le sang artériel est le produit du chyle, combiné avec divers fluides de l'économie et l'air atmosphérique ; il est éminemment doué de propriétés vitales ; sa couleur est pourpre, sa température est plus élevée que celle du sang veineux ; il sert à nourrir tous les tissus, à vivifier et stimuler tous les organes.

Sang veineux. — Mais lorsqu'il a ainsi rempli son rôle dans les actes de la vie, il a perdu ses propriétés vitales, sa température s'est abaissée, il s'est décoloré, usé, en quelque sorte ; il n'est plus qu'un détritus de lui-même, il est devenu *sang veineux*.

Composition du sang et définition des globules sanguins. — Le sang se compose d'un liquide jaunâtre, transparent, qu'on nomme *sérum*, il tient en suspension une foule de corpuscules de formes arrondies et de couleur rouge qu'on appelle *globules sanguins*.

Lorsque le sang se refroidit, il se divise en deux parties : l'une liquide, nommée *séreum*, et l'autre solide, le *caillot*.

Le sérum et les globules, soumis à l'analyse chimique, fournissent plusieurs éléments constitutifs, savoir : de l'albumine, de la fibrine, une matière grasse et une matière colorante contenant du fer et différents sels. Ces éléments sont probablement encore décomposables, puisqu'ils contiennent tous les matériaux propres à former les organes ; ainsi, la fibrine forme le tissu musculaire ; l'albumine, les tissus blancs ; les sels calcaires constituent le tissu osseux. On fera remarquer que les organes ne font que séparer du sang les matériaux propres à leur régénération ; ils ne les créent pas, ils les trouvent tous formés et se les approprient.

Des globules sanguins — Les globules du sang jouent un rôle assez important dans la production des facultés morales du cheval, pour que nous nous y arrêtions un instant (1).

La question des qualités du cheval de pur sang, après avoir été si longtemps controversée, a été résolue de nos jours par l'évidence des faits pratiques d'observation et par la découverte que la chimie organique a faite sur la composition du sang. Cette science nous a démontré que le sang des animaux d'élite, ceux que l'on qualifie de l'épithète de pur sang, était formé d'une plus grande quantité de globules sanguins que celui des animaux communs; qu'il était moins aqueux, plus chaud, plus coloré.

Mais quel est donc le rôle des globules sanguins dans la production des facultés du cheval? Evidemment il consiste à nourrir, régénérer, et surtout stimuler les organes, élever leurs facultés au plus haut degré de puissance qu'ils puissent atteindre; or, plus ces globules seront nombreux dans un animal, plus ils le doteront de qualités supérieures.

Quelques considérations empruntées à l'histoire naturelle vont confirmer ce qu'on vient d'énoncer. De tous les animaux, les oiseaux sont ceux qui peuvent franchir les plus grandes distances, par la rapidité et la durée de leur vol. On a calculé que la frégate et l'aigle pouvaient faire le tour du monde en neuf ou douze jours ; eh bien, de tous les animaux, les oiseaux sont aussi ceux dont le sang renferme le plus de globules sanguins; sur 100 parties, il en contient 14 à 15 ; leur sang est aussi plus chaud et plus coloré que celui des autres animaux (2).

(1) Une expérience des plus concluantes confirme ce fait : on est arrivé à ranimer un animal frappé d'asphyxie, en transfusant dans ses veines du sang d'un animal appartenant à son espèce ; si cette transfusion avait été faite avec du sang dépouillé de ses globules, non-seulement l'asphyxie aurait continué, mais la mort serait survenue. Ce fait n'a pas besoin de commentaires.

(2) L'analyse du sang de l'homme donne 13 parties de globules sanguins sur 100 parties; dans les reptiles et les mollusques, 100 parties de sang ne renferment que 6 ou 7 parties de globules.

La décoloration du sang et son abaissement de température sont aussi un symptôme de diminution des facultés des animaux. Les mollusques, les insectes et les zoophites qui sont au dernier degré de l'échelle des êtres, ont le sang blanc et froid.

Définition de la lymphe.

La *lymphe* est un liquide d'un blanc laiteux ; elle se compose du chyle et du produit de tous les débris des organes ; elle sert, ainsi que le sang veineux, à nourrir les tissus, ce qui a donné lieu de dire que l'animal vit de sa propre substance.

Définition de la circulation.

APPAREIL DE LA CIRCULATION. — L'appareil de la circulation se compose du *cœur*, espèce de pompe foulante et aspirante, qui reçoit les liquides de l'économie et les expulse dans toutes les régions du corps ; les canaux qui correspondent avec ce viscère lui fournissent des moyens de transport de ces liquides jusqu'à leur destination.

Le cœur est un organe creux, musculaire, situé dans la poitrine ; il a la forme d'un cône renversé, renferme quatre cavités et est suspendu par de gros vaisseaux aux vertèbres dorsales. Il est enveloppé dans une espèce de sac membraneux, nommé *péricarde*, que forment deux lames, l'une extérieure fibreuse, l'autre interne séreuse, secrétant l'humeur péricardienne. Le péricarde sert à limiter les mouvements du cœur dans une sphère d'activité normale.

Le cœur est isolé des poumons par deux lames du *médiastin*, cloison membraneuse formée par la plèvre dont on parlera plus tard.

Le cœur est en quelque sorte double ; il offre deux cavités droites : l'une dite *oreillette droite*, l'autre, *ventricule droit* ; elles renferment le sang veineux. Les deux cavités gauches se composent de l'*oreillette gauche* et du *ventricule gauche* ; elles contiennent le sang artériel. Une cloison charnue, nommée *septum médian*, sépare les deux cavités droites des deux cavités gauches.

Le fond des oreillettes est percé par deux ouvertures dites auriculo-ventriculaires.

A leur pourtour sont fixées des *valvules*, dont les bords sont arrêtés au moyen de colonnes charnues qui aboutissent aux ventricules. Ces valvules agissent à la manière de soupapes. Lorsqu'elles s'abaissent du côté des ventricules, elles livrent passage au sang de l'oreillette ; quand elles se relèvent, elles ferment l'ouverture de l'oreillette et empêchent le sang d'y refluer.

Les vaisseaux qui aboutissent à l'oreillette droite, lui portent le sang noir. Un gros conduit, situé à la base du ventricule droit (artère pulmonaire), porte ce fluide dans les poumons.

A l'oreillette gauche aboutissent les veines qui lui apportent le sang artériel. Ce fluide sort du ventricule gauche par un conduit qui prend naissance à sa base, c'est l'*artère aorte*.

Les vaisseaux qui transportent les fluides de l'économie sont : les artères, les veines, les capillaires et les lymphatiques.

Les *artères* sont des vaisseaux fermes, élastiques, formés par trois membranes : la première, externe, séreuse ; la seconde, élastique, susceptible d'activer le cours du sang ; la troisième, qui est la continuation de celle qui tapisse l'intérieur du cœur.

Les *veines* ont des parois minces et flasques qui s'affaissent lorsqu'elles ne sont pas distendues par le sang ; elles sont formées par deux tuniques : l'une, dont le tissu offre des fibres longitudinales ; l'autre, interne et perspirable ; elles sont garnies de valvules, dont les bords flottants, inclinés du côté du cœur, s'opposent au retour du sang vers la circonférence. Les veines composent deux systèmes de vaisseaux, celui de la *veine cave*, qui longe la colonne vertébrale, et auquel aboutissent les veines du corps. Le second est représenté par la *veine porte*, qui recueille le sang qui lui vient des organes digestifs.

Des capil-
laires.

Il existe un ordre de veines intermédiaires entre les artères et les veines, qu'on appelle *capillaires*.

Des lympha-
thiques.

Les *lymphatiques* sont des vaisseaux à parois assez flasques, mais contractiles ; ils se ramifient à l'infini, s'entrelacent, se pelotonnent dans leur trajet et forment des corps sphériques appelés *ganglions*, où la lymphe, qui les traverse, ralentit son cours et acquiert des propriétés particulières. Les lymphatiques naissent à la surface de tous les organes, dans l'intérieur de leurs tissus, par des radicules très-fines, et elles augmentent de grosseur à mesure qu'elles se rapprochent de leur réservoir commun, le *canal sous-lombaire*.

Des systè-
mes vasculai-
res.

Si on considère les veines et les artères, dans leur ensemble, on reconnaîtra que l'aorte, qui naît du ventricule gauche par un gros tronc, diminue de diamètre à mesure qu'elle s'éloigne du cœur ; que ses derniers ramuscules se terminent par les capillaires, qui donnent naissance aux veines ; que celles-ci augmentent de diamètre, au contraire, à mesure qu'elles s'éloignent de la périphérie du corps pour se rapprocher du cœur et dégorger le sang veineux dans l'oreillette droite.

Fonctions circulatoires. — Le cœur est susceptible de se resserrer sur les fluides qu'il renferme, pour les expulser, et de se dilater pour les recevoir. Cette double action de recevoir et d'expulser le sang, l'a fait comparer à une pompe foulante et aspirante. Le mouvement de contraction ou de *systole* des oreillettes répond toujours au mouvement de dilatation ou de *diastole* des ventricules (1).

(1) La théorie de la circulation, qui est due à l'immortel Hervey, nous paraît aujourd'hui d'une vérité incontestable, et cependant elle a été longtemps contestée par ses adversaires systématiques qui lui opposèrent

Pour faciliter la description de la circulation, on va supposer la vacuité complète des quatre cavités. *Circulation pulmonaire.*

On distingue trois sortes de circulations, savoir : 1° la circulation pulmonaire ; 2° la grande circulation ; 3° la circulation fœtale. *Des trois circulations.*

Expliquons le mode d'exécution de la circulation pulmonaire. *Circulation pulmonaire.*

L'abord du sang noir dans l'oreillette droite sollicite ses parois à se contracter sur ce liquide qui, se trouvant comprimé de toutes parts, fait effort sur la valvule auriculo-ventriculaire, la force de s'abaisser pour lui livrer passage dans le ventricule droit. La présence de ce fluide dans cette cavité sollicite ses parois à se contracter sur lui, en sorte que, par l'effet de la compression qu'il éprouve il relève la valvule ventriculo-auriculaire, l'applique sur l'ouverture de l'oreillette, ce qui l'empêche de refluer dans cette cavité ; tandis que, faisant effort sur la valvule qui existe à l'ouverture de l'artère pulmonaire, il la force du côté de ce conduit, dans lequel il s'échappe pour s'étendre dans les poumons, au moyen des nombreuses ramifications de cette artère.

Ici se ferme le cercle de la circulation pulmonaire, ou petite circulation, et commence celui de la grande circulation.

la théorie de la circulation des esprits vitaux à travers les vaisseaux dont ils supposaient la vacuité. Ne pouvant combattre victorieusement les idées du docteur anglais, ils s'en prirent à sa personne ; ils le dépeignirent comme un fou, un rêveur, qui allait jeter la médecine dans les erreurs les plus grossières. Ils parvinrent, au moyen de leurs attaques passionnées, à l'abreuver tellement de dégoût, qu'ils le firent mourir de chagrin ; mais, le temps, qui fait justice des passions des hommes, a consacré la découverte d'Hervey et a immortalisé son nom.

La transfusion du sang, qui avait promis de renouveler les miracles de la fontaine de Jouvence, était une conception ridicule que la raison a stigmatisée de folie.

Les radicules des veines pulmonaires, qui naissent des capillaires de l'artère pulmonaire, s'emparent du sang artériel
formé dans le poumon, et se réunissent en canaux d'un plus
grand diamètre, à mesure qu'elles se rapprochent du
cœur et se dégorgent dans l'oreillette gauche par plusieurs
canaux. Le trajet du sang de l'oreillette gauche dans le
ventricule gauche et les mouvements des valvules faisant
fonctions de soupapes, aux ouvertures de l'oreillette gauche
et de l'artère aortique, s'opèrent par un mécanisme semblable à celui qu'on a expliqué au sujet des cavités droites du
cœur. Le gros tronc aortique qui s'élève verticalement de la
base du ventricule gauche, se bifurque en arrivant à la colonne vertébrale : là il offre deux gros rameaux : l'un, se dirige vers les parties antérieures, en donnant naissance à une
foule de ramuscules qui se ramifient à l'infini et vont porter
le sang régénéré à toutes les régions antérieures ; le second
rameau suit une direction contraire à celle du premier, et
remplit, relativement aux parties postérieures, le même
usage que celui qu'on vient d'indiquer.

Le sang artériel, arrivé à la périphérie du corps, après
avoir régénéré et vivifié tous les organes, étant devenu sang
veineux, passe des capillaires dans les veines, se dirige dans
l'oreillette droite du cœur où se termine le cercle de la
grande circulation.

La circulation fœtale, qui est propre au fœtus, a lieu pendant la vie utérine ; elle est destinée à porter à l'embryon le
fluide nourricier que sa mère a formé et qui est approprié à
la délicatesse de son organisation. Ce fluide, au lieu de passer par le poumon du fœtus, va directement de l'oreillette
droite dans l'oreillette gauche, au moyen d'un trou nommé
trou botal, qui établit la communication entre ces deux cavités ; il passe ensuite dans le ventricule gauche qui, par
sa contraction, le pousse dans toutes les parties du corps.
Ce mode de circulation est approprié au fœtus ; car les
poumons n'étant pas imprégnés d'air, sont des organes

inertes, incapables de recevoir le sang noir, puisqu'il ne sauraient l'artérialiser.

La progression des fluides nourriciers a non-seulement pour objet de porter l'élément réparateur à tous les tissus, de fournir les matériaux propres aux secrétions, mais encore de stimuler tous les organes de la vie. *Résultats de la circulation. Applications.*

Puisque plus le cours du sang sera rapide et plus, dans un espace de temps donné, il arrivera en grande quantité à tous les organes qui se l'approprient en même temps qu'ils reçoivent de lui un surcroît d'énergie favorable à leurs fonctions, il s'en suit que toutes les causes qui tendront à accélérer le cours du sang, dans certaines limites, seront favorables à l'économie animale ; ainsi, la digestion se fera plus rapidement, les secrétions deviendront plus abondantes, l'hématose s'exécutera d'une manière plus efficace, les contractions musculaires pourront non-seulement se répéter plus fréquemment, mais elles seront plus énergiques.

Quels seront les moyens à employer pour accélérer le mouvement du sang? Il appartiendra à l'hygiène de les enseigner, elle nous dira qu'une bonne alimentation et le travail sont les causes les plus propres à produire ce résultat. *Influence du travail et de l'alimentation sur le mouvement du sang.* En effet, l'alimentation fournira des matériaux propres à faire du sang de bonne nature et susceptible de circuler facilement dans ses canaux ; le travail, en excitant le mouvement circulatoire, sollicitera une dépense plus prompte du fluide nourricier, et, par conséquent, son renouvellement plus incessant, au profit du développement de toutes les facultés ; mais si, contrairement à ces principes, on condamne le cheval à rester à l'écurie, au repos pendant 22 heures sur 24, son sang s'épaissira, stagnera dans ses vaisseaux et obstruera les conduits de l'économie ; les fonctions langui-ront, les forces s'énerveront, et la santé pourra être grave-ment compromise.

Article Troisième.

DE LA RESPIRATION.

Définition de la respiration.—De l'air.— Que l'air est nécessaire à tous les êtres vivants. — Compositon de l'air. — Association de l'azote à l'oxigène.—Appareil de la respiration.—Description des naseaux. — Des sinus. — De la pituitaire. — Des fausses narines.—Description du larynx.—Phénomènes de la voix.— Description de la trachée-artère. — Des poumons. — Des plèvres. — Actes de la respiration. — Définition de l'inspiration et de l'expiration. — Phénomène de l'hématose. — Effets de l'expiration sur l'air atmosphérique. — Applications. — Proportions de la poitrine relatives aux facultés respiratoires. — Faits d'observations. — Propriétés des organes respiratoires. — Moyen de les juger. — Influence des qualités de l'air sur l'hématose.—Influence du travail sur les facultés respiratoires.

Définition de la respiration.

RESPIRATION. — Le chyle, la lymphe et le sang veineux ont été portés par la circulation aux poumons; mais ces matériaux, pour devenir sang artériel, ont besoin de se combiner avec l'air atmosphérique; or, c'est la respiration qui opèrera cette combinaison.

Et tout d'abord empressons-nous de dire que la respiration est la fonction la plus utile à étudier, en ce sens qu'elle nous montre les causes qui modifient les qualités du sang artériel, et sont la source des facultés les plus essentielles du cheval.

Que l'air est nécessaire à

DE L'AIR. — L'air atmosphérique est à la respiration ce que les aliments sont à la digestion; il est le principe sur lequel s'exerce l'acte respiratoire. On a bien compris son importance dans l'économie, quand on l'a appelé l'aliment de la vie, *pabulum vitæ*. tous les êtres vivants.

Tous les êtres vivants ne peuvent s'entretenir qu'en se l'appropriant : les poissons, qui vivent dans un autre milieu que les mammifères et les oiseaux, respirent l'air que contient le fluide dans lequel ils sont immergés ; les végétaux puisent aussi dans l'air les principes qui sont nécessaires à leur entretien.

A l'article *hygiène* on traitera de l'air, sous le rapport de sa nature et de ses propriétés. Pour l'instant, il suffira de dire que des trois éléments qui le composent, savoir : l'*oxigène*, l'*azote* et l'*acide carbonique,* l'oxigène est respirable ; mais l'azote et l'acide carbonique respirés seuls sont mortels ; c'est ce que l'on prouve en produisant l'asphyxie des animaux que l'on place sous une cloche de verre, renfermant de l'azote ou de l'acide carbonique. Composition de l'air.

Mais l'oxigène respiré seul exercerait une telle activité sur la vie, qu'il la brûlerait, en quelque sorte ; aussi se combine-t-il avec l'azote, et cette association le rend propre à être absorbé par l'acte de la respiration. Association de l'azote à l'oxigène.

Appareil de la respiration. — L'appareil de la respiration se compose des cavités nasales, de la trachée-artère, des poumons et de leurs dépendances. Appareil de la respiration.

Les *naseaux*, au nombre de deux, sont séparés par une cloison cartilagineuse qui s'appuie sur une espèce de mortaise formée par un os nommé le *vomer*. Dans l'intérieur de chaque naseau, il existe deux os très-minces, criblés de trous, et roulés en manière de cornets ; c'est pourquoi ils sont désignés sous ce nom. Description des naseaux.

Les parois internes des naseaux offrent des excavations nommées *sinus.* Des sinus.

Au fond des cavités nasales on voit les nombreuses cellules de l'*ethmoïde.*

De la pitui-taire. Une membrane muqueuse et exhalante, nommée *pituitaire*, garnit toutes les surfaces des os que l'on vient de décrire ; elle est formée de trois feuillets : le premier est épidermoïde : le deuxième, muqueux, et pénétré par des papilles nerveuses érectiles et des follicules ; le troisième, fibreux, secrète un mucus et exhale, sous forme de vapeurs, une espèce de sérosité ; elle accompagne les circonvolutions de l'eth-moïde et des cornets, et acquiert un développement, qui est propre à la mettre en contact avec une plus grande quantité d'air atmosphérique qu'elle animalise afin qu'il puisse s'introduire dans les poumons, sans blesser la déli-catesse de ces organes.

Des fausses narines. C'est dans le même but qu'il existe à l'orifice des na-seaux un repli de la pituitaire, en forme de cul-de-sac, nommé *fausses narines*. Il est placé là comme une digue pour briser la colonne d'air qui entre dans les naseaux et empêcher que ce fluide, par son irruption trop brusque dans la poitrine, n'affecte les organes qu'elle renferme.

Les cavités nasales communiquent avec le pharynx.

Du larynx. Au fond du pharynx on voit le *larynx*, qui est situé en avant du conduit de l'air (trachée-artère). Le larynx est un appareil très-compliqué, formé par cinq cartilages : le pre-mier, qui représente sa base, ressemble à un anneau (le cricoïde) ; il supporte un autre cartilage appelé thyroïde ; deux cartilages en forme d'ailes (les arythénoïdes) sont placés de chaque côté des premières pièces cartilagineu-ses.

Phénomènes de la voix. Sur la face interne et supérieure du thyroïde s'appuie par sa base un cartilage (l'épiglotte) qui est placé là comme une soupape destinée à fermer ou ouvrir l'orifice de l'appa-reil laryngien, nommé *glotte*.

Dans l'intérieur de cet appareil, on voit deux replis formés par la muqueuse qui garnit tout le conduit de l'air ; ces deux replis, nommés lèvres ou *cordes vocales*, forment une ou-verture qui est susceptible de se resserrer ou de se dilater par l'action des fibres musculaires qui existent dans leurs tissus.

On ne peut douter que le larynx ne soit l'instrument de la voix, car elle cesse de se faire entendre lorsqu'on fait une section à la trachée-artère, au-dessous de cet organe.

Les replis de la muqueuse (1) paraissent remplir un rôle important dans l'exécution des sons. On admet qu'en raison de leur degré de tension ils exécutent des vibrations plus ou moins fréquentes qui donnent lieu à des sons aigus ou graves. Ce mécanisme de la production des sons est semblable à celui de nos instruments à cordes.

A la suite du larynx vient la *trachée-artère*, qui, après avoir longé l'encolure, entre dans la poitrine, où elle se divise en deux *bronches*. Celles-ci vont dans chaque poumon, et donnent naissance à de nombreux rameaux et ramuscules qui étendent l'air dans cet organe. Ces dernières divisions du conduit aérien se terminent par de petites poches membraneuses nommées *vésicules aériennes*. Description de la trachée-artère.

La trachée-artère, les bronches et leurs ramifications présentent la même organisation anatomique, ainsi elles sont formées de *segments cartilagineux* recouverts par des fibres longitudinales et circulaires, susceptibles par leur contraction de modifier la grosseur de ces conduits. Leurs parois internes sont garnies par la pituitaire.

Les poumons, qui ont été définis le réservoir de l'air, sont des organes mous et spongieux; ils sont au nombre de deux; le droit est plus fort que le gauche. Ils sont formés par des vaisseaux lymphatiques, veineux et artériels. Des poumons.

Sous le nom de *plèvres*, on désigne deux membranes séreuses perspirables; elles tapissent les parois internes de la poitrine, se replient à l'origine des bronches dans Des plèvres

(1) Ils sont appelés *cordes vocales.*

cette cavité en s'adossant l'une à l'autre, pour envelopper les poumons à la manière d'un sac, clos de toute part. A la partie supérieure du thorax, elles se quittent, en s'adossant encore pour descendre dans la poitrine, en laissant entre elles un intervalle nommé *médiastin*, qui renferme le cœur et ses annexes.

On voit chez les jeunes sujets, près de l'ouverture de la poitrine, un organe glanduleux nommé *thymus* (riz de veau, en terme de boucherie) : on suppose qu'il fournit un principe utile à la nutrition du fœtus.

ACTE DE LA RESPIRATION. — L'introduction de l'air dans la poitrine constitue l'*inspiration*, et son rejet de cette cavité l'*expiration*. On ne saurait donner une idée plus juste du mécanisme de la respiration qu'en le comparant au jeu d'un soufflet : en effet, de même que lorsque l'on écarte et l'on rapproche ensuite les deux lames de cet instrument, on introduit l'air du dehors dans son intérieur, et on le fait sortir ; de même, l'écartement et le rapprochement des parois de la poitrine produisent l'entrée et la sortie de l'air, ou l'inspiration et l'expiration.

Rappelons ici que la pituitaire animalise l'air, depuis son entrée par les naseaux jusqu'aux vésicules aériennes.

C'est dans ces poches membraneuses que s'accomplit le phénomène de la transformation du sang noir en sang artériel. On l'appelle *hématose*.

Cet acte est le produit d'une *absorption* et d'une *exhalation*. L'exhalation se fait par la transsudation : 1° de l'*acide carbonique* dissous dans le sang noir à travers les parois des capillaires de l'artère pulmonaire ; 2° de la vapeur d'eau à travers les mêmes parois.

En même temps que le sang noir a abandonné son acide carbonique et sa vapeur d'eau, il s'est approprié l'oxygène de l'air avec une certaine quantité d'azote. Cette saturation du fluide sanguin par l'oxigène est donc le résultat d'une *absorption* (1).

Par suite de l'exhalation, l'acide carbonique et la vapeur d'eau rejetés pendant l'expiration altèrent l'air dans lequel sont plongés les animaux renfermés dans un espace déterminé, comme une écurie. Cet inconvénient n'existe donc pas pour l'air extérieur. *[Effet de l'inspiration sur l'air atmosphérique.]*

On indiquera en hygiène les moyens à employer pour combattre les fâcheux effets de l'altération de l'air des écuries.

Les qualités qu'acquiert le sang par l'effet de l'hématose dépendent de plusieurs conditions : *[Applications]*

La première consiste dans la capacité de la poitrine : évidemment, plus elle sera vaste, plus elle fournira au sang noir, les éléments propres à en artérialiser une grande quantité et à le doter de qualités éminemments vitales.

On sait que les chevaux de pur sang sont très-remarquables par la beauté de leur poitrine. Il est acquis aujourd'hui à l'expérience, qu'ils ont presque toujours battu, sur les hyppodromes, ceux qui manquent de sang (2).

---

(1) Le phénomène de l'hématose est comparable par ses résultats à celui de la combustion ; il donne lieu, comme celui-ci, à une absorption d'oxigène et à un dégagement d'acide carbonique accompagné de production d'une certaine quantité de calorique. L'absorption de l'oxigène par le sang noir, sa coloration en rouge pourpre et son élévation de température déterminent son *artérialisation*.

(2) L'histoire naturelle nous fournit un fait d'observation des plus concluants en faveur de ce qu'on vient d'avancer. Elle nous apprend que de tous les animaux, les oiseaux, dont la rapidité des mouvements est supérieure à celle de tous les autres, ont non-seulement une poitrine très-vaste, mais que ce réservoir de l'air s'agrandit encore au moyen de certaines poches membraneuses qui s'étendent dans l'abdomen et dans d'autres régions ; que leurs os, étant creux, recèlent également le fluide atmosphérique ; c'est ce qui a fait dire que le corps des oiseaux n'était qu'un vaste poumon. Les qualités de leur sang et son abondance répon-

La seconde condition consiste dans l'intégrité des organes de la respiration, et dans le degré de facultés respiratoires, dont est doué l'appareil qu'ils renferment.

Quant à la troisième condition, on veut que l'air que respirent les animaux soit pur et bien oxigéné, car il est constant que ces qualités sont une des causes essentielles de l'efficacité de l'hématose; mais si l'air est chargé d'acide carbonique, ou d'autres gaz irrespirables, comme celui des écuries qui est généralement vicié par la respiration des animaux, il sera impropre à former un sang vital et répateur.

On conclura de ce qui précède que le travail est utile pour soustraire les animaux à l'air insalubre des écuries, et pour leur faire respirer celui du dehors qui est propre à vivifier leur sang, fortifier leurs poumons et entretenir leur santé.

Pour juger de l'état de la poitrine, on consulte les mouvements des flancs; si elle est dans de bonnes conditions organiques, ils doivent se succéder dans des espaces de temps égaux; leurs irrégularités indiquent son altération.

On conseille encore de faire tousser le cheval en lui serrant la gorge. S'il tousse fortement ou s'il s'ébroue, on en inférera qu'il a une bonne poitrine; elle sera faible ou affectée de maladie si la toux est grêle et pénible.

dent bien aux conditions avantageuses de leurs organes respiratoires, car leur sang s'élève à la température de 32 dégrés (elle est supérieure à celle de tous les autres animaux), et les qualités vitales dont il est doué se manifestent suffisamment par la puissance qu'il prête au système musculaire. On sait que les oiseaux dits de haut vol peuvent faire le tour du globe en quelques jours.

Article Quatrième.

DE LA NUTRITION.

Définition de la nutrition.—De la composition et de la décomposition des tissus. — Mécanisme de l'absorption. — Matières absorbées.—Mécanisme de l'assimilation.—La cause de ce phénomène est inexplicable.

La *nutrition* n'a pas, commes les autres fonctions, un appareil qui lui soit propre, ni un foyer d'action ; elle s'exerce sur tous les organes de l'économie. Elle a été définie le complément de toutes les fonctions d'entretien, parce qu'elle demande leur concours pour s'accomplir.

Et en effet, l'étude des fonctions d'entretien nous a montré que la digestion extrait des aliments un fluide réparateur, le chyle ; que la circulation pulmonaire s'en empare pour le porter, avec d'autres matériaux, au foyer de la respiration qui les met en présence de l'air et les fait passer à l'état de sang artériel. Ce fluide, espèce de chair coulante, est bientôt emporté par la grande circulation dans toutes les régions du corps, où chaque tissu se l'approprie et lui prend les principes propres à se renouveler.

Cette rénovation des tissus par la nutrition ferme le cercle des fonctions d'entretien.

On sait que les formes de l'animal se développent ou s'amoindrissent en raison des phases de la vie et des variations de sa santé ; le premier effet prouve que les tissus se composent, s'accroissent par leur incorporation avec les principes qui viennent du dehors, et leur amaigrissement s'explique par leur décomposition ; c'est-à-dire par la perte des mollécules qui les formaient ; ainsi, la *composition et* la *décomposition* des tissus constituent l'acte de la nutrition (1).

Mécanisme de l'absorption. Pour se faire une idée de la composition des tissus, il faut savoir qu'ils sont d'une nature spongieuse qui les rend susceptibles de se laisser facilement mouiller, imbiber par les fluides mis en contact avec eux. Cette imprégnation de tissus constitue le phénomène de l'*absorption* (2).

Matières absorbées. Les matières sur lesquelles s'opère l'absorption sont : le chyle, la lymphe, le sang veineux et l'air extérieur. Elles forment, en dernier résultat, le sang artériel qui, apporté dans les tissus par le mouvement circulatoire, cède à chacun d'eux des molécules semblables à celles dont ils sont formés.

Mécanisme de l'assimilation. Le dépôt de ces molécules dans les tissus organiques, leur arrangement dans un ordre relatif à leur texture propre, constituent l'*assimilation*.

La cause de ce phénomène est inexplicable. Mais comment se fait-il que chaque tissu extrait, sépare du sang le principe qui lui convient; que les muscles s'emparent de la fibrine; les cartilages et les tendons, de l'albu-

---

(1) Les effets de la nutrition ont été démontré jusqu'à l'évidence par l'expérience, qui consiste à colorer, en rouge, les os d'un animal, en lui faisant manger de la racine de garance.

Il arrive alors que cette substance colorante, après avoir passé dans le sang, s'est incorporée à tous les tissus et aux os même, malgré leur dureté, et qu'elle leur a donné la couleur qui lui est propre; mais cette couleur disparaît après un certain temps, par suite de la décomposition des tissus qui a détruit la nature colorante de la garance.

(2) L'absorption est due non-seulement à la perméabilité des tissus, mais encore à un phénomène découvert récemment par M. Dutrochet, et qu'il a nommé l'*endosmose*.

L'endosmose a lieu toutes les fois que deux fluides de divers degrés de densité se trouvent renfermés dans des canaux différents. Il arrive alors que ces fluides transsudent à travers les parois des canaux qui les recélent, que le moins dense des fluides s'introduit en assez grande quantité dans le conduit qui renferme le fluide le plus dense, et fait élever d'autant plus son niveau. C'est donc ce mouvement ascensionnel des fluides dans les vaisseaux qui constitue l'endosmose.

mine ; les os, des sels calcaires ? Il faut se contenter d'énoncer ces résultats comme faits accomplis, jusqu'à ce qu'il soit donné à la science d'en expliquer les causes.

D'après les définitions que l'on vient de donner de la nutrition, elle est regardée comme une espèce de sécrétion, puisqu'elle sépare du sang les éléments qui sont propres aux tissus, à la manière des organes glanduleux.

Article Cinquième.

SÉCRÉTION URINAIRE.

Appareil urinaire.—Mode d'excrétion de l'urine.

Deux glandes, appelées *reins*, sont situées sous les vertèbres lombaires ; leur forme ressemble à peu près à celle d'un haricot ; elles sécrètent l'urine au moyen du sang artériel. Cette liqueur s'accumule dans un petit réservoir que recèle leur tissu (c'est le *bassinet du rein*); elle en sort par des conduits nommés *urétères*, qui la portent à la *vessie*. Celle-ci représente une poche membraneuse de la forme d'une bouteille ; elle expulse l'urine au dehors par le canal *de l'urètre*. Dans le mâle ce canal se replie sous le pubis, en sorte qu'il forme un coude qui nuit à la sortie de l'urine ; l'animal, pour effacer cette courbure, se campe lorsqu'il veut uriner. Le *méat* urinaire, qui, dans la jument, répond au canal de l'urètre, étant droit, ne la force pas à se camper pour uriner.

L'urine fournit à l'analyse chimique *l'urée*, produit très-azoté, qui doit être compris dans les autres excrétions telles que l'acide carbonique et la vapeur d'eau.

Article Sixième.

SÉCRETION DE LA GRAISSE.

Sécrétion de la graisse. — Comment elle sert à la nutrition. —
Ses effets sur les muscles et les nerfs.

Sécrétion de la graisse.

Le tissu adipeux, qui est réuni au tissu cellulaire dans certaines parties de son étendue, est l'agent de la sécrétion de la graisse. Cette substance, lorsqu'elle existe dans de justes proportions, sert à assouplir les organes entre lesquels elle s'interpose.

Comment elle sert à la nutrition.

Elle est encore utile à l'entretien des tissus, car elle est susceptible d'être absorbée, par le travail nutritif, au profit de l'économie (1).

Ses effets sur les muscles et sur les nerfs.

Pour compléter ce qui est relatif à la sécrétion de la graisse, on rappellera qu'à l'article myologie, on a démontré que la graisse en trop grande quantité énerve la force des muscles et engourdit la sensibilité.

L'hygiène enseignera plus tard les règles à suivre pour entretenir les animaux dans les conditions convenables d'embonpoint.

(1) C'est ce que prouve l'histoire des animaux dormeurs. On sait qu'aux approches de l'hiver, ils sont très-gras, lorsqu'ils entrent dans les terriers, où ils passent cette saison, dans un état d'engourdissement qui simule la mort ; mais aussitôt que paraissent les premiers rayons du printemps, on les voit sortir de leurs terriers, maigres, décharnés, n'ayant plus que la peau sur les os : cet amaigrissement vient de ce qu'ils ont vécu aux dépens de leur graisse pendant tout le temps de leur somnolence.

Article Septième.

DES EXHALATIONS.

*Des exhalations séreuses. — Anatomie de la peau. — Description
du chorion. — Du tissu réticulaire. — De l'épiderme. — Mécanisme de la transpiration insensible. — Rapports entre les
fonctions de la peau et celles des reins.*

L'exhalation s'entend de la vaporisation de certaines liqueurs à travers les tissus des membranes, sous forme de vapeur; on a déjà démontré le mécanisme de cette fonction. au sujet des membranes séreuses perspirables, telles que le péritoine et la plèvre, qui laissent transsuder la sérosité du sang, de même que les surfaces pulmonaires exhalent l'azote et l'acide carbonique. Des exhalations séreuses

Avant de parler de l'exhalation de la peau, on va donner une idée de son organisation anatomique.

La *peau*, enveloppe générale du corps, est composée de trois membranes : le *chorion*, le *tissu réticulaire* et l'*épiderme*. Anatomie de la peau.

Le *chorion* est formé d'un tissu dense, serré , qui lui donne une grande consistance ; il livre passage à des vaisseaux et à des nerfs ; il sert à l'implantation des poils qui recouvrent la peau. Le chorion offre sur toute sa surface de petits mamelons qui sécrètent la liqueur dont l'odeur constitue l'*arum* des animaux ; leur sommet offre des enfoncements, de la surface desquels s'échappe cette liqueur. C'est à tort qu'on les avait désignés sous le nom de *pores* de la peau, et comme les orifices de vaisseaux exhalants. Description du chorion.

Le chorion est recouvert par un lacis de vaisseaux et de Du tissu réticulaire.

nerfs qui forment une espèce de réseau, nommé *tissu réticulaire*.

De l'épiderme.

La troisième membrane, nommée *épiderme*, est insensible ; sa nature participe de celle de la corne ; placée à la surface de la peau, comme une couche de vernis, elle sert à modifier sa susceptibilité.

Des poils.

On désigne, sous le nom de *poils*, des corps filiformes, creux, recouvrant la peau dans toute son étendue ; ils forment le vêtement naturel du cheval, et sont comparables aux plumes des oiseaux ou à la carapace des crustacés.

La racine des poils s'implante dans le derme ; elle provient d'un bulbe, que forme une espèce de poche, d'une texture fibreuse, renfermant une capsule qu'enveloppe un lacis de vaisseaux et de nerfs très-compliqué. Au sommet de cette capsule existe une espèce de gouleau qui sécrète la matière cornée des poils. On désigne encore cette capsule, sous le nom de *pulpe*.

La destruction complète des bulbes entraîne la chute des poils ; elle a lieu dans le cas où le cheval a été couronné, de telle manière que la peau a été entamée ; mais, si celle-ci est restée intacte, les poils se régénèrent.

La mue des animaux s'explique par ce mode de formation et de destruction des poils.

Mécanisme de la transpiration insensible.

La peau est le siége d'une exhalation nommée *transpiration insensible;* comme elle a lieu à tous les instants de la vie, ses produits sont très-considérables ; on les évalue aux cinq huitièmes des excrétions.

Comme l'entretien de la transpiration insensible est une des conditions les plus indispensables de la santé du cheval, on enseignera dans le cours d'hygiène les moyens propres à l'assurer ; ils consistent particulièrement dans le pansage, les bains, l'exercice et le travail, non moins que dans les soins nécessaires pour prévenir les changements brusques de température, qui arrêtent le cours de cette fonction.

Les fonctions de la peau et celles des reins ont des rapports intimes entr'elles; on remarque que pendant l'hiver, où les chevaux transpirent difficilement, en raison de l'abaissement de la température, ils urinent beaucoup; en été, au contraire, ils transpirent d'autant plus qu'ils urinent moins. Ainsi, ces deux fonctions se suppléent réciproquement, et, en effet, on conçoit que la nature peut employer également l'un ou l'autre de ces moyens pour remplir son but, à savoir l'épuration des fluides de l'organisation. *Rapports entre les fonctions de la peau et celles des reins.*

La transpiration dite *sensible* produit la sueur ; elle n'est pas, comme on l'avait pensé longtemps, le résultat de l'activité de la transpiration insensible, provenant d'un travail forcé. *Transpiration sensible.*

Elle reconnaît pour cause, l'excrétion d'une humeur qui s'échappe par des espèces de petits godets ou enfoncements qu'on remarque au sommet des mamelons qui recouvrent la surface de la peau.

La peau est aussi le siège d'une absorption ou *inhalation*; en effet, puisqu'elle est spongieuse, ainsi que tous les autres tissus, elle est, comme eux, susceptible d'imbibition ; d'où il suit que le mécanisme de l'inhalation est le même que celui de l'exhalation, seulement que le mouvement s'effectue en sens contraire; ainsi toutes les parties qui sont le siège de l'une de ces fonctions peuvent être le siège de l'autre. *De l'inhalation.*

C'est par l'inhalation que se transmettent les maladies contagieuses.

CHAPITRE QUATRIÈME.

FONCTIONS DE RELATION.

GÉNÉRALITÉS.

Les fonctions de relation s'exécutent au moyen de deux propriétés dont la nature a doué les animaux, savoir : la sensibilité et le mouvement ou la locomotion.

ARTICLE PREMIER.

DE LA SENSIBILITÉ.

Définition de la sensibilité. —Appareil de la sensibilité. — Description de l'axe cérébro-spinal. — Des méninges. — Du cerveau.— Des substances qui le composent. — Des organes du cerveau. — Des ventricules du cerveau. — Du prolongement rachidien.— Définition des nerfs. —Des nerfs du cerveau. — Des nerfs du rachis. — Des nerfs ganglionaires.

Définition de la sensibilité.

La sensibilité est la propriété de recevoir les impressions et d'en avoir la conscience.

Description de l'axe cérébro-spinal.

Le système nerveux comprend l'axe *cérébro-spinal*, que forment le cerveau, le prolongement *rachidien* et les *nerfs* (1).

(1) Les crustacés et les mollusques sont dépourvus de l'axe cérébro-spinal. Ils ont deux cordons nerveux entrecoupés de ganglions, qui représentent le système nerveux ganglionaire.

Le cerveau est renfermé dans le crâne, dont les parois épaisses et résistantes sont propres à le défendre contre l'action des agents extérieurs; le canal rachidien, creusé dans le corps des vertèbres, recèle le prolongement rachidien.

Le cerveau est enveloppé de trois membranes, savoir : la *méninge*, la *méningine* et la *pie-mère*.

> Description de la méninge

La *méninge*, d'une texture fibreuse et résistante, adhère, par sa surface externe, aux parois internes du crâne, se replie au milieu du cerveau, le divise en deux lobes ou hémisphères latéraux, s'étend ensuite transversalement entre le cerveau et le cervelet, et forme une cloison entre ces deux lobes ; enfin, elle fournit une enveloppe ou gaine aux racines des nerfs.

La *méningine* ou *arachnoïde* est une membrane séreuse, formée de deux feuillets, dont l'un qui est le plus extérieur se joint à la méninge ou dure-mère, l'autre n'est séparé du cerveau que par la pie-mère.

> De la méningine.

La *pie-mère* revêt immédiatement le cerveau, pénètre dans ses anfractuosités, enveloppe le cervelet et le prolongement rachidien.

> De la pie-mère.

Le *cerveau* ou *encéphale* a une forme ovoïde; il se compose de deux lobes, nommés *hémisphères latéraux*, du *cervelet*, qui est situé à leur extrémité postérieure, et du *mésocéphale*, que l'on voit en arrière au centre de la masse cérébrale. La surface extérieure du cerveau présente des reliefs qui se contournent dans tous les sens, en formant des circonvolutions qui le font ressembler aux intestins grêles (1); ces circonvolutions sont peu développées dans le cervelet.

> Description du cerveau.

Deux substances forment le cerveau : l'une, appelée *corticale*, est grisâtre ; l'autre, *médullaire*, est blanche.

> Des substances corticale et médullaire.

(1) On remarque que ces reliefs s'effacent d'autant plus qu'on s'éloigne des animaux d'un ordre supérieur.

Dans les hémisphères latéraux, la substance corticale enveloppe la médullaire ; celle-ci forme en partie le mésocéphale. La substance corticale prédomine dans le cervelet ; la substance médullaire forme son noyau central ou l'arbre de vie.

La substance corticale s'étend encore sur la gouttière qui sépare les deux cordons médullaires composant le prolongement rachidien.

Des organes propres du cerveau. Le cerveau est un organe très-compliqué ; il offre beaucoup de parties distinctes par leur conformation particulière, ainsi que par les propriétés qu'on leur a assignées ; parmi ces parties, on distingue le corps calleux, les couches optiques, les *corps ovalaires*, les *cuisses* et les *bras* du cerveau et du cervelet, qui se rendent au mésocéphale et forment des fibres qui s'entrecroisent de telle manière, que celles qui naissent du côté droit de cet organe aboutissent au lobe gauche, et que celles du côté gauche se dirigent vers le lobe droit.

Des ventricules du cerveau. Dans l'intérieur du cerveau, il existe quatre cavités nommées *ventricules*, deux existent dans les hémisphères latéraux, une troisième répond à la cloison qui les sépare, et la quatrième occupe le centre du cervelet.

Du prolongement rachidien. Le prolongement rachidien naît de la protubérance annulaire du mésocéphale.

Des nerfs. Les *nerfs* sont des cordons pulpeux, formés par la substance médullaire et enveloppés par les productions de la *Nerfs du cerveau.* méninge qui prennent le nom de *névrilème*. Ils naissent des centres nerveux que représentent le cerveau et le prolongement rachidien, et sont accouplés par deux, c'est-à-dire par *paires* ; ceux du cerveau forment douze paires de nerfs qui se distribuent dans les appareils des sens, ainsi que dans diverses régions du corps ; ils président pour la plupart aux phénomènes des sens.

Nerfs du rachis. Les nerfs qui naissent du prolongement rachidien sortent par les trous dont sont percées les vertèbres ; ils sont disposés également par paires, comme ceux du cerveau, et se distribuent dans les organes du mouvement et les appareils des fonctions d'entretien.

Il existe un ordre de nerfs distincts de ceux qu'on vient de décrire, sous le rapport de leur origine et de leurs attribu- tions ; ils constituent le système de *nerfs ganglionaires*. — Parmi eux, on doit citer le *trisplanchnique* ou grand sympathique, parce qu'il envoie des nerfs à tous les organes de la vie d'entretien ; il tient les facultés de l'instinct sous sa dépendance. *Nerfs ganglionaires.*

Article Deuxième.

FONCTIONS DU CERVEAU.

Fonctions du cerveau. — Exemple. — De l'intelligence chez les animaux.—Petitesse du cerveau du cheval.—Rapport entre le poids du cerveau et celui de toute la masse. — Actes de l'intelligence à l'état sauvage. — Utilité de l'intelligence chez le cheval de selle. — Symptômes de cette faculté.

Le cerveau est l'organe de l'intelligence ; il reçoit les impressions du dehors, que lui transmettent les sens, il les perçoit, les élabore, les digère, en quelque sorte, pour ensuite réagir sur ces impressions et manifester certaines déterminations de la volonté. *Fonctions du cerveau.*

Par exemple, si l'on présente de l'avoine à un cheval, l'image de cette substance viendra se peindre sur la rétine, le nerf optique la transmettra au cerveau, qui, ayant perçu la sensation, réagira sur elle, et portera l'animal à se rapprocher de celui qui lui aura offert cet aliment. Or, il sera arrivé alors que les nerfs auront été irradier dans les muscles des membres la volonté de l'animal de se mettre en mouvement, et la locomotion aura été produite. *Exemple.*

Lorsqu'on voit le cheval fuir la chambrière qui le menace, il a également senti, perçu une impression, et il agit dans le sens de la détermination qu'il a prise; d'où on conclut que le cerveau est le foyer sensitif auquel arrivent toutes les impressions du dehors, et d'où naissent les déterminations de la volonté (1).

(1) L'intérêt qu'inspire l'étude du cerveau de l'homme, organe de sa pensée, demande que l'on donne ici quelques notions générales relatives à ce sujet.

C'est une loi constante de la nature, que le développement d'un organe offre toujours un rapport proportionnel avec les facultés dont il est doué; elle est vraie pour le cerveau, comme pour un muscle, un tendon, un viscère. On sait que les hommes qui ont brillé sur la scène du monde par l'éminence de leurs facultés intellectuelles avaient un front vaste, élevé, le crâne très-développé : tels étaient ceux de Newton, Cuvier, Napoléon, etc. Au contraire, les athlètes, dont la force corporelle l'emporte de beaucoup sur l'intelligence, ont la tête petite et le système musculaire fortement accusé. Que l'on parcoure l'échelle des animaux, depuis l'homme jusqu'au polype, et l'on verra que le développement de la boîte crânienne est en rapport avec le degré de leur intelligence.

La nature du cerveau offre aussi des différences proportionnelles aux facultés intellectuelles.

Les animaux ont la substance cérébrale d'autant plus molle qu'ils appartiennent à un ordre inférieur. En effet, chez les polypes, il est à l'état liquide. On a observé que le cerveau du fœtus humain était presque liquide, comme celui de certains crustacés.

Il en est de ces organes comme de ceux de toute l'économie qui passent par des états successifs d'amélioration, pour arriver à leur dernier terme de perfectionnement. C'est sur ce fait qu'on a établi que le fœtus passait successivement par les conditions organiques, analogues à celles du polype, du poisson et du mammifère.

On a étudié de nos jours le cerveau dans toutes les parties qui le constituent; c'est déjà beaucoup de le connaître dans sa structure intime, mais on est loin encore de savoir quelles sont les attributions que la nature a assignées à chacune d'elles. Le savant docteur Gall et son continuateur Sprutzen, s'ils n'ont pas résolu ce problème, ont mis sur la voie des études à faire pour l'éclairer. En voyant ces organes si variés, si admirablement disposés de l'encéphale, le docteur Gall s'est dit : La

Avant que l'anatomie eût sondé les profondeurs de l'orga- De l'intelli-
nisation, on n'avait pas su distinguer les organes de l'intel- gence chez les
ligence de ceux de l'instinct. On croyait que les animaux animaux.
n'étaient susceptibles que de cette dernière faculté. Peut-être
en coûtait-il à l'amour-propre de l'homme d'accorder à la
brute une part de cette intelligence, qui est son plus beau
privilége. Mais aujourd'hui on a reconnu que là, où est
l'organe de l'intelligence, existe aussi sa faculté corrélative.
En effet, ne voit-on pas tous les jours les animaux exécuter
des actes qui prouvent qu'ils sont doués d'un certain degré
d'intelligence, qu'ils sont capables de percevoir les sensations, de les comparer, de les juger, d'agir enfin par une
volonté raisonnée.

Certes, l'intelligence du cheval est très-bornée. On se Petitesse
rappelle à ce sujet qu'un certain physiologiste, ayant été du cerveau
frappé de la petitesse du cerveau du cheval qu'il disséquait, du cheval.
lui adressa cette apostrophe : « En voyant ton fier regard et
» ta superbe encolure, j'avais hésité un instant à monter
» sur ton dos ; mais depuis que j'ai remarqué l'exiguïté de
» ton cerveau, j'ai vu que tu n'étais qu'une bête, et je n'ai
» pas craint de t'enfourcher. »

Le poids du cerveau du cheval est égal à la quatre cent Rapports
cinquantième partie de celui de son corps; le cerveau du entre le poids
chien est d'un poids égal à la deux centième partie; celui du cerveau et
du chat est très-lourd. celui de toute
la masse.

Si on veut juger du degré d'intelligence du cheval, il ne Actes de
faut pas le voir à l'état de domesticité, façonné par le joug de l'intelligence
l'homme, avili par les mauvais traitements, mais il faut l'étu- du cheval à
l'état sauvage

nature n'aurait pas pris le soin de créer tant d'instruments différents, si
elle n'avait voulu confier à chacun d'eux des propriétés et des attributs
distincts; et comme ces organes sont logés dans des cavités qui répondent,
pour la plupart, à des éminences qui se dessinent sur la surface
crânienne, assignons à chacune des éminences de l'encéphale des qualités particulières. De là, son système de localisation des facultés et la
désignation des bosses des mathématiques, de la peinture, etc., etc.

dier dans l'état de nature, où il jouit du libre exercice de ses facultés.

Les voyageurs qui ont rencontré des troupeaux de chevaux sauvages sur les plateaux du Thibet et de la Tartarie, rapportent que, lorsqu'ils arrivent sur le terrain où ils doivent pâturer, on voit aussitôt se détacher quelques-uns d'entre eux, et courir de toute leur vitesse pour gagner les monticules qui dominent l'endroit où ils se sont établis, et là, l'œil au guet, l'oreille tendue, en sentinelles attentives, d'aussi loin qu'ils aperçoivent l'homme ou des animaux sauvages, ils donnent le signal de la fuite; mais lorsqu'ils veulent se défendre, on les voit aussitôt rassembler les poulains et leurs mères et former autour de ces animaux incapables de se défendre un cercle compact, au centre duquel répondent leurs têtes, tandis que, avec leurs extrémités postérieures, répondant à sa circonférence, ils reçoivent par de vigoureuses ruades les animaux qui les attaquent. On sait que le cheval a dans ses pieds de derrière une arme très-puissante.

Utilité de l'intelligence pour le cheval

Certes, on ne peut méconnaître que cette manière de se garder et de se défendre ne témoigne un certain degré d'intelligence.

Je ne citerai pas ce que l'on voit tous les jours dans nos cercles de Franconi: soit tel cheval savant, marquer l'heure, tirer un coup de pistolet, ou découvrir la fille la plus aimable de la société, car tous ces tours pourraient bien déceler l'adresse du maître, beaucoup plus qu'ils ne prouvent l'intelligence de son élève; mais empressons-nous d'arriver à cette conclusion, que le cheval n'est pas dénué d'intelligence, qu'il en a assez pour comprendre les leçons du dressage, qu'il y répondra d'autant mieux qu'il sera plus doué de cette faculté; c'est pourquoi on ne saurait trop la rechercher chez les chevaux de selle et surtout chez ceux de manége.

Les symptômes de cette faculté.

Les symptômes qu'on consulte pour juger l'intelligence du cheval sont l'expression de la physionomie, le feu et la vivacité de son regard, l'écartement des oreilles et leur éloignement des yeux, d'où résulte la largeur du front. C'est à ces caractères qu'on reconnaît surtout l'intelligence du cheval arabe; si on lui oppose le cheval commun dégénéré, on remarquera que son regard morne, hébété, est en rapport avec l'étroitesse de son cerveau.

Article Troisième.

FONCTIONS DES NERFS.

Fonctions des nerfs.— Modes d'action des racines supérieures et inférieures.—Stimulants particuliers auxquels répondent les nerfs.— Nerfs du cerveau—Du prolongement rachidien. — Du grand sympathique. — Définition de l'instinct.

Les nerfs exécutent une double action : ils reçoivent les impressions du dehors pour les porter au cerveau, qui les perçoit, et prend les déterminations que ces mêmes nerfs transmettent aux organes chargés de les exécuter.

Fonctions des nerfs.

Pour expliquer ce double effet, on avait supposé que les nerfs étaient les agents d'un courant qui allait de la circonférence au centre et du centre à la circonférence; mais cette hypothèse ne repose sur aucun fondement, et aujourd'hui on admet que les fibres médullaires qui composent les nerfs, quoique paraissant confondues, sont divisées et groupées en deux parties ou *racines distinctes*, à leur origine vers le prolongement rachidien; que les *racines* postérieures transmettent les sensations relatives à la *sensibilité*, et que les racines antérieures sont affectées aux mouvements constituant la *mobilité*. Cette théorie s'appuie sur un fait qui la rend évidente. Lorsqu'on coupe les racines postérieures des nerfs du prolongement rachidien, l'animal qui a subi cette opération perd sa sensibilité, et conserve sa faculté

Mode d'action des racines supérieures et inférieures.

locomotive ; mais si on coupe les racines antérieures on arrête la mobilité.

Stimulants particuliers auxquels répondent les nerfs. Les nerfs émanant du cerveau, du prolongement rachidien et du grand sympathique répondent à des stimulants particuliers : ainsi le nerf optique est sensible à la lumière, les nerfs acoustiques, ceux du nez, du palais, reçoivent leurs sensations des sons, des odeurs et des saveurs.

Nerfs du cerveau. Les nerfs qui sortent du cerveau par la base du crâne se distribuent dans les appareils des sens et dans d'autres parties de l'organisme.

Du prolongement rachidien. Ceux du prolongement rachidien, qui sortent par des trous dont sont percées les vertèbres, se répandent dans tous les organes de la vie d'entretien et de relation ; ils président aux facultés du tact, de la contraction musculaire et de la sensibilité générale.

Nerfs du système ganglionaire. Le système nerveux, appelé *ganglionaire*, tient dans ses attributions les fonctions d'entretien ; les nerfs qui le constituent ne sont pas doués de la sensibilité percevante, ils correspondent à la faculté de l'instinct, faculté qui prédomine et existe seule dans les dernières classes des animaux.

Définition de l'instinct. Le mot *instinct*, qui signifie piqué en dedans, fait bien image à la cause intérieure qui porte l'animal à certaines déterminations ; ainsi, lorsque le sang arrive dans les ventricules, ce fluide stimule leurs parois à se contracter et à opérer la systole ; le sang est donc un stimulant auquel obéissent les nerfs ganglionaires. C'est ce même instinct qui porte l'animal au rapprochement des sexes par l'aiguillon du plaisir, et qui par là assure la conservation des espèces ; c'est par ce même instinct que les actes de la vie d'entretien s'accomplissent sans interruption, que, pendant la veille comme dans le sommeil, les animaux digèrent, respirent et s'entretiennent (1).

(1) L'animal obéit stupidement aux appétits de son instinct, tandis que l'homme sait les réprimer et les subordonner à sa raison. Cependant

Article Quatrième.

DES SENSATIONS.

Les sensations s'entendent de l'action par laquelle les sens recoivent les impressions des corps extérieurs et avertissent l'animal de ceux qu'il doit fuir, ou dont il doit se rapprocher. selon qu'ils sont nuisibles ou favorables à son existence. C'est pourquoi les sens ont été définis des sentinelles avancées de la vie.

Chaque sens a son appareil propre et son stimulant auquel il appartient; ainsi les saveurs agissent sur le palais, les odeurs sur l'odorat, les rayons sonores sur l'appareil auditif et la lumière sur l'appareil visuel; mais ces stimulants perdent leur puissance d'action sur les organes auxquels ils ne correspondent pas; aussi les effluves odorants ne sauraient impressionner les yeux, de même que la lumière ne pourrait avoir action sur l'odorat.

on ne laisse pas que de s'apercevoir quelquefois chez les animaux de cette lutte entre l'instinct et l'intelligence. Je noterai ici un fait qui s'est passé souvent sous nos yeux : Un chien voit un buffet entr'ouvert, qui renferme un superbe débris de rôti; l'eau de lui en venir aussitôt à la bouche, ses yeux de briller, sa queue de frétiller; il va se jeter sur le friand morceau, mais non..... il s'arrête! Jusque-là son instinct avait parlé; mais son intelligence va se faire entendre à son tour; elle lui rappellera que pour avoir, en pareil cas, cédé à sa gourmandise, il en a payé la faute. Alors, venant à comparer ces deux sensations, son instinct se trouvant aux prises avec sa raison, il faudra qu'il se décide à obéir à l'un des deux mobiles qui l'émeuvent, et si l'on admet qu'il a cédé à la peur du châtiment, on le verra, l'oreille basse, la queue tombante, s'éloigner tristement de l'objet de sa tentation : l'intelligence donc l'aura emporté sur l'instinct.

DU GOUT.

Le goût est la faculté dont sont doués les animaux de recevoir les impressions des saveurs. La langue et les parties
internes de la bouche sont les organes de ce sens.

Toutes les substances ne sont pas propres à produire
sur l'appareil de la gustation les impressions des saveurs.
Généralement on reconnaît que toutes celles qui sont susceptibles de se dissoudre dans l'eau et la salive sont sapi-
des; dénuées de cette propriété, elles sont insipides.

Le sens du goût existe chez tous les animaux; placé à
l'entrée du conduit des aliments, il sert à les avertir de
ceux dont ils peuvent faire leur nourriture ou qui sont ré-
fractaires à leur estomac.

Aussi cet instinct du goût suffit pour les empêcher de
prendre les plantes vénéneuses.

DE L'ODORAT.

*Définition des odeurs. — Mécanisme de l'olfaction. — Utilité et
finesse de l'odorat du cheval et de plusieurs espèces animales.*

Définition
des odeurs.

L'olfaction est l'action de sentir les odeurs; les odeurs
sont produites par les effluves odorants qui se dégagent des
corps; ils restent circonscrits autour d'eux, ou bien se
répandent à des distances plus ou moins éloignées.

L'olfaction s'opère à l'aide d'une inspiration qui attire
dans les naseaux une colonne d'air saturée des principes
odorants; les sinus et les volutes de l'ethmoïde en perçoivent
les impressions.

Mécanisme
de l'olfaction.

L'odorat est l'un des sens les plus utiles aux animaux; il
les guide dans le choix des aliments et des boissons, les
dirige dans le rapprochement des sexes, qui a pour but la
reproduction de l'espèce; enfin il les avertit de l'approche
des bêtes féroces, pour les mettre à même de les fuir ou de
les combattre.

Des officiers qui ont fait les campagnes d'Afrique rapportent que les chevaux se sont quelquefois arrêtés et qu'ils ont refusé d'avancer, en sentant, à de grandes distances, l'approche des lions et des tigres.

Les voyageurs attestent qu'en traversant les vastes mers de sables de l'Asie, les dromadaires, qui avaient, pendant plusieurs jours, souffert de la soif, leur indiquaient le rapprochement d'un étang ou d'un fleuve, par des manifestations de gaîté.

Tout le monde connaît la finesse de l'odorat du chien, qui suit la piste de son maître, reconnaît les objets qu'il a touchés, et distingue l'arôme propre des animaux qu'il poursuit à la chasse. L'odorat est très-délicat dans le cochon, qui sent les truffes enfouies dans la terre à une grande profondeur.

De l'odorat du cheval et de plusieurs espèces animales.

DE L'OUIE.

Définition de l'audition — Description de l'oreille externe. — De la conque. — Du conduit auditif. — De la caisse du tympan. — De la chaîne des osselets. — Des poches gutturales. — De l'oreille interne. — Du vestibule. — Du limaçon. — Des canaux demi-circulaires. — Définition du son. — Mécanisme de l'audition.

La faculté de recevoir les impressions des rayons sonores constitue l'audition.

Son appareil se compose de l'oreille externe, de la caisse du tympan, ou de l'oreille moyenne, et de l'oreille interne.

Description de l'appareil de l'audition.

Sous le nom de conques, on désigne ces deux espèces de cornets acoustiques placés à la partie supérieure et sur les côtés de la tête; ils sont tronqués obliquement de haut en bas à leur partie antérieure, et terminés en pointe; ils ont pour base trois pièces de cartilages que recouvre la peau.

De la conque.

L'intérieur de la conque est garni de poils destinés à défendre l'entrée de cette cavité contre les corps étrangers et peut-être aussi à tamiser les rayons sonores qui doivent pénétrer jusqu'au tympan.

Danger de couper les poils du fond de la conque. On a tort, sous le prétexte de propreté, de couper les poils qui existent dans le fond de la conque, puisque la nature leur a assigné leur utilité propre; mais on peut, sans inconvénient, les couper au pourtour des oreilles.

Du conduit auditif. Le conduit, ou *méat auditif*, commence au fond de la conque, s'évase comme l'orifice d'un entonnoir à ce point d'insertion, se rétrécit ensuite et va aboutir à la membrane du tympan.

De la caisse du tympan ou oreille moyenne. La membrane du *tympan* établit la séparation entre l'oreille externe et une cavité, nommée la *caisse du tympan*, qui communique: 1° avec le vestibule, au moyen d'une fenêtre dite *ovale* que bouche la base de l'osselet appelé *étrier* ; 2° par une autre ouverture, appelée la *fenêtre ronde*, que ferme une membrane particulière ; 3° avec la *rampe interne du limaçon* et les *poches gutturales*.

De la chaîne des osselets. Près de l'apophyse temporale commence la *chaîne des osselets*, qui s'étend à la circonférence du tympan et se termine à la fenêtre ovale. Quatre osselets composent cette chaîne, ce sont : le *marteau*, l'*enclume*, le *lenticulaire* et l'*étrier* (1).

Les mouvements qu'exécutent ces petits os sont produits par *trois muscles*, dont deux s'attachent au marteau et le troisième à l'étrier.

Poches gutturales. Du côté interne de la caisse du tympan existe la *gouttière gutturale* et son conduit, que termine la *poche gutturale*, communiquant avec le pharynx.

(1) Les noms bizarres donnés à ces osselets proviennent d'une hypothèse erronée de l'ancienne physiologie, qui avait admis que le marteau, frappant sur l'enclume, produisait les sons.

Sous le nom de *vestibule*, on désigne une cavité qui établit une communication entre la caisse du tympan et l'oreille interne. Du vestibule de l'oreille interne.

Le *limaçon*, ainsi appelé en raison de sa ressemblance avec un escargot, a un noyau osseux, autour duquel les canaux ou aqueducs de cet organe exécutent deux tours et demi; ces canaux sont séparés, dans leur milieu, par une cloison dont la base est osseuse et la partie libre membraneuse. Cette cloison établit la distinction des *deux rampes* internes et externes. Du limaçon.

Les cavités du limaçon et des canaux semi-circulaires sont tapissées par une membrane très-fine que l'on croit être une production des méninges, elles renferment une liqueur dans laquelle plonge la pulpe des nerfs auditifs. De la lymphe.

Les *canaux semi-circulaires* sont au nombre de trois. On les voit derrière le vestibule et à l'opposé du limaçon.

Ici se termine la description anatomique de l'oreille. Cherchons à donner une idée du mécanisme de l'audition.

Le *son* n'est pas un corps, comme la lumière et les saveurs, il est produit par un mouvement de vibrations imprimé aux molécules constituantes des corps élastiques et sonores, par l'effet d'un choc quelconque ; il se propage au moyen de l'air jusqu'à l'oreille qui doit en percevoir les impressions. Ainsi on conçoit que les sons ne peuvent se produire dans le vide. Définition du son.

Les corps élastiques sont les seuls capables de produire et propager les sons qui s'étendent en tous sens ; ils parcourent 557 mètres en une seconde. Leur vitesse est donc incomparablement moins grande que celle de la lumière, qui franchit 77 mille lieues en une seconde ; c'est pourquoi on voit la lumière d'une arme à feu longtemps avant d'entendre sa détonation.

Voici la marche des rayons sonores : après avoir été recueillis par l'oreille externe, ils sont dirigés dans le conduit auditif, atteignent la membrane du tympan qu'ils mettent Mécanisme de l'audition.

en vibration. Ces vibrations se propagent aux osselets de la chaîne, aux parois de la caisse, à l'air que renferme cette cavité, à la fenêtre ovale, à la lymphe de Cotugno et aux nerfs acoustiques.

On sait que la caisse transmet à l'oreille interne les vibrations qu'elle a reçues de l'oreille externe ; mais on est loin de se rendre compte de la manière dont s'opère la perception des sons dans ce dernier appareil ; on admet seulement que les vibrations sonores sont propagées par l'intermédiaire de la caisse du tympan au liquide que renferment les aqueducs et à la pulpe du nerf auditif ; que la rampe interne du limaçon reçoit les vibrations par la fenêtre ronde ; le vestibule, par l'extrémité de la chaîne des osselets ; les canaux semi-circulaires, par les parois de la caisse ; mais quel est le rôle de ces diverses parties dans la production de ces phénomènes ? c'est ce qu'il a été jusqu'ici interdit à l'esprit humain d'expliquer.

M. Milne Edwards fait observer que le marteau, s'étendant sur le tympan, paraît être destiné à modifier et régulariser la violence des vibrations de cette membrane, de même que l'étrier, appliqué sur la fenêtre ovale.

DE LA VUE.

Pour juger si le cheval a une bonne vue, il faut connaître les diverses parties qui forment l'œil et le rôle que chacune d'elles est appelée à remplir dans la production des actes de la vue. Dans ce but, on va : 1° décrire anatomiquement les parties qui composent l'œil ; 2° on donnera quelques notions élémentaires sur la lumière ; 5° on expliquera le mécanisme de la vue.

§ Ier. — ANATOMIE DE L'ŒIL.

Parties accessoires. — *Des graisses et des muscles. — Description des paupières. — Des cils. — Des tarses. — De la chassie. — Du corps clignotant. — Glandes lacrymales. — De la caroncule. — Des voies lacrymales. — De la conjonctive.*
Parties constituantes. — *Cornée opaque. — Cornée lucide. — De la choroïde. — Ligament ciliaire. — De l'iris. — De la pupille. — Corps ciliaire. — De la rétine. — De l'humeur aqueuse. — Du cristallin. — Du corps vitré.*

Les parties qui composent l'œil ont été divisées en *parties accessoires* et en *parties principales :* les premières servent à protéger l'œil contre l'action des agents extérieurs et à l'entretenir dans des conditions favorables à ses fonctions ; les secondes agissent sur la lumière, de manière à produire les phénomènes de la vue.

PARTIES ACCESSOIRES. — La cavité orbitaire de l'œil renferme : 1° des graisses qui servent à empêcher le contact trop dur du bulbe contre les parois de cette cavité ; 2° des muscles qui lui impriment tous les mouvements dont il est susceptible ; ces muscles sont : les quatre droits, le rétracteur, et enfin les deux muscles obliques, qui le meuvent de dedans en dehors et de dehors en dedans. *Des graisses et des muscles.*

Les *paupières* sont deux espèces de voiles mobiles, tendus sur le devant de l'œil qu'ils recouvrent ou mettent alternativement à découvert. *Description des paupières.*

On distingue les paupières en supérieure et inférieure ; la première est plus mobile que la seconde ; elles sont formées extérieurement par un repli de la peau et tapissées intérieurement par une muqueuse, nommée *conjonctive*. La commissure des paupières forme deux angles, l'un *nasal*, l'autre *temporal*.

Le bord des paupières est garni de poils nommés *cils*. Ceux de la paupière supérieure sont très-longs, afin de *Des cils.*

briser, de tamiser, en quelque sorte, les rayons droits qui viennent du ciel, et empêcher que, par leur intensité, ils n'affectent la finesse de l'organe.

Des tarses. — Si on coupe avec le scapel, le bord des paupières, on met à découvert de petites portions de cartilage, disposées en chapelet ; elles servent à empêcher les paupières de se plisser ; elles sont appelées tarses.

De la chassie. — Entre les tarses sont placées des follicules qui sécrètent la *chassie*, liqueur destinée à se mêler avec les larmes et à tempérer leur àcreté.

Du corps clignotant. — Vers l'angle nasal, on distingue une portion de cartilage qu'enveloppe la conjonctive, c'est la troisième paupière ou le corps *clignotant*.

Des glandes lacrymales. — Dans l'intérieur de la paupière supérieure, vers l'angle temporal, existe la glande lacrymale, qui sécrète les larmes que versent sur le devant de l'œil des canaux nommés hygrophthalmiques.

Les larmes sont étendues sur le devant de l'œil par le mouvement des paupières ; elles lubrifient la cornée et la maintiennent dans un état d'humidité nécessaire à sa transparence.

De la caroncule. — A l'angle nasal, on remarque un petit corps proéminent nommé *caroncule* lacrymale ; il est placé là, comme une borne, pour empêcher les larmes de refluer sur le chanfrein et les forcer de passer par les conduits lacrymaux, dont on distingue les orifices sous la forme de *deux points*, dits *lacrymaux*, situés de chaque côté de la caroncule.

Des voies lacrymales. — Les conduits lacrymaux se dégagent dans le sac lacrymal, et celui-ci dans le canal lacrymal, qui aboutit à la surface interne de l'orifice des naseaux (1).

De la conjonctive. — La conjonctive, que l'on a vu tapisser l'intérieur des pau-

---

(1) L'appareil lacrymal n'existe pas dans les yeux des poissons, qui, étant immergés dans l'eau, ont la cornée lucide lubrifiée constamment par ce fluide.

pières, se replie encore dans les canaux lacrymaux et s'étend sur le devant de l'œil (1).

Parties constituantes. — Lorsqu'on a enlevé toutes les parties qu'on vient de décrire, il ne reste plus que cette espèce de coque qu'on appelle *bulbe* de l'œil ; il est composé de membranes qui renferment des humeurs.

Deux membranes forment extérieurement le bulbe, ce sont les cornées dites *opaque* et *lucide*.

La *cornée opaque* ou sclérotique est formée de fibres blanches, très-serrées et résistantes ; elle est imperméable à la lumière. A sa surface externe, on voit les attaches des muscles qui meuvent le bulbe ; son fond est percé d'un trou par lequel passe le nerf optique. *[Cornée opaque.]*

La *cornée lucide*, formée de lames minces, est beaucoup moins développée que la cornée opaque; elle est, par rapport à celle-ci, comme le segment d'une petite sphère réuni au segment d'une sphère plus grande ; ses bords sont taillés en biseau, aux dépens de sa lèvre externe ; ils sont recouverts par ceux de la cornée opaque. La transparence de la cornée lucide est la propriété dont elle doit jouir pour remplir ses fonctions. *[Cornée lucide.]*

Sur les parois internes de la cornée opaque, s'étend une membrane vasculaire très-fine, d'une couleur noire à sa surface interne : c'est la *choroïde*. Vers le fond de l'œil, elle est d'un bleu azuré et prend le nom de *tapétum*. La couleur noire de la choroïde est propre à absorber les rayons réfléchis et à faire du fond de l'œil une chambre noire. *[De la choroïde.]*

A la hauteur de la jonction des deux cornées, on aperçoit un cercle blanchâtre, dit *ligament ciliaire:* il est formé par *[Ligament ciliaire.]*

(1) Quelques anatomistes admettent aujourd'hui que la conjonctive s'arrête au bord de la cornée opaque, et qu'une membrane très-mince, de la nature de l'épiderme, recouvre cette cornée.

des fibres cartilagineuses, et sert à réunir la cornée opaque à la choroïde et à l'iris.

De l'iris.   L'iris est une membrane vasculaire, contractile et s'étendant dans l'intérieur du bulbe , qu'il sépare en deux chambres, dites *antérieure* et *postérieure*.

De la pupille.   Son milieu est percé d'un trou , d'une forme elliptique nommé *pupille*.

Il offre dans sa texture des fibres musculaires *rayonnantes* et d'autres *concentriques ;* les premières agrandissent la pupille , les secondes la rapetissent.

La face de l'iris , répondant à la cornée lucide , est d'une couleur variable, mais le plus souvent brunâtre ; sa face répondant au fond de l'œil est noirâtre et prend le nom d'*uvée*.

Corps ci-liaires.   En arrière de l'uvée , on voit le corps *ciliaire*, formé de rayons noirs qui partent du ligament irien et s'étendent vers la pupille ; on remarque dans la chambre postérieure des petits corps frangés, noirâtres, nommés *fungus*, qui flottent au milieu de l'humeur aqueuse. On admet que ces fungus, qui existent chez les grands monodactiles qui ont un tapétum , concourent à former la chambre obscure de l'œil.

De la rétine.   Sous le nom de rétine , on distingue une membrane blanchâtre, qui est un épanouissement du nerf optique ; elle est située entre la choroïde et le corps vitré. C'est sur elle que vient se peindre l'image des objets, dont le nerf optique transmet la sensation au cerveau.

De l'humeur aqueuse   Les humeurs se composent de l'humeur aqueuse, de l'humeur cristalline et de l'humeur vitrée.

L'humeur aqueuse, qui occupe les chambres antérieure et postérieure de l'œil, sert à donner à la cornée lucide sa forme bombée et à maintenir l'iris flottant au milieu des deux chambres.

L'humeur cristalline forme le cristallin, qui ressemble à un verre à double convexité.

L'humeur vitrée constitue le corps vitré, qui occupe le

fond de l'œil ; elle est renfermée dans les nombreuses cellules d'une membrane dite hyaloïde.

A sa partie antérieure, le corps vitré offre un renfoncement
dans lequel se loge le cristallin ; celui-ci est recouvert, à sa
surface antérieure , par un repli de l'hyaloïde.

Du corps vitré.

§ II. — DE LA LUMIÈRE.

*Définition de la lumière. — Vitesse de la lumière. — Diver-
gence des rayons, cônes objectifs. — Marche des rayons en
raison des corps qu'ils frappent. — De la réflexion. — De la
réfraction. — Réfraction par convergence. — Réfraction par
divergence. — Point de vue distinct. — Mode de vision dans le
presbytisme.— Mécanisme de la vision. —Usage de la pupille.
— De l'iris. — Du cristallin. — De la choroïde. — Renversement des objets au fond de l'œil. — Redressement pour nos
perceptions.*

La lumière est le corps intermédiaire entre les objets et
nous ; elle nous fait reconnaître leurs formes , leurs dimensions et leurs couleurs. Sans lumière, les formes deviennent
inappréciables à nos sens.

La lumière est un corps élastique , impondérable, dia-
phane. Les physiciens définissent différemment la lumière :
les uns admettent qu'elle est une émanation du soleil , des
étoiles fixes et des corps en ignition ; les autres veulent
qu'elle ait pour principe l'éther qui est répandu dans l'atmosphère (1). On adoptera la première définition , vu
qu'elle se prête mieux à l'explication des actes de la vue.

Définition de la lumière.

La marche des rayons depuis leur source jusqu'à nous est
d'une vitesse extraordinaire ; on sait que le soleil est éloigné
de notre globe de 32 millions de lieues ; pour franchir cette distance, ils ne mettent que 7 minutes, en sorte
qu'ils parcourent 77 mille lieues par seconde.

Vitesse de la lumière.

Un corps éclairé envoie des rayons lumineux dans tous les
sens ; ils s'écartent les uns des autres d'autant plus qu'ils

Divergence des rayons. Cônes objectifs.

(1) Cette opinion est celle que l'on admet généralement aujourd'hui.

s'en éloignent, en sorte qu'ils forment des cônes dont le sommet est au corps éclairé et la base à la cornée lucide ; ces cônes sont dits *objectifs*.

Marche des rayons en raison des corps qu'ils frappent. Lorsque des rayons tombent perpendiculairement sur la surface d'un corps transparent, ils le traversent, sans changer de direction, mais lorsqu'ils le frappent obliquement, ils dévient plus ou moins de leur première direction.

Ce fait demande quelques explications nécessaires pour comprendre les modifications que l'œil imprime dans leur marche aux rayons qui le traversent ; elles ont pour but de les réunir au fond de l'œil où se produit l'image de l'objet.

De la réflexion. Tout rayon qui arrive sur un corps opaque est réfléchi sur sa surface, et forme avec lui deux angles égaux : l'un résulte du rayon incident, l'autre du rayon réfléchi avec cette même surface du corps. Ainsi l'angle d'incidence est égal à l'angle de réflexion.

De la réfraction. Si ce corps est transparent, une partie des rayons qui le frappent sont réfléchis sur lui, et une autre le traverse ; mais celle-ci, au point où elle passe de l'air dans ce corps, forme une espèce de brisure. Cette déviation de la marche des rayons constitue le phénomène de la *réfraction* (1).

Réfraction par convergence. Il importe d'établir, comme principe de la réfraction, que toutes les fois qu'un rayon de lumière passe d'un milieu moins dense dans un plus dense, le rayon réfracté converge vers le rayon perpendiculaire au corps frappé, qui forme la normale ou l'axe de la pyramide lumineuse ; ainsi,

(1) On donne, en physique, l'exemple suivant : que l'on mette au fond d'un vase une pièce de monnaie, et que l'observateur se place de telle manière que les parois opaques du vase lui cachent la pièce ; les choses étant ainsi disposées, si l'on vient à remplir le vase d'une certaine quantité d'eau, il arrivera que les rayons qui partiront de la pièce se réfracteront en passant de l'eau dans l'air, et, en divergeant par rapport à la perpendiculaire, se rapprocheront de l'œil de l'observateur et lui feront apercevoir la pièce sur le prolongement des rayons réfractés, comme si elle s'était élevée du fond du vase.

l'air étant moins dense que l'eau, le rayon qui traverse ces deux milieux se rapproche par sa partie réfractée de la normale, c'est ce qui explique pourquoi un bâton plongé dans l'eau paraît brisé au point du passage de l'air dans l'eau et fléchi dans ce sens.

Mais si les rayons passent d'un milieu plus dense dans un autre qui l'est moins, ils s'éloignent de la perpendiculaire, c'est-à-dire qu'ils divergent au lieu de converger : c'est ce qui a lieu quand ils passent de l'eau dans l'air. *Réfraction par divergence.*

La réfraction est d'autant plus grande, que la différence de densité entre les deux milieux traversés par les rayons est plus prononcée et que les corps sont plus combustibles (1).

La forme convexe ou concave des corps que frappe la lumière forçant les rayons à tomber plus ou moins obliquement sur eux, donne lieu aux deux modes de réfraction qu'on vient d'exposer et en rendent les effets plus ou moins intenses.

Ce fait explique la cause de la myopie et du presbytisme : on en parlera plus tard

Le point où on voit les objets distinctement est appelé le point de vue distinct; il est à peu près le même pour ceux qui ont l'organe visuel dans des conditions normales; mais il varie lorsqu'il présente certaines défectuosités organiques. Disons d'abord que dans le cas de la vision distincte, les cônes visuels atteignant la rétine par leur sommet, il y a rectitude dans l'image de l'objet qu'ils dépeignent ; mais le myope, dont la cornée lucide est trop bombée ou le cristallin trop rapproché, ne peut voir régulièrement les corps, au point de vue distinct, parce que ses yeux, doués d'une trop grande force de réfringence, ne peuvent réunir que les rayons très-obliques en foyer sur la rétine. *Point de vue distinct.*

On sait que la réunion des cônes lumineux sur cette

(1) Voyez note (1) page 116.

membrane est la condition qui doit être remplie pour que la vision s'opère.

Les myopes ne voient distinctement les objets que quand ils en sont très-rapprochés.

Mode de vision dans le presbytisme. Le presbyte présente une disposition de l'organe visuel contraire à celle du myope : il ne peut voir les objets qu'au-delà du point de vue distinct, parce que son œil manque de force réfringente, soit par suite de l'aplatissement de la cornée ou du défaut de densité des humeurs ; or, les rayons lumineux que reçoit son œil au point de vue distinct, arrivant encore divisés sur la rétine, ne produisent qu'une image confuse des objets, tandis qu'au-delà de ce point ils trouvent assez de force dans l'organe pour être réfractés et donner l'image regulière des corps.

§ III. — MÉCANISME DE LA VISION.

Mécanisme de la vision. Les notions qui viennent de précéder suffiront pour rendre compte des phénomènes visuels.

Les rayons lumineux qui partent d'un objet éclairé, soit d'une flèche, forment des cônes objectifs, dont la base atteint la cornée lucide ; ils sont ensuite réfractés et convergés en passant à travers cette membrane et l'humeur acqueuse ; la portion de ces rayons qui atteint l'iris est réfléchie ; celle qui traverse la pupille, le cristallin et le corps vitré éprouve divers dégrés de réfraction de la part de ces parties et vient aboutir sur la rétine pour y dépeindre l'image de la flèche.

Usage de la pupille. Mais les rayons lumineux franchiront cette ouverture en plus ou moins grand nombre, selon leur dégré d'intensité et les effets qu'ils détermineront sur l'iris : s'ils sont très-intenses, ils solliciteront le resserrement de la pupille qui ne les laissera passer qu'en plus petite quantité ; mais s'ils sont affaiblis, ils permettront à la pupille de se dilater et de les laisser passer plus librement ; en ce sens, on comprendra que l'iris est le régulateur des phénomènes visuels.

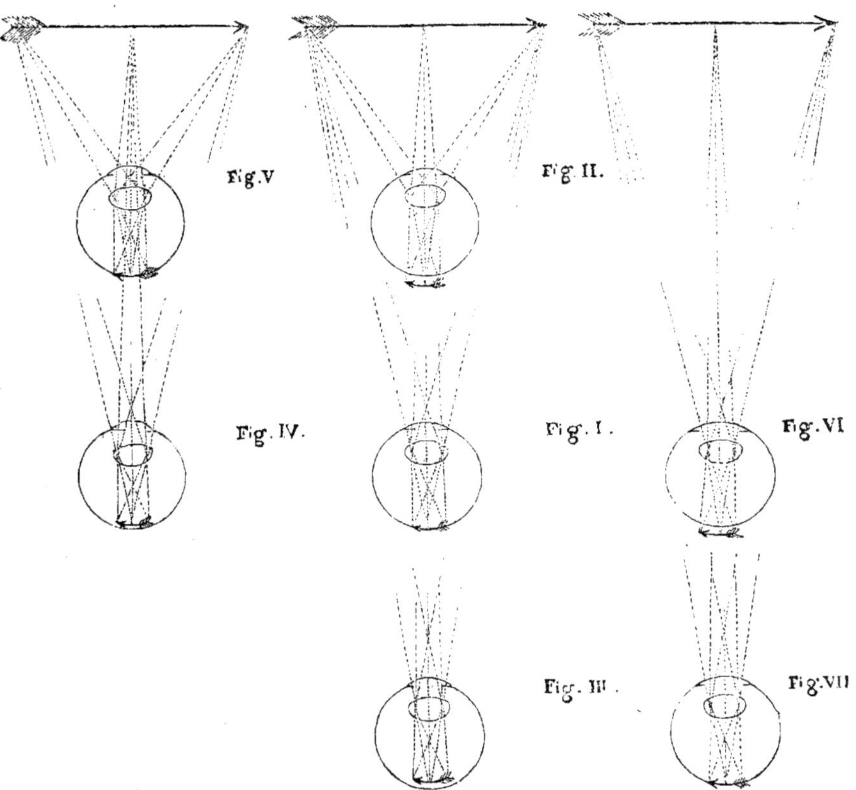

Fig. I. L'œil perçoit l'image régulière de l'objet, au point de vue distinct ; les rayons lumineux atteignent la rétine par les pinceaux lumineux.

Fig. II. Trop rapproché des objets, il ne perçoit qu'une image confuse, parce qu'il reçoit les rayons trop obliques et qu'ils arrivent encore divergés sur la rétine.

Fig. III. Trop éloigné, l'effet est le même, parce qu'il reçoit les rayons trop parallèles et qu'ils sont convergés avant d'avoir atteint la rétine.

Fig. IV. Le myope ne voit pas régulièrement les objets au point de vue distinct, parce que l'excès de réfringence de son œil détermine la convergence des rayons avant qu'ils aient atteint la rétine.

Fig. V. Cet excès de réfringence lui donne la facilité de distinguer les objets en deçà du point de vue distinct, en convergeant les rayons les plus obliques sur la rétine.

Fig. VI. Le défaut de réfringence de l'œil du presbyte fait que celui-ci ne voit que confusément les objets au point de vue distinct, parce que les rayons sont encore divergés en arrivant sur la rétine.

Fig. VII. Le presbyte voit au-delà du point de vue distinct, parce que le défaut de réfringence de ses yeux lui permet de réunir les rayons les plus rapprochés de la normale.

Ainsi : 1° la lumière qui a franchi la pupille a été réfractée à travers l'hyaloïde, le cristallin et le corps vitré, jusqu'à ce qu'elle ait atteint le fond de l'œil ; 2° elle a subi l'action de l'uvée, des fungus, de la choroïde et de tous les corps dont la couleur noire est propre à former la chambre obscure, pour absorber les rayons qui, ne pouvant arriver sur la rétine, troubleraient la vision et empêcheraient la rectitude de l'image qu'ils doivent peindre au fond de l'œil. On.sait que les Albinos, dont la choroïde est incolore, ne voient que difficilement en plein jour, parce que cette membrane est impropre à absorber les rayons réfléchis. Usage du cristallin.

De la choroïde.

C'est sur la rétine que les cônes lumineux portent l'image de l'objet, mais pour en percevoir la sensation, il faut qu'elle soit douée de sensibilité, car si elle avait perdu cette propriété, en vain la lumière lui arriverait, puisqu'elle ne saurait être impressionnée par son abord : c'est ce qui est produit par la paralysie du nerf optique.

Le nerf optique qui reçoit la sensation de la part de la rétine, la transmet au cerveau ; les hémisphères latéraux et les couches optiques paraissent être chargés de percevoir ces sensations de la vue.

Si on suit la marche de plusieurs faisceaux de lumière du point éclairé d'un objet jusqu'à la rétine, on remarquera que ceux qui sont venus du côté droit de l'objet, ont abouti au côté gauche de la rétine, et que ceux qui sont venus du côté gauche, sont arrivés au côté droit de cette membrane, en sorte qu'ils représentent l'objet dans une position inverse de celle qu'il affecte. Ce renversement des objets au fond de l'œil paraît évident, lorsqu'on examine la cornée opaque d'un œil suffisamment amincie pour qu'on voie se dépeindre sur elle les objets dans une position renversée. Ce fait est encore très-facile à reconnaître dans les yeux des Albinos. Renversement des objets au fond de l'œil.

Quoi qu'il en soit, il est évident que nous voyons les objets Du redres-

dans leur véritable position. Il faut donc que leur redressement se fasse au moyen de nos perceptions ; mais par quel mécanisme s'opère ce redressement? Il faut l'avouer, dans toute l'humilité de la science, c'est un secret que notre intelligence n'a pas su encore découvrir.

DES QUALITÉS ORGANIQUES DES YEUX. — L'appréciation des qualités des yeux embrasse deux buts : celui de juger si l'organe est intègre et doit bien fonctionner ; secondement de distinguer, dans l'expression du regard, les symptômes du caractère du cheval, de sa douceur ou de sa méchanceté, de sa paresse ou de sa vigueur.

Pour que les actes de la vue s'accomplissent régulièrement, il faut que les membranes et les humeurs aient une diaphanéité telle, que la lumière puisse facilement les traverser, et que l'iris soit impressionnable à son action. A l'article des yeux relatif à l'extérieur, on indiquera les moyens à l'aide desquels on reconnaît leurs qualités ; et tout d'abord, il faut le dire, cette appréciation est une des plus difficiles à faire de l'extérieur.

Lorsque les défauts de la vue sont dus à des causes organiques, ils sont très-graves et souvent incurables : ainsi la *myopie*, quelle qu'en soit la cause, rend toujours le cheval ombrageux, parce que les objets qu'il voit au point de vue distinct, lui apparaissent sous des formes bizarres, indéterminées, qui l'effraient et provoquent les défenses auxquelles il se livre pour éviter de s'en rapprocher.

Le *presbyte*, qui a la vue longue, ne peut distinguer les objets, au point de vue distinct.

Les chevaux dont les membranes et les humeurs des yeux manquent de diaphanéité, voient mal et sont ombrageux. On dit alors qu'ils ont la vue *grasse*.

Enfin on rencontre souvent de très-jeunes chevaux qui sont ombrageux ; mais si on reconnaît que leurs yeux ont une conformation régulière, que leurs humeurs sont bien

transparentes, et surtout qu'ils cessent d'avoir peur des objets, lorsqu'ils ont pris l'habitude de les voir, on devra
penser alors que ce défaut est sans conséquence, et qu'on
le corrigera facilement avec de la patience et les soins intelligents d'une bonne éducation ; mais s'il était dû à une
cause organique, le mal serait alors sans remède.

Si on ne peut reconnaître la myopie à l'état des yeux, on
essaiera de faire rapprocher le cheval, chez lequel on la suppose, des objets qui l'auront effrayé de loin, et, s'il cesse
d'en avoir peur à mesure qu'il s'en rapproche, on en conclura qu'il est myope, puisqu'il ne peut voir distinctement
les objets que de très-près.

<h3 style="text-align:center">DU TACT.</h3>

La peau est non-seulement le tégument général du corps, Du tact.
mais elle se prolonge encore dans les profondeurs de l'économie, pour former les parois internes des conduits des
aliments, de l'air, etc. En remplissant ce dernier usage
elle revêt des caractères organiques particuliers et prend le
nom de membrane muqueuse.

Toute la surface de la peau est susceptible de recevoir les
impressions de température et de consistance des corps
avec lesquels elle est en contact ; c'est ce qui constitue sa
propriété *tactile*.

Comme l'épiderme est placé sur les houppes nerveuses
de la peau, à la manière d'une couche de vernis destinée
à modérer les impressions du tact, on en doit inférer que
ce sens est d'autant moins développé que la couche épider-
mique où il s'exerce est plus épaisse.

Indépendamment du tact, l'homme est doué du sens du
toucher ; il réside dans la main ; cet instrument si parfait
de l'industrie humaine, à l'aide duquel nous pouvons palper les corps et acquérir des notions exactes sur leurs

formes, leurs contours et leur température. C'est pour cela qu'il a été appelé l'instrument mathématique par excellence.

Article Cinquième.

DE LA LOCOMOTION.

De la locomotion.

La locomotion est la faculté dont jouissent les animaux de se déplacer d'un lieu dans un autre. Étudiée au point de vue physiologique, elle devrait figurer dans les fonctions de relation ; mais on a préféré la comprendre plus spécialement dans le cours d'extérieur, parce qu'elle traite de la question des allures qui résume en grande partie celle de la valeur du cheval.

On va donc se borner ici à donner quelques notions générales sur cette fonction.

Les animaux rampants se meuvent en se traînant sur le sol, à l'aide des ondulations de leur corps. Le cheval appartient à la classe des espèces qui se tiennent redressées sur leurs jambes, au-dessus du sol. Cette attitude constitue la *station* ; elle est donc le point de départ de l'étude des mouvements.

La station a lieu par l'effet de la contraction des muscles extenseurs qui maintiennent fermes et redressés les rayons articulaires des membres.

Toutes les parties pesantes du corps du cheval doivent se faire *équilibre*, de telle manière qu'elles offrent un point de centralisation, appelé *centre de gravité*.

La verticale passant par ce centre doit tomber au-dessus de la *base de sustentation*. C'est ainsi qu'on désigne l'espace que circonscrivent les pieds du cheval.

Le mécanisme de la marche s'explique par l'action des membres sur le centre de gravité auquel ils impriment un mouvement dans une direction déterminée; ils agissent sur lui, à la manière dont un ressort angulaire agit sur un obstacle quelconque.

En effet, les muscles fléchisseurs ferment les rayons articulaires des membres, comme une force appliquée sur les branches d'un ressort angulaire en les rapprochant; mais si cette force vient tout-à-coup à cesser d'agir, le ressort rendu à son élasticité naturelle se détend et réagit sur l'obstacle qui s'oppose à son mouvement et lui imprime une impulsion déterminée.

Or, il arrive également que lorsque les muscles extenseurs étendent les rayons, ils produisent sur eux un effet comparable à la propriété élastique du ressort, puisqu'ils réagissent sur le centre de gravité, en lui imprimant son mouvement.

En résumé, la marche est exécutée par l'action des membres successivement fléchis et étendus, appuyés, d'une part, sur le sol qui leur a opposé un obstacle invincible, et de l'autre, ayant agi sur le centre de gravité qui a cédé à leur action et en a reçu l'impulsion ou le mouvement.

CHAPITRE CINQUIÈME.

FONCTIONS DE GÉNÉRATION.

*Organes reproducteurs du mâle. — Organes de la femelle. —
Phénomènes de la fécondation.*

Les fonctions d'entretien et de relation servent à la vie de l'individu ; celles de la reproduction sont chargées de la vie de l'espèce.

Organes reproducteurs du mâle. L'appareil reproducteur du mâle se compose des *testicules,* qui secrètent la liqueur fécondante , des *épididymes,* des *vésicules séminales ,* qui vont porter la liqueur spermatique jusqu'au *canal de l'urètre;* celui-ci est enveloppé par le corps caverneux et constitue avec lui le *pénis.*

La *liqueur séminale,* qui est la plus vitale de toutes les liqueurs de l'économie , lorsqu'elle n'est pas employée à la conception , est résorbée dans l'intérieur et devient alors une source d'énergie en faveur des organes de l'économie ; c'est ce qui explique la supériorité des chevaux entiers sur les chevaux hongres. Les juments, qui manquent de ce stimulant, sont aussi inférieures aux chevaux entiers.

Organes de la femelle. Les organes de la femelle sont : les *ovaires,* qui renferment le principe d'un être semblable aux individus qui l'ont formé ; les *trompes de Fallope,* qui partent des ovaires et aboutissent à la *matrice,* espèce de hamac destiné à contenir le produit de la conception; le *vagin,* la *vulve,* sont des moyens de conduction de l'appareil sexuel.

Les hypothèses imaginées jusqu'ici pour expliquer les mystères de la conception sont loin d'en révéler le secret, qui sera peut-être toujours impénétrable à notre intelligence. Contentons-nous de donner une idée du mécanisme, en quelque sorte, de la conception.

Par suite du rapprochement des sexes, la liqueur du mâle, après avoir parcouru le vagin, la matrice et les trompes de Fallope, arrive jusqu'aux ovaires qu'elle féconde ; aussitôt une vésicule se sera détachée de cet organe et dirigée dans la matrice où elle subira bientôt dans son développement toutes les phases de la vie utérine ; elle s'accroîtra, s'organisera par degrés et finira par devenir l'embryon, c'est-à-dire, le cheval à l'état rudimentaire.

On vient de dire que la conception avait lieu par la séparation d'une vésicule des ovaires, et, en effet, on remarque que ceux d'une jument poulinière présentent à leur surface des traces de cicatrices, en nombre égal à celui des produits qu'elle a mis au monde, ce qui explique le nombre de vésicules qui se sont détachées.

A l'article des appareillements on donnera les détails relatifs à ce sujet.

CHAPITRE SIXIÈME.

DES AGES, DES TEMPÉRAMENTS ET DES SEXES.

ARTICLE PREMIER.

DES AGES.

Des âges.—Portrait du poulain. — Danger de le faire travailler trop tôt ou trop tard.— Portrait du cheval adulte.— Nécessité de le faire travailler. — Dangers de le laisser trop longtemps au repos.— De la vieillesse. — Appropriation du régime aux âges.

DES AGES. — On distingue trois phases principales de la vie, qui sont la jeunesse, l'âge adulte et la vieillesse.

Portrait du poulain.

Le poulain, qui appartient à la première période de la vie, se reconnaît aux caractères suivants : ses formes sont rondes et empâtées ; ses tissus, abreuvés par les fluides nourriciers, sont mous ; ses os sont parenchymateux ; ses éminences mal soudées ne sauraient prêter à la machine des appuis assez solides pour fonctionner énergiquement.

Danger de le faire travailler trop tard.

L'état général des organes locomoteurs ne permet pas au poulain de se livrer aux efforts que nécessite un travail fatigant, c'est pourquoi il serait dangereux de le lui demander, ce serait l'exposer à la déviation de ses aplombs et à l'affaiblissement de sa constitution ; mais, tout en condamnant le travail prématuré chez le poulain, on dira qu'il importe de le préparer de très-bonne heure à supporter le joug de l'homme et à exercer ses forces pour les développer.

Cette question sera traitée à l'article de l'industrie chevaline.

On démontrera aussi que tous les soins de l'élevage doivent avoir pour objet de donner au poulain une constitution forte et robuste et de développer ses facultés de mouvements. Les moyens propres à atteindre ce but consistent à le bien nourrir, à lui donner de l'espace pour marcher et courir, et un air pur et vital à respirer.

Le cheval qui est arrivé à l'état d'adulte, que l'on peut fixer à peu près à cinq ans, a atteint l'apogée de son organisation, le plus haut degré de ses facultés ; il est propre à créer un être semblable à lui. Aussi tout annonce alors qu'il jouit de la plénitude de son existence ; ses formes sont bien accusées ses mouvements sont énergiques, son attitude devient fière et hardie ; il paraît avoir le sentiment de sa force. *Portrait du cheval adulte.*

C'est cette époque du passage de l'état du poulain à celui d'adulte qu'il faut savoir saisir, afin de donner à l'animal le travail nécessaire pour entretenir et développer la force de sa constitution, dépenser en quelque sorte cette surabondance de vie dont il est doué, et qui tournerait contre lui-même si elle n'était pas employée au profit du travail. *Nécessité de le faire travailler.*

En effet, un repos trop prolongé à l'écurie énerve le cheval ; son sang s'épaissit, ralentit son cours dans les vaisseaux ; il y stagne bientôt et donne lieu à des engorgements. C'est à cette cause qu'il faut attribuer ces constitutions lymphatiques qui remplacent celles que la nature avait souvent dotées des plus heureuses dispositions.

L'âge de la vieillesse peut être fixé généralement à quinze ans ; il se manifeste par l'affaiblissement des organes : les fonctions se ralentissent, les sécrétions sont moins abondantes, les assimilations moins efficaces, les tissus se dessèchent, les formes s'appauvrissent, les facultés s'éteignent, les mouvements deviennent raides, saccadés et manquent de ressort.

Appropria-
tion du régi-
me à cet âge. Il importe de combattre cette tendance à l'affaiblissement général de l'organisme par une alimentation fortifiante, qui soit d'une assimilation facile. Dans ce sens, on doit surtout donner des aliments de première qualité, afin qu'ils ne sollicitent pas l'estomac à un travail auquel ses forces épuisées ne sauraient répondre.

On demandera aussi un travail modéré, mais soutenu, afin de prévenir l'engourdissement des organes.

ARTICLE DEUXIÈME.

DES TEMPÉRAMENTS.

Définition du tempérament sanguin. — *De son régime.* — *Du* tempérament nerveux *par irritabilité.* — *Du* tempérament nerveux *par puissance nerveuse.*—*Portrait du cheval d'un tempérament lymphatique.* — *Régime corrélatif.* — *Définition du* tempérament musculaire.

DES TEMPÉRAMENTS. — On entend par tempérament une certaine manière d'être, c'est-à-dire, une constitution propre à chaque individu.

Définition
du tempéra-
ment sanguin Le tempérament sanguin est celui qu'on rencontre dans les meilleurs chevaux. C'est ce qui doit avoir lieu, puisqu'il est dû à l'abondance et à la qualité du sang, qui, comme on le sait, est le principe de toutes les facultés de l'animal. Il suppose le juste équilibre et toute l'énergie d'action possible des fonctions d'entretien ; car il est constant que, pour que le sang artériel soit abondant et éminemment vital, il faut que l'acte digestif élabore efficacement la substance alimentaire, que son produit rencontre dans les poumons une quantité d'air suffisante pour le vitaliser, que la circulation ait un cours libre et rapide, et enfin que l'assi-

milation se fasse bien. Aussi, un bon estomac et une bonne poitrine doivent se rencontrer chez les chevaux d'un tempérament sanguin, et presque toujours chez les bons chevaux, quelle que soit leur race.

Les signes extérieurs qui l'annoncent sont : la coloration des membranes des yeux et du nez, l'injection des vaisseaux de la peau, la profondeur de la poitrine, l'élégance des formes et leurs caractères bien accusés. *Son portrait.*

Le cheval d'un tempérament sanguin a besoin d'un travail soutenu, d'une alimentation suffisamment réparatrice, mais par fois rafraîchissante. *Appropriation du régime au tempérament sanguin.*

On doit chercher à prévenir, par les effets du travail, la pléthore sanguine, l'excès de santé, si l'on peut s'exprimer ainsi, que produirait le repos prolongé.

TEMPÉRAMENT NERVEUX. — C'est à l'irritation plutôt qu'à la puissance nerveuse qu'est attribuable le tempérament nerveux. Les animaux chez lesquels il se rencontre annoncent de l'aptitude au travail, mais sont incapables d'y résister. Leur constitution, ordinairement faible, est impuissante à réparer leurs pertes ; ils digèrent mal et manquent de la faculté respiratoire, si nécessaire à vivifier leur sang. C'est ce que témoignent l'étroitesse de leur poitrine et leurs flancs levrettés ; ils ont les côtes plates, les membres grêles et trop longs. *Du tempérament nerveux par irritabilité.*

Ils sont incapables d'un service pénible ; on peut les employer toutefois comme chevaux de parade, parce qu'ils ont de l'ardeur et du brillant dans les allures.

Quand on dit qu'un cheval est nerveux, on veut exprimer généralement qu'il a de la vigueur ; mais il faut observer que cette épithète sert plus particulièrement à désigner les qualités des chevaux qui, quoique d'une constitution grêle en apparence même, et par fois défectueuse, ont du fond et de l'haleine. Tels sont les chevaux des Landes, les bidets de la Bretagne et de la Normandie, et généralement tous les *Distinction des chevaux nerveux qui ont de la vigueur.*

bons chevaux de service qui se présentent sous des apparences chétives. Ne peut-on pas supposer que chez eux le système nerveux est doué d'une puissance d'action qui supplée à la force normale des muscles. En ce sens, on a raison de dire que ces animaux sont essentiellement nerveux. Ils diffèrent donc beaucoup de ceux donc on vient de parler, qui ont de la susceptibilité plutôt que de la puissance nerveuse.

TEMPÉRAMENT LYMPHATIQUE. — Si on voit un cheval avec des extrémités empâtées ou chargées de crins, le poil lavé, les membranes du nez pâles, décolorées ; si sa physionomie est morne, si ses mouvements sont lents et difficiles, il offrira le triste portrait du tempérament lymphatique. Il se rencontre habituellement chez les chevaux des pays marécageux où règne une atmosphère humide.

La manière d'être de ce tempérament est due à la prédominance de la lymphe, fluide qui pénètre les tissus, les ramollit, distend les fibres, et énerve toute la constitution.

Avec une alimentation modérément excitante, on parviendra à réveiller la force de ces animaux ; mais il ne faut pas espérer détruire leur mauvaise nature.

TEMPÉRAMENT MUSCULAIRE. — On reconnaît le tempérament musculaire au développement considérable des masses et des formes, c'est ce qui constitue le *gros*. On recherche cette constitution dans les chevaux de trait, qui ont besoin de réunir la force inerte à la force musculaire.

Cependant il ne faut pas croire que cette organisation exclut toujours la finesse et la légèreté : il existe des animaux qui, avec du gros, sont loin de manquer de moyens ; ils cachent, sous des formes grossières et massives, des qualités qui en font de très-bons chevaux de selle.

Article Troisième.

***

DES SEXES.

*Portrait du cheval entier. — Causes de la douceur des jumens.
— Effets de la castration. — Sur les formes. — Sur le système
musculaire — Service auquel on emploie les chevaux entiers.
— Question de l'emploi du cheval entier dans la cavalerie.*

DES SEXES. — Le cheval entier, comme le mâle de toutes les espèces, a été doué par la nature d'une force supérieure à celle de la jument, afin de pouvoir la défendre et la protéger. Ses parties antérieures sont proportionnellement plus développées que dans la femelle; il a l'encolure épaisse, le garrot élevé, la poitrine profonde; son attitude est fière, son regard plein de feu; il paraît avoir le sentiment de la force (1).

On lui reproche souvent un caractère fougeux et difficile à dompter; mais ce défaut, qui tient presque toujours à un excès de force, peut être corrigé par le travail.

La jument offre une disposition contraire à celle du mâle; elle a la croupe large, par suite du développement de son bassin, qui doit renfermer le produit de la conception. Ses défauts sont souvent : un garrot bas, une encolure très-mince et la poitrine assez étroite.

---

(1) C'est dans les parties antérieures des mâles de plusieurs espèces que se remarquent leurs armes défensives, telles que les cornes, les défenses, les trompes, les boutoirs, etc.

On sait que l'homme a les épaules plus larges que la femme, et que le bassin de celle-ci est plus développé. Cette différence fait que l'on a figuré le tronc de l'homme par un cône dont la base répond à ses épaules et le sommet au bassin, tandis que celui de la femme offre un cône dont la base est au bassin et le sommet à la tête.

T. I. — 2ᵉ *Ed.*   10.

Causes de la douceur de la jument.

On vante beaucoup trop sa douceur et sa sobriété, car il faut bien reconnaître que sa douceur décèle la faiblesse de sa constitution, et qu'elle ne consomme moins d'aliments que parce qu'ayant moins de force à dépenser, elle a moins de perte à réparer : d'où il résulte que sa douceur et sa sobriété sont des qualités négatives.

Effets de la castration sur les formes.

Le cheval qui été castré perd les caractères distinctifs de la force, qui sont les attributs du mâle; son encolure s'est effilée, ses formes se sont arrondies; son caractère, quelque fougueux qu'il fût avant la castration, s'est adouci : il n'est plus que l'image incomplète et décolorée du cheval entier.

Si on se rappelle que la liqueur spermatique du mâle est la plus élaborée, la plus vitale de l'organisation, et que, lorsqu'elle n'est pas employée à la fécondation, elle est résorbée à l'intérieur, et devient une source de vigueur et de santé, on en inférera que le cheval qui est privé de l'organe générateur doit être inférieur à celui qui l'a conservé.

Sur le système musculaire.

La castration agit sur le système musculaire en diminuant la rigidité des tissus et de la puissance de contraction. La preuve en est évidente si on compare la chair du coq et du taureau à celle du chapon et du bœuf, qui doit sa saveur et sa délicatesse, si appréciées des gastronomes, à la castration qui l'a rendue molle, blanche et savoureuse.

Service auquel on emploie les chevaux entiers.

A ces considérations physiologiques, on peut ajouter les faits d'observation qui se passent tous les jours sous nos yeux. Pourquoi emploie-t-on de préférence des chevaux entiers pour le service des diligences, du roulage, du halage des bateaux, etc.? c'est que l'expérience a démontré qu'ils sont d'une force de constitution qui les rend propres à résister au genre de travail dont les chevaux hongres seraient incapables.

Question de l'emploi du cheval entier

Ici se présente une des questions les plus vitales de la cavalerie, celle de l'emploi des chevaux entiers dans ses

rangs. Elle peut être posée d'après cet axiôme que, puisque dans la cavalerie.
le cheval entier est doué de toutes les facultés les plus énergiques dont la nature l'a doué, on ne saurait mieux faire que
de l'employer à la guerre, puisque c'est le service qui demande la plus forte constitution pour résister à l'inclémence
des saisons, aux bivouacs, aux marches forcées et à la
mauvaise nourriture.

Mais les adversaires de cette opinion, et qui sont en assez
grand nombre, ne manqueront pas de dire que le cheval
entier est ramingue, indomptable, dangereux pour celui
qui le soigne et le monte. Ce mot indomptable décèle bien le
principe de ces récriminations; il est indomptable, parce
qu'on ne veut pas prendre la peine de le dompter; c'est la
pusillanimité des cavaliers qui fait toute sa méchanceté;
c'est encore parce qu'il ne travaille pas assez qu'il tourne
contre son cavalier cette surabondance de force qui exaspère
son caractère. Mais qu'au lieu d'une heure de travail à l'instruction on lui en demande deux ou quatre, et on verra
bientôt sa fougue se calmer, son caractère s'adoucir.

Il importe de reconnaître que par l'emploi du cheval entier
dans la cavalerie, on obtiendra deux avantages incontestables, savoir : non-seulement de meilleurs chevaux, mais
encore de meilleurs cavaliers, puisqu'ils auront appris à ne
plus les craindre et à les maîtriser.

Du reste, qu'on se rappelle l'histoire des faits, et on sera
bien obligé d'avouer que l'emploi du cheval entier dans la
cavalerie ne serait pas un essai, mais une rénovation de ce
qui a été longtemps en usage, car il n'y a pas plus d'un siè-
cle, on n'employait en France que des chevaux entiers pour
le service de la selle. Les vieilles chroniques nous disent que
les seigneurs, autrefois, se seraient crus déshonorés s'ils
eussent monté d'autres chevaux que les chevaux entiers,
laissant les chevaux hongres, comme de « *viles montures,*
« *pour les vilains et la canaille.* »

Enfin, ne sait-on pas que les peuples d'Orient ont eu

une cavalerie forte et puissante, montée en chevaux entiers ?

Si j'osais citer ma propre expérience, je dirais qu'ayant
servi longtemps dans la cavalerie de Murat, roi des Deux-
Siciles, j'ai été à même de reconnaître que les chevaux entiers dont ses rangs étaient composés avaient une supériorité
incontestable sur les chevaux hongres. A la campagne de
Russie, des escadrons napolitains avaient été mis d'abord
en brigade avec des escadrons français, mais bientôt on
fut obligé de les faire marcher séparément parce qu'ils fati-
guaient nos chevaux, qui ne pouvaient pas les suivre.

Or, si le raisonnement, non moins que l'expérience des
faits, prouvent en faveur de l'emploi des chevaux entiers
dans la cavalerie, quel est l'obstacle qui s'oppose à cette
amélioration? L'obstacle n'est que dans le préjugé et la pusillanimité des mauvais cavaliers.

Malheureusement ce n'est pas ma faible voix qui pourrait triompher de pareilles résistances; aussi me suis-je
borné à consigner ces considérations générales dont je livre
l'appréciation à tous les officiers qui ont le plus à cœur la
prospérité de l'arme de la cavalerie. Espérons que le temps
et l'opportunité des circonstances feront le reste.

Tout en préconisant ici l'avantage du cheval entier sur le
cheval hongre, je ne prétends pas établir qu'on puisse conserver entiers tous les chevaux; je pense bien que certains
chevaux du Nord ont besoin d'être castrés pour se plier au
joug de l'homme; mais, quant à ceux de l'Orient et du Midi,
il y a souvent nécessité de les conserver entiers, sous peine
de voir toutes leurs forces s'annihiler.

Je ne puis mieux faire, pour donner de la valeur aux
idées que je viens d'indiquer, que de citer un passage de
M. de Bohan, dans son ouvrage de l'examen critique du
militaire français, relativement à l'introduction des chevaux
entiers dans la cavalerie :

« Il ne faut accepter de l'étranger, puisque nous

» sommes obligés d'y avoir recours, que des chevaux con-
» servés dans leur espèce et leur force, en un mot, des
» chevaux entiers. On rejettera ces chevaux châtrés, tristes,
» mous, défigurés, qu'on amène de tous les points de
» l'Allemagne. C'est à notre cavalerie à vaincre la première
» ce préjugé pusillanime qui laisse croire qu'on ne peut se
» servir de chevaux entiers pour le métier de la guerre.....
» Je ne cesserai de le dire, la cavalerie doit se monter en
» chevaux pourvus de leur vigueur. C'est alors qu'elle
» pourra entreprendre des marches rapides, qu'aujourd'hui
» on appelle *forcées;* c'est alors que dix lieues d'éloignement
» ne feront plus la sécurité de l'ennemi. »

Lorsqu'on entend un homme de science et de pratique
comme M. de Bohan, s'exprimer avec une conviction aussi
intime sur la possibilité d'employer les chevaux entiers dans
la cavalerie, on doit penser que cette question mérite au
moins d'être étudiée par tous les hommes qui s'occupent
des progrès de la cavalerie.

TITRE DEUXIÈME.

DE L'EXTÉRIEUR.

GÉNÉRALITÉS.

L'extérieur apprend à juger le cheval dans ses formes, ses mouvements, et les symptômes apparents de ses facultés morales. Cette appréciation demande un coup-d'œil juste et prompt ; et, tout d'abord, il faut l'avouer, la justesse du coup-d'œil est un don que la nature départit à chacun, à des degrés différents, et que l'art ne saurait donner ; mais ce qu'il appartient à l'art d'enseigner, c'est l'interprétation intelligente des caractères de beauté et de défectuosité du cheval ; or, c'est dans ce but qu'on a fait précéder *l'extérieur* par l'étude de *l'organisation animale*, pour démontrer que les règles de la conformation ne sont pas arbitraires, mais qu'elles sont raisonnées, positives, parce qu'elles affectent des caractères relatifs aux propriétés des organes dont elles sont la base, tels que les leviers osseux, les muscles et les appareils de la vie, et qu'elles traduisent, en quelque sorte, à nos yeux, les défauts et les qualités qui sont propres à ceux-ci.

On a fait précéder le chapitre de l'extérieur proprement dit, par ceux qui traitent de l'âge, du pied, des aplombs, des proportions, des allures, etc., etc., parce que les idées de détail qu'ils renferment composent l'extérieur du cheval.

Cette marche des études est celle qui veut qu'on procède toujours, dans l'enseignement, du simple au composé; c'est, du reste, ce qu'on va rendre sensible par un exemple : si on avait commencé le deuxième titre par l'extérieur, en supposant qu'on ait eu à déterminer les caractères de beauté d'une partie quelconque, de l'épaule, par exemple, on aurait bien pu parler de ses formes, que dessinent les os et les muscles, mais il n'aurait pas été possible d'indiquer ses proportions, sa direction et ses mouvements dans les allures, puisqu'on aurait ignoré les théories sur les proportions, les aplombs et les allures, etc.; en sorte qu'on n'aurait pu faire qu'une description tout à fait incomplète.

Au contraire, d'après la classification adoptée, les premiers chapitres fournissent des éléments d'appréciation de détail des parties du cheval; l'extérieur les rassemble dans un corps de doctrine complet, pour en faire l'objet d'une appréciation générale.

Le cheval se divise, à l'extérieur, en avant-main, corps et arrière-main.

1° L'avant-main comprend : la tête, l'encolure, le garrot, le poitrail, les membres antérieurs.

2° Le corps comprend : le dos, le rein, les côtes, le ventre, les flancs, les organes sexuels.

3° L'arrière-main comprend : la croupe, la queue, les membres postérieurs.

CHAPITRE PREMIER.

ETUDE DE L'AGE.

GÉNÉRALITÉS.

La théorie de l'âge figure parmi les enseignements les plus propres à apprendre à faire une juste appréciation de la valeur du cheval, puisque les services qu'il est propre à rendre sont ordinairement relatifs au nombre de ses années.

Il ne faudrait pas cependant admettre cette proposition sans restriction, car l'expérience atteste tous les jours que des chevaux, quoique très-jeunes, sont complètement usés, tandis que d'autres, dans un âge assez avancé, sont encore aptes à rendre de bons services.

On est parvenu aujourd'hui à déterminer l'âge du cheval depuis sa naissance jusqu'à sa vieillesse la plus avancée; les dents ne sont plus, comme autrefois, un chronomètre qui s'arrêtait à huit ans; grâce aux découvertes de MM. Pessina et Girard, on est parvenu à déterminer chaque année de la vie du cheval par des signes corrélatifs, mais qui ne sont pas toujours, il faut l'avouer, faciles à reconnaître.

L'étude des dents comprendra trois articles :

Le premier aura pour titre, *Description des dents ;*

Le deuxième, *Anatomie des dents ;*

Le troisième, sous le titre de *Signes indicatifs de l'âge*, comprendra les applications sur les enseignements des deux premiers articles.

ARTICLE PREMIER.

DESCRIPTION DES DENTS.

Des trois espèces de dents. — Position des incisives. — Des caduques et des dents de remplacement. — Des crochets. — Des molaires. — Description des incisives. — Distinction des formes d'une incisive coupée en quatre portions. — Causes de ces différences de formes.

Les dents, au nombre de trente-six à quarante, sont des substances osséiformes, renfermées dans les os maxillaires ; elles sont disposées sur des lignes courbes qui forment les deux arcades dentaires, distinguées en antérieure et postérieure ; la première est plus grande que la seconde.

Des trois espèces de dents. — La position et les usages particuliers des dents les ont fait grouper en trois séries, savoir : *les incisives, les crochets* et *les molaires*, distinguées en avant-molaires et en arrière-molaires.

Position des incisives. — Les *incisives*, situées aux extrémités des maxillaires, se subdivisent en : deux *pinces* qui sont situées au centre de l'arcade ; deux *mitoyennes* sur les côtés de celles-ci, et deux *coins* qui terminent cet hémicycle.

Des caduques ou dents de remplacement. — Les incisives et les avant-molaires comportent deux dentitions : l'une répond aux dents de lait ou caduques, l'autre aux *dents de cheval* ou de *remplacement*, ainsi appelées parce qu'elles succèdent aux premières.

Sur l'espace compris entre les incisives et les molaires se Des crochets.
voient les *crochets*, au nombre de deux dans chaque mâchoire : ceux de la mâchoire postérieure sont plus rapprochés des coins que ceux de la mâchoire antérieure, c'est
pourquoi ils ne portent pas les uns sur les autres et se croisent comme ceux des carnivores.

Les *molaires*, au nombre de vingt-quatre, sont disposées Des molai-res.
par rangs de six, sur les quatre côtés des arcades dentaires.
Les trois premières molaires de chaque rang de six sont dites
avant-molaires, les trois dernières *arrière-molaires* ou per-
sistantes.

Les incisives ont la forme d'un cône aplati d'avant en ar- Description des incisives.
rière.

On distingue dans une dent sa partie libre et sa partie enchâssée. La partie libre comprend les *murailles* antérieure et
postérieure, les *côtés*, la table et ses *bords externes* et *internes*.

La table offre des caractères différents avec le progrès des
années : ils consistent dans la hauteur relative, l'épaisseur
des deux bords et dans la disposition des substances de la
dent.

La partie de la dent que renferme l'alvéole est dite *enchâssée*.

La configuration des incisives offre des différences sensibles dans leur étendue.

Pour prouver cette proposition, que l'on coupe une pince, Distinction des formes d'une incisive
par exemple, en quatre parties égales, et l'on observera que
la première portion est oblongue, ou *aplatie d'avant en arrière* (*voyez fig.* A), que la seconde est *ronde* (*voyez fig.* C),
la troisième *triangulaire* (*voyez fig.* D), la quatrième *aplatie
d'un côté* à l'autre (*voyez fig.* E), c'est ce qu'on désigne par
l'expression de *biangulaire*. Et disons de suite que chacune
de ces formes correspond à un certain nombre d'années de
la vie du cheval.

Puisque la dent sort de l'alvéole, à mesure qu'elle se dé- Causes de grade par le frottement de sa table, d'une quantité à peu près égale à celle de son usure, il s'ensuit que la partie libre qui a été usée est successivement remplacée par la partie enchâssée qui lui fait suite ; or, la forme avec laquelle elle se présente successivement devient une donnée sur laquelle on établit l'âge.

D'où on conclura que ce ne sont point les dents incisives qui changent de formes, mais que ce sont les diverses parties de leur étendue qui se montrent, sous l'aspect qui leur est propre.

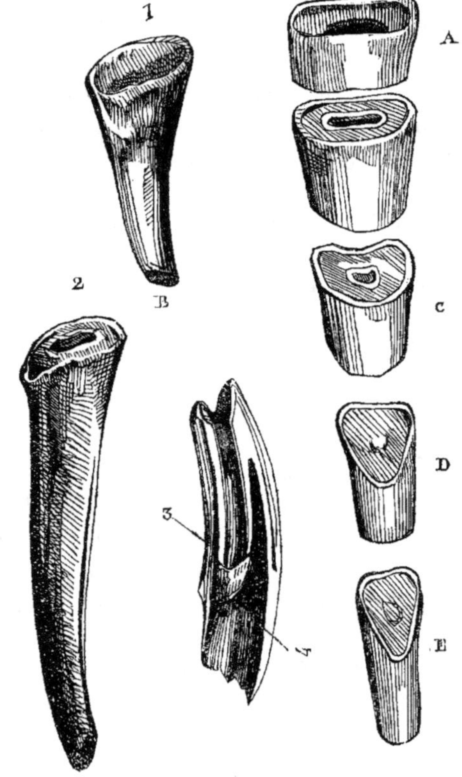

En comparant les incisives de lait avec celles de cheval, on reconnaîtra que les premières sont petites, très-plates, d'un blanc laiteux ; que leur muraille antérieure offre un étranglement très-marqué, appelé *collet*, entre la partie libre et la partie enchâssée (*voyez fig.* 1) ; que les dents de cheval sont plus volumineuses, n'ont pas de collet, et sont courbées par leurs deux extrémités vers le fond de la bouche (*voyez fig.* 2).

On distingue les canines ou crochets, à leur forme en cône, dont la base répond à la partie enchâssée et la pointe à la partie libre ; au milieu de leur muraille interne, on remarque une éminence qui est flanquée par deux rigoles. *Des crochets.*

Les molaires ont la forme d'un quadrilatère allongé ; leurs tables sont garnies de bandes faisant saillie, disposées en zig zag, et servant à triturer les aliments ; leur partie enchâssée se termine par trois ou quatre racines. *Des molaires.*

Article Deuxième.

ANATOMIE DES DENTS.

Des deux substances des dents.— Description du cornet dentaire. — De la duplicature. — Inductions relatives à l'âge. — Du cornet radical. — Inductions relatives à l'âge. — Mode de formation de l'ivoire et de l'émail.

Les dents sont formées de deux substances : l'une appelée *ivoire*, l'autre *émail;* l'ivoire ressemble par tous ses caractères physiques à la substance qui lui a donné son nom ; l'émail est d'une dureté telle qu'il fait feu avec le briquet ; sa couleur est d'un blanc opale. *Des deux substances des dents.*

L'ivoire forme la base de la dent ; il est recouvert par l'émail qui, arrivé au bord de la table, se replie vers son centre, pénètre dans l'intérieur de la dent, en formant une cavité *Description du cornet dentaire.*

nommée *cornet dentaire;* ce cornet va toujours en s'amincissant, depuis son ouverture jusqu'à son fond ou *cul-de-sac,*
qui est très-rapproché du bord interne de la dent (*voyez
fig. 3*).

*De la dupli-
cature.* La partie de l'émail qui s'est repliée vers l'intérieur de la
dent, prend le nom de *duplicature.* Or, si on remarque que
l'ivoire est compris entre les deux couches de l'émail qui
constituent la duplicature, il s'ensuivra que quand elle aura
été détruite par le frottement résultant de la mastication, on
*Inductions
relatives à
l'âge.* verra se dessiner sur la table de la dent ainsi rasée, une zône
d'ivoire entre deux zônes d'émail. L'existence de la duplicature, ou sa destruction qui mettra à découvert l'ivoire, seront donc deux signes indicatifs de l'âge.

*Du cornet
radical.* On a vu le cornet dentaire venir de la table et s'enfoncer
dans l'intérieur de la dent; mais il existe un autre cornet,
nommé *radical,* qui part de l'extrémité de la partie enchâssée, s'élève dans son intérieur, passe en avant du cornet
dentaire qu'il rencontre à la partie mitoyenne de la dent, et
se termine par un cul-de-sac qui est très-rapproché de la muraille extérieure. Ce cornet renferme la pulpe de la dent
(*voyez fig. 4*).

*Inductions
relatives à
l'âge.* Si l'on a bien compris l'entrecroisement du cornet dentaire avec le cornet radical, et leur direction, le premier
dont le cul-de-sac est rapproché du bord postérieur, l'autre
du bord antérieur, on en infèrera que l'apparition successive
de ces deux cornets, leur forme particulière et leur situa-
tion plus ou moins rapprochée du bord postérieur ou antérieur, ou au centre de la table, seront autant de symptômes
qui répondront aux phases de la vie du cheval, et concour-
ront à la détermination de son âge.

*Mode de
formation de
l'ivoire.* Lorsqu'on étudie les dents depuis leur état rudimentaire
jusqu'à leur organisation complète, on voit que vers le troisième ou quatrième mois de fœtus elles présentent une vésicule qui se recouvre de plusieurs lames osséïformes du côté
qui regarde l'ouverture des alvéoles; que bientôt ces lames

se multiplient et s'étendent sur les côtés de la vésicule et
finissent par former le noyau de la dent.

L'émail qui recouvre ces lames osséiformes est le produit   De l'émail.
d'une sécrétion de la membrane qui tapisse les alvéoles. On
a comparé ce mode de production à celui des feuillets de la
corne.

Article Troisième.

SIGNES INDICATIFS DE L'AGE.

*Qu'il faut déterminer l'âge d'après l'ensemble de tous les signes
caractéristiques. — Signes de l'âge depuis la naissance jusqu'à
quarante jours. — Mode du rasement. — Signes de l'âge de dix
à vingt-quatre mois. — Éruption des dents molaires. — Causes
de la chute des dents molaires. — Éruption des dents de cheval. — Éruption forcée des dents. — Signes de l'âge de trois à
cinq ans. — Caractères du rasement. — Opinions différentes sur
le rasement. — Anomalie du rasement. — Signes de l'âge de
six à huit ans. — Symptômes de l'extraction des dents. —
Signes de l'âge de neuf à onze ans. — Transition de onze à
quatorze. — Triangularité de quatorze à seize. — Transition
de dix-sept à dix-neuf. — Triangularité de dix-neuf à vingt-
et-un.*

Il serait très-facile de reconnaître l'âge, si les signes auxquels correspond le nombre des années offraient des caractères parfaitement identiques; mais leurs anomalies sont
assez fréquentes pour apporter souvent des difficultés dans
la manière de les interpréter; ainsi, il faut l'avouer, l'appareil dentaire n'est un chronomètre certain que dans le cas où
les signes caractéristiques qu'il accuse sont réguliers.

Qu'il faut déterminer l'âge d'après l'ensemble de tous les signes caractéristiques.

Lorsqu'on a des doutes sur l'âge, le principe auquel il faut se rattacher pour arriver à une juste appréciation, consiste à ne pas se prononcer sur l'existence d'un symptôme à l'exclusion des autres, mais bien à les mettre tous à contribution, les opposer les uns aux autres, juger ceux qui se confirment ou se contredisent, et se prononcer ensuite sur le plus grand nombre de ceux qui sont identiques.

Il est utile d'interroger encore les caractères des formes de la tête, l'expression de la physionomie, la manière d'être des allures, la souplesse ou la raideur des mouvements, car cet examen pourra concourir à la solution de la question de l'âge.

Comme les poulains naissent ordinairement au printemps, c'est aussi dans cette saison que l'on compte le commencement de chaque année.

Signes de l'âge depuis la naissance jusqu'à 40 jours.

Les pinces se montrent parfois chez le poulain qui vient de naître, ou elles commencent à poindre de cinq à huit jours, les mitoyennes de trente à quarante jours; et les coins, à six ou dix mois, ont terminé leur éruption.

Mode du rasement.

Aussitôt que l'éruption d'une incisive de lait est accomplie, elle commence à frotter et, par conséquent, à s'user; mais comme le bord antérieur de la duplicature est plus élevé de 1 à 2 millimètres que le bord postérieur, il s'ensuit que ce n'est que lorsque le premier s'est abaissé par suite de l'usure jusqu'au niveau du second, que celui-ci commence à s'user.

L'usure des dents de lait est très-irrégulière.

Si on se rappelle que l'ivoire est placé entre l'émail d'encadrement et l'émail central, on en conclura qu'il doit apparaître aussitôt que la duplicature est dégradée, et, en effet, la présence d'une couche d'ivoire au milieu de deux couches d'émail, est un des premiers signes de rasement des bords externe et interne. A mesure que le rasement avance, le bord interne, qui était beaucoup plus mince que l'externe, augmente d'épaisseur, mais il n'arrive presque jamais à l'égaler complètement.

Les pinces sont rasées à dix mois ; les mitoyennes à douze, les coins à vingt ou vingt-quatre (1).

Quoique les molaires ne puissent pas se prêter à un examen assez facile pour déterminer l'âge, il est bon d'indiquer, pour mémoire, que la première persistante sort à un an, la seconde à deux ans, et la troisième à quatre ans.

Les deux premières avant-molaires sont remplacées par les molaires de cheval à deux ans et demi.

Au-delà de 24 mois, l'âge est déterminé par l'éruption des dents de cheval.

Les dents de cheval, placées dans les mêmes alvéoles que celles de lait, qu'elles doivent remplacer, font effort sur celles-ci et déterminent leur chute.

Lorsqu'une incisive commence à poindre au-dessus de la gencive, on ne voit d'abord que le bord externe de sa duplicature, et on dit alors que le cheval prend ou 3, ou 4, ou 5 ans; mais bientôt le bord interne se montre complètement, et, quand toute la partie libre a apparu, on dit que le cheval a 4 ou 5 ans faits ; alors la dernière dent sortie est à la hauteur de celle qui l'a précédée.

L'éruption des incisives de cheval n'est pas naturelle quand on l'a hâtée au moyen de l'extraction des dents de lait qui faisaient obstacle à leur sortie.

Telle est la pratique à laquelle on a recours pour faire paraître un cheval plus vieux qu'il ne l'est réellement. On arrache les mitoyennes de lait, pour faire marquer quatre ans au cheval qui n'en a que trois ; on agit de même pour les coins de lait.

---

(1) Il est bien entendu qu'il n'est jamais question que de la mâchoire postérieure dans l'examen des incisives, attendu que celles de la mâchoire antérieure ont des signes trop irréguliers pour qu'on puisse les consulter avec profit.

De deux ans et demi à trois ans sortent les pinces (*voyez fig. 5*).

De trois ans et demi à quatre ans, les mitoyennes.

De quatre ans et demi à cinq ans, les coins.

Au-delà de cinq ans, l'âge est accusé par le rasement.

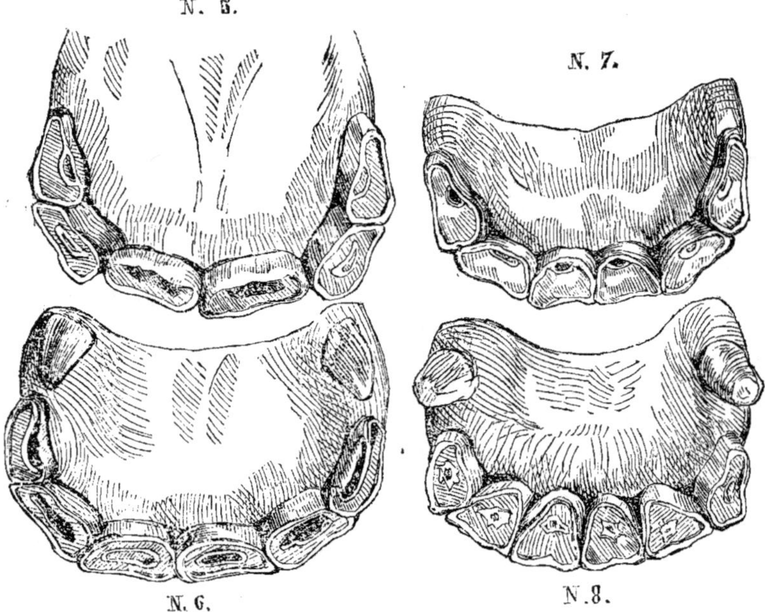

Figure 5, mâchoire de 3 ans.—Figure 6, mâchoire de 6 ans.—Figure 7, mâchoire de 9 ans.—Figure 8, mâchoire de 15 ans.

CARACTÈRES DU RASEMENT. — Comme donnée générale, on reconnaîtra qu'une dent est rasée lorsque ses deux bords ont atteint la même hauteur et offrent à peu près la même épaisseur; que la table présente deux couches de substances d'émail, l'une d'encadrement, l'autre d'émail central, au

— 151 —

milieu desquelles se trouve une couche d'ivoire; que le cornet dentaire est effacé, ou qu'il n'existe plus que son cul-de-sac.

Les caractères différents, d'après lesquels certains hippologues ont établi le rasement, sont cause de leur dissidence d'opinion à ce sujet.

Bourgelat veut que le cornet dentaire soit effacé complètement pour qu'une dent soit rasée; cependant il ne méconnaît pas que sa persistance ne puisse avoir lieu malgré le rasement, et il désigne cette particularité par l'expression de *béguité*.

D'autres hippologues paraissent admettre que le nivellement des deux bords suffit pour établir le rasement; or, dans ce cas, il serait accompli un an après la sortie, et même quelquefois avant, puisque le bord externe s'use de deux millimètres environ la première année, c'est-à-dire, de la quantité dont il dépasse la rive interne.

Sans admettre cependant d'une manière absolue que les dents ne mettent qu'une année et demie à deux ans à raser, il faut bien reconnaître, d'après l'expérience, qu'elles sont loin de mettre toujours trois ans pour compléter leur rasement, ainsi que l'a établi M. Girard dans son *Eticologie*. Mais il ne faut pas oublier que les différents degrés de dureté des dents tendront à retarder ou accélérer leur usure.

Un principe utile à poser, c'est que la dernière dent usée est celle que l'on doit consulter de préférence pour déterminer l'âge, et encore, que le coin, de 5 à 6 ans, fournit de meilleurs renseignements que ceux donnés par les autres incisives.

M. Richard insiste avec raison sur l'utilité de tenir compte de l'apparition de l'échancrure des coins antérieurs produite par les coins de la mâchoire postérieure; elle n'a jamais lieu avant 7 ans.

Le rasement, d'après M. Girard, est terminé :

A 6 ans dans les pinces (*voyez figure* 6);

A 7 ans dans les mitoyennes ;

A 8 ans dans les coins.

On remarque souvent que le cornet dentaire devient triangulaire à 7 ans ; à 8 ans, le cornet radical apparaît en avant du cornet dentaire, sous la forme d'une raie blanchâtre, non exubérante.

Si on se rappelle le principe qu'on a énoncé précédemment, qu'il ne faut pas juger seulement l'âge par le rasement, mais bien encore par les autres signes qui l'indiquent, on comprendra qu'il faut voir si ce rasement coïncide avec les symptômes accessoires de l'âge ; ainsi, on voudra que le cornet dentaire soit d'autant moins oblong et se rapproche d'autant plus du bord postérieur, que le cheval est plus près de 8 ans; mais on répétera que les pinces sont parfois usées complètement lorsque les coins apparaissent, en sorte qu'elles ne mettent que deux ans, et même moins encore, pour opérer leur usure.

Comme on arrache quelquefois les dents de lait pour hâter la sortie de leur remplaçantes et faire paraître le cheval plus vieux qu'il ne l'est, on reconnaîtra cette supercherie en remarquant la table des dents de cheval, dont le rasement ne sera pas aussi avancé qu'il l'eût été si la dernière dent ne fût pas sortie avant son terme régulier d'éruption.

On fera remarquer encore que la dent sortie forcément est toujours plus petite que si elle était venue naturellement.

Au-delà de 8 ans, l'âge est déterminé par la forme des dents, la manière d'être de l'émail central, du cornet radical, et par la direction et la longueur des dents.

Après 8 ans, elles commencent à s'arrondir; à 9 ans, les pinces sont rondes; à 10 ans, les mitoyennes, et à 11 ans, les coins.

A 9 ans, l'émail central est rond dans les pinces ; il prend la même forme dans les mitoyennes et les coins pendant les deux années suivantes.

A 9 ans, le cornet dentaire est rapproché du bord interne dans les pinces ; à 11 ans, il touche ce bord ; à 12 ans, il a disparu.

La période de triangularité, qui succède à celle de la rotondité, n'est bien accusée qu'à 14 ans pour les pinces, en sorte que, de 12 à 14 ans, il existe une époque de transition qui est marquée par le passage de la forme ronde à la forme triangulaire ; or, il est constant que les dents, à mesure qu'elles se rapprochent de cette dernière période, affectent davantage la forme qui les caractérise ; c'est pourquoi les pinces, à 12 ans, présentent leur angle interne assez proéminent pour ajouter à l'épaisseur de la dent et diminuer proportionnellement sa largeur et, partant, se rapprocher de la forme triangulaire.

Ce changement s'opèrera graduellement, pendant la douzième et la treizième année, des pinces aux coins ; enfin, à 14 ans, les pinces seront tout-à-fait triangulaires ; elles offriront un angle postérieur très-marqué et deux angles latéraux.

Les mitoyennes seront triangulaires à 15 ans (*voyez figure* 8), les coins à 16.

De 14 à 16 ans, divers signes de vieillesse s'ajoutent à ceux qu'on vient d'indiquer, et, par leur identité avec eux, servent à en confirmer la valeur.

Les deux arcades dentaires s'évaseront, en quelques sorte ; les dents, s'étant dirigées en dehors de la bouche et étant devenues longues et parallèles à la direction des maxillaires, se déchausseront, c'est-à-dire qu'elles se seront éloignées les unes des autres, parce que leurs parties enchâssées, devenues libres, seront trop minces pour se toucher, en s'étendant sur les arcades dentaires.

Il ne faut pas prêter trop de valeur au signe de la longueur des dents, car on voit des chevaux auxquels on donnerait plus d'âge qu'ils n'en ont, si on les jugeait par ce seul renseignement.

De la biangularité. C'est à 19 ans que les pinces seront parfaitement aplaties par côté; mais, de 17 à 19, elles seront modifiées, de manière à arriver par degrés insensiblement à cette première forme; il y aura eu ainsi, comme dans la période de triangularité, une époque de transition, pendant laquelle les dents auront offert les nuances graduées de leur transformation; ainsi, à 17 ans. les pinces ont les angles latéraux des tables effacés, mais ceux-ci ne le sont pas encore assez pour constituer l'aplatissement parfait des côtés; à 19 ans, ces changements se seront accomplis dans les mitoyennes et les coins, c'est-à-dire, que l'aplatissement sera caractérisé: à 19 ans dans les pinces, à 20 ans dans les mitoyennes, à 21 dans les coins. (*Voyez figure 9.*)

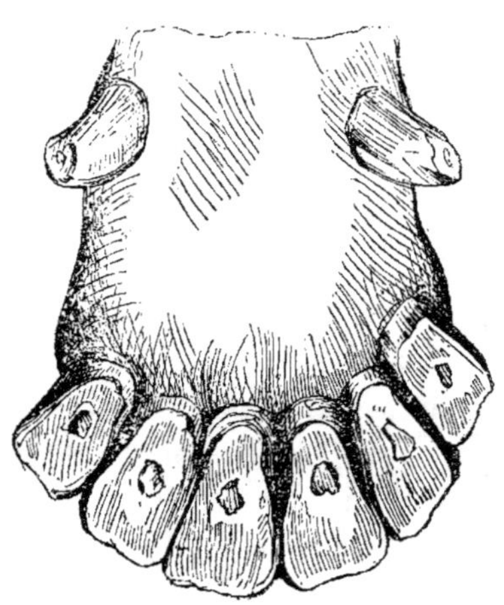

N. 9.

Mâchoire de 21 ans.

Au delà de 21 ans, ce n'est plus à la dent qu'il faut juger les services que le cheval peut rendre, mais bien à l'état de ses membres et de sa force de tempérament.

On remarque aussi que, quand il est très-vieux, les dents, ne tenant plus que par leurs racines, ne peuvent plus sortir et se raccourcissent, tout en s'aplatissant.

TABLEAU SYNOPTIQUE DE L'AGE
depuis la naissance jusqu'à 21 ans.

TABLEAU synoptique de l'âge,

SIGNES indicatifs de l'âge	AGE	PINCES	MITOYENNES	COINS
ÉRUPTION DES DENTS DE LAIT.	de 5 à 8 jours. .	Sorties. . . .		
	de 30 à 40 jours. .		Sorties. . .	
	de 6 à 10 mois. .			Sortis . . .
RASEMENT DES DENTS DE LAIT.	de 8 à 10 mois. .	Rasées. . .		
	à 12 mois. .		Rasées. . .	
	de 15 à 24 mois. .			Rasés . . .
ÉRUPTION DES DENTS DE CHEVAL	de 2 ans 1/2 à 3 ans.	Sorties. . . .		
	de 3 ans 1/2 à 4 ans.		Sorties. . .	
	de 4 ans 1/2 à 5 ans.			Sortis . . .
RASEMENT DES DENTS	à 6 ans.	Rasées. . .		
	à 7 ans.	Triangularité du cornet dentaire	Rasées. . .	
	à 8 ans.	Apparit⁰ⁿ du cornet radical. .		Rasés . . .
PÉRIODE D'ARRONDISSEMENT. .	à 9 ans	Arrondies et le cornet dentaire arrondi. . .		
	à 10 ans		Arrondies et le cornet dentaire arrondi . .	
	à 11 ans			Arrondis et le cornet dentaire arrondi. . .
PÉRIODE DE TRANSITION.	à 12 ans	Dispariton du cornet dentaire. .	Dispariton du cornet dentaire. . .	Dispariton du cornet dentaire. . .
	à 13 ans			
PÉRIODE DE TRIANGULARITÉ.	à 14 ans	Triangulaire. .		
	à 15 ans		Triangulaire.	
	à 16 ans			Triangulaire.
PÉRIODE DE TRANSITION.	à 17 ans			
	à 18 ans			
PÉRIODE D'APLATISSEMENT PAR CÔTÉS. . . .	à 19 ans	Aplaties par côtés. . . .		
	à 20 ans		Aplaties . .	
	à 21 ans			Aplatis . . .

depuis la naissance jusqu'à 21 ans.

Les pinces se montrent quelquefois à la naissance.
Les deux avant-molaires sont toujours sorties.

Le rasement des dents de lait est très-irrégulier.

A deux ans et demi les deux premières avant-molaires tombent et sont remplacées par les molaires de cheval. La première molaire persistante sort à 1 an, la deuxième à 2, la troisième à 4.

Les dents de cheval qui viennent de sortir sont plates d'avant en arrière, courtes et perpendiculaires ; leurs cornets dentaires sont très-allongés par côté ; le bord externe de la duplicature est de deux millimètres plus élevé que l'interne.
Les crochets sortent de 4 à 7 ans.

On a indiqué, d'après Girard, que le rasement des incisives n'était terminé que 3 ans après leur sortie; mais l'expérience atteste qu'il est souvent achevé avant ce terme; ainsi on voit des pinces rasées dès l'âge de 4 ans ou de 5 ans.
Règle générale.—Comme elles s'usent d'un millimètre et demi à deux millimètres chaque année, on peut calculer le nombre d'années d'usure, par ce chiffre.
La dernière dent sortie ou rasée offre des signes plus certains à consulter que ceux de la dent qui l'a précédée.
A 7 ans apparaît ordinairement la queue d'hirondelle.

A 9 ans, l'émail central, ou cul-de-sac du cornet, se rapproche du bord interne ; à 11 ans, il touche le bord interne ; à 12 ans, il disparaît.

Elles passent, pendant cette période de transition, de la forme ronde à la forme triangulaire, en sorte qu'à 12 ans les pinces commencent à devenir triangulaires ; elles le sont davantage à 13 ans, enfin à 14 ans leur triangularité est bien caractérisée.

A partir de 13 ou 14 ans, les incisives s'allongent, deviennent horizontales, et, en s'amincissant par côté, s'écartent les unes des autres.

L'observation qu'on a faite relativement à la période de transition de la rondeur à la triangularité, est applicable à celle de l'aplatissement par côtés.

CHAPITRE DEUXIÈME.

DU PIED.

GÉNÉRALITÉS.

Le pied n'est pas seulement la base de sustentation du cheval, il est encore un des instruments essentiels de la locomotion. Pour bien comprendre cette double fonction, que la nature lui a départie, il importe d'étudier sa structure anatomique, ainsi que le rôle mécanique qu'il remplit dans l'exécution de la marche.

L'étude du pied, envisagée sous ces deux rapports, jettera une vive lumière sur les questions de qualités des allures et sur celle de la ferrure.

L'étude du pied comprendra :

Article 1er. — Anatomie du pied ;

Article 2e. — Fonctions du pied ;

Article 3e. — Conformations du pied, belles et défectueuses.

Les pieds, divisés en antérieurs et postérieurs, gauches et droits, offrent la même structure organique, mais ils diffèrent entr'eux par leur configuration extérieure; ainsi, ceux de devant sont plus évasés que ceux de derrière; leurs talons sont plus bas et plus écartés l'un de l'autre.

Article Premier.

ANATOMIE DU PIED.

*Parties contenues. — Description de l'os du pied. — Ses bords
supérieur et inférieur.—Sa surface articulaire.— Description
de l'os naviculaire. — Des cartilages latéraux. — Ligament
capsulaire. — Ligaments latéraux. — Ligament tendineux
antérieur. — Ligament tendineux postérieur. — Brides ligamenteuses. — Gaine phalangienne. — Coussinet plantaire.
—Tissu réticulaire. — Chair cannelée. — Chair de la sole. —
Chair de la fourchette.*
*Parties contenantes.—Forme générale du sabot. — De la muraille
ou paroi.— Ses divisions.— Sa consistance relative.— Nature
de la paroi. — Gouttière de la paroi. — Du périople. — Des
glomes. — Des arcs boutants.— De la sole.—De la fourchette.
— De l'arrête-fourchette.*

Le pied a été divisé en parties *contenues* et parties *contenantes.*

Division du pied.

PARTIES CONTENUES. — L'os du pied et le naviculaire forment la base du pied.

L'*os du pied* est en quelque sorte le moule du sabot, car
il lui donne presque toujours sa forme belle ou défectueuse.

Description de l'os du pied

Il représente un ovale tronqué obliquement d'arrière en
avant ou de haut en bas, s'évasant de son bord supérieur
jusqu'à son bord inférieur; le premier de ces bords offre une
crête, surmontée par une protubérance, à laquelle s'implante l'expansion tendineuse des muscles extenseurs; le
bord inférieur répond à la commissure de la paroi avec la
sole.

Sa surface supérieure et postérieure présente deux
cavités incrustées de cartilages ; elles se joignent à l'os de
la couronne.

Le *petit sésamoïde* est allongé transversalement à ses

Description du sésamoïde.

extrémités et fixé à la partie postérieure de l'os du pied, par des fibres jaunes très-résistantes. Sa surface interne, convexe de haut en bas et incrustée d'un cartilage, forme la coulisse sur laquelle glisse le perforant.

Des cartilages latéraux. Deux prolongements *fibro-cartilagineux*, appelés cartilages du pied, sont fixés sur les parties latérales et postérieures de l'os du pied, remontent vers la couronne et s'étendent jusqu'aux ligaments latéraux. Ils sont là, comme deux espèces de coussins, pour annuler la dureté des réactions provenant de la marche et favoriser l'élasticité du pied.

Ligament capsulaire. *Ligament capsulaire*, formé de deux lames intimement unies : l'une, externe, fibreuse ; l'autre, interne, d'une nature séreuse et exhalante, réunit les abouts articulaires.

Ligaments latéraux. Les ligaments latéraux de l'articulation phalangienne sont au nombre de quatre, dont deux *antérieurs* et deux *postérieurs*. Les deux premiers partent du bord latéral de l'os du pied, se dirigent obliquement d'arrière en avant, pour aller s'attacher à la couronne ; les deux derniers s'attachent sur les extrémités du naviculaire, que recouvre le fibro-cartilage ; ils se dirigent obliquement et vont se fixer sur le paturon ou la couronne.

Ligament tendineux antérieur. Le *ligament tendineux antérieur*, qui provient des muscles extenseurs, arrivé à hauteur du paturon, s'épanouit sur lui, forme une large expansion pyramidale, qui va gagner la crête supérieure de l'os du pied. Vers le milieu du paturon, il reçoit une bride ligamenteuse, qui se réunit au ligament antérieur et au fibro-cartilage.

Ligament tendineux postérieur. Le perforant, qui forme le *ligament tendineux postérieur*, après avoir quitté l'anneau perforé, à la hauteur des sésamoïdes, longe le paturon, passe sur les coulisses de la couronne du petit sésamoïde et atteint la face plantaire de l'os du pied, à laquelle il s'attache.

Des brides ligamenteuses. Le *ligament tendineux postérieur* est maintenu le long du paturon par des brides ligamenteuses qui partent de chaque côté de cet os et se croisent dans leur trajet.

Au-dessous de l'anneau du perforé existe la *gaine phalan-* *gienne*, qui occupe le pli du paturon et s'étend des grands sésamoïdes au petit sésamoïde. Gaine pha-
langienne.

Cette gaine, par suite de ses dilatations anormales, peut donner lieu à des molettes.

Les ligaments, les capsules, les tendons, qu'on vient de décrire, forment autour de l'articulation phalangienne un bandage solide, destiné à résister aux extensions forcées, aux tiraillements des tendons et à prévenir les luxations des os phalangiens.

Sous le nom de *coussinet plantaire* ou corps pyramidal, on désigne une production fibreuse, mollasse, renfermant du tissu adipeux ; il est placé à la face plantaire, sous le tendon perforant. Coussinet
plantaire.

Le *tissu réticulaire*, encore appellé chair du pied, est le foyer de nutrition de la corne ; il se compose d'une expansion membrani-forme, vasculo-nerveuse, est situé entre l'os du pied et l'ongle, et se divise en *chair cannelée, chair de la sole, chair de la fourchette*. Tissu réti-
culaire.

La *chair cannelée*, désignée par Bracy-Clark, sous le nom de *tissu podophylleux*, en s'étendant sur la surface extérieure de l'os du pied, se dispose en lamelles longitudi-nales, très-minces, qui s'engrainent avec les lames de corne de la face interne de la paroi, d'une manière si intime, qu'elles unissent solidement l'os du pied avec l'ongle ; aussi, la désunion de ces deux parties est-elle très-difficile. Chair can
nelée.

Ces lames de chair et de corne servent en quelque sorte de soupentes, pour soutenir l'os du pied dans l'intérieur du sabot et seconder son mouvement pendant la marche, ainsi qu'on l'expliquera ultérieurement.

La portion du tissu réticulaire qui se développe dans la gouttière du bord supérieur de la paroi forme le tissu *réticulaire villeux ;* cette épithète indique sa disposition en papilles douces, qui rendent sa surface veloutée. Ce tissu est plus ferme que celui de la fourchette et de la sole, Chair du
bourrelet.

c'est pourquoi il a été appelé *cutidure*, par Bracy-Clark ; on le désigne plus ordinairement sous le nom de bourrelet.

Chair de la sole et de la fourchette.
Le tissu réticulaire, qui se développe sous la sole et la fourchette, offre aussi des villosités dans sa texture ; il constitue la chair de la sole et la chair de la fourchette.

PARTIES CONTENANTES. — Toutes les parties qu'on vient de décrire sont contenues dans une enveloppe de corne, nommée sabot.

Forme générale du sabot.
Sa forme est celle d'un ovale tronqué obliquement, de haut en bas et d'arrière en avant, forme qui toutefois offre de nombreuses modifications, dépendantes de la diversité des races.

Les pieds de devant sont plus évasés que ceux de derrière ; leurs talons sont plus gros et plus écartés.

Le sabot se compose de trois pièces de corne, accolées ensemble et bien distinctes, chacune, par sa nature, son épaisseur et ses usages. Ce sont : la *paroi*, la *sole* et la *fourchette*.

De la muraille et de ses divisions.
La paroi ou muraille, enveloppe toute la face externe de l'os du pied ; sa partie antérieure forme la *pince ;* sur chacun des côtés de celles-ci sont situées les *mamelles*, à la suite desquelles viennent les *quartiers*.

Enfin, la muraille se termine par les *talons*, qui s'infléchissent vers la face plantaire et forment des angles d'inflexion qu'on appelle *arcs boutants* ou *barres*.

Sa consistance relative.
La corne de la paroi est très-épaisse et résistante à la pince ; elle diminue d'épaisseur et de consistance progressivement en gagnant les parties postérieures, c'est-à-dire, les mamelles, les quartiers et les talons. Cette disposition, qui la rend comparable à un arc turc, ainsi que le fait observer Bracy-Clark, était nécessaire à son élasticité.

Nature de la paroi
La corne de la paroi est formée de filaments longitudinaux agglutinés ensemble ; cette disposition est très-apparente dans le sabot d'un fœtus *mort-né*, dont la paroi

paraît être formée de longs poils, très-distincts, agglutinés entr'eux.

Le bord supérieur de la paroi est creusé par une *gouttière* qui reçoit le bourrelet. Le bord inférieur, qui dépasse la sole, sert à fixer le fer sur l'ongle au moyen des clous. *Gouttière de la paroi.*

On désigne sous le nom de *périople* une bande de corne qui s'étend sur tout le bord supérieur de la paroi; il sert à réunir la peau avec cette dernière, et sécrète le *gluten*, espèce de vernis qui s'étend sur la surface extérieure de la paroi, et la garantit de l'action destructive des agents extérieurs. *Du périople.*

Les *glomes* sont des espèces de plaques de corne placées sur les talons afin de les renforcer. *Les glomes.*

La face interne de la muraille offre des lames de corne longitudinales qui constituent un tissu feuilleté nommé *kéraphylleux*. Ces lames s'engrainent avec les feuilles de chair du tissu podophylleux.

On a dit que la muraille, en se repliant vers les talons, formait des arcs-boutants; il faut encore faire remarquer que ceux-ci forment *deux plans inclinés* l'un sur l'autre, rapprochés par leur bord supérieur et éloignés par leur bord inférieur; que, au moment de l'appui, l'os du pied, chargé du poids de la masse, fait effort sur les bords supérieurs des arcs-boutants, les abaisse, tandis que leurs bords inférieurs s'écartent et rencontrent les talons qu'ils éloignent l'un de l'autre. *Les arcs-boutants.*

Ce mouvement de dilatation des arcs-boutants, auquel succède celui de resserrement, concourt à l'exécution de la marche et à amoindrir les réactions qu'elle produit.

La sole est une plaque de corne circulaire, inclinée de son centre vers la circonférence; elle est incrustée par son bord extérieur dans une échancrure que lui offre le bord interne et inférieur de la paroi; son bord interne se réunit à la fourchette; la partie comprise entre les deux bords s'appelle *glacis.* *De la sole.*

La sole est plus épaisse à ses bords que vers son centre, contrairement à la construction de nos voûtes architecturales ; par là, elle peut plus facilement s'affaisser sous l'effort de l'os du pied qui la comprime.

La corne de la sole est formée de feuillets superposés ; elle s'exfolie et se réduit naturellement en poussière par l'usure.

De la fourchette. La fourchette représente un corps pyramidal bifurqué. Elle est formée par deux branches qui viennent à la suite des talons, se rapprochent l'une de l'autre d'autant plus qu'elles s'éloignent de ceux-ci, et finissent par se réunir et former la pointe de la fourchette qui regarde la pince ; elle sert au mouvement de dilatation et de resserrement de la partie postérieure de l'ongle.

Le vide de la fourchette est la partie de corne comprise entre les deux branches de la fourchette.

De l'arrête-fourchette. L'arrête-fourchette est la surface interne de la corne, qui, répondant au vide de la fourchette, forme une éminence interne.

La fourchette est fournie par une corne flexible ; ses filaments sont moins consistants que ceux de la paroi ; quand elle se désorganise, elle tombe par lambeaux.

Article Deuxième.

FONCTIONS DU PIED.

Élasticité du pied. — Fonctions du pied des polydactiles. — Mode d'élasticité de la paroi. — Mécanisme de la dilation de l'ongle. — Mécanisme du resserrement. — Effets de l'élasticité sur la marche. — Effets de l'élasticité du pied sur la nutrition.

Élasticité du pied. La propriété élastique de l'ongle consiste dans la faculté dont il jouit de se dilater et de se resserrer pendant la marche.

Plusieurs vétérinaires français avaient reconnu , avant Bracy-Clark, l'élasticité du pied ; mais, il faut le dire, c'est au vétérinaire anglais qu'on doit la démonstration la plus concluante du mécanisme de cette propriété. On va chercher à en reproduire les principales idées.

Tout le monde comprend comment est produite l'élasticité du pied chez les polydactyles. Évidemment leurs doigts, en s'écartant et se resserrant au moment de l'appui et du lever, expliquent le mouvement de cet organe , si propre à seconder la marche.

Le doigt des monodactyles ne paraît pas remplir le même but, et cependant la nature en a coordonné toutes les parties avec un art si merveilleux, qu'il seconde essentiellement l'exécution de la marche.

Le pourtour de la paroi a été comparé à un arc turc dont la fourchette répondrait à la corde ; en effet, toutes les parties comprises dans l'étendue de cette espèce d'arc , diminuent graduellement d'épaisseur et de force de résistance de la pince aux talons, d'où il suit que leur élasticité augmente proportionnellement depuis les parties antérieures jusqu'aux parties postérieures de l'ongle (1).

Si donc on étudie le mécanisme de la dilatation et du resserrement du pied , on reconnaîtra qu'il s'opère de la manière suivante :

Au moment où l'appui s'opère , le poids de la masse qui porte sur l'os du pied force celui-ci à descendre dans l'inté-

Fonctions du pied des polydactyles

Élasticité de la paroi.

Mécanisme de la dilatation de l'ongle.

(1) Si on veut juger de toute l'étendue de l'élasticité du pied , il faut la remarquer sur un pied déferré. L'expérience à faire dans ce but consiste à faire marcher le cheval sur un terrain assez mou pour conserver l'empreinte des pas.

Que l'on mesure alors l'empreinte qui proviendra du pied ayant fait son appui avec celle du pied qui aura été au repos , et on verra que la première offrira des dimensions beaucoup plus grandes en largeur que la seconde.

rieur du sabot et à se diriger vers la pince. En opérant ce mouvement, il tire sur les soupentes auxquelles il est suspendu et les allonge, comprime la voûte du pied, qu'il force à s'abaisser ; celle-ci, en s'affaissant, réagit sur le pourtour de la paroi à laquelle elle adhère, et le fait s'étendre de dedans en dehors. Mais cette dilatation n'est sensible, pour le cheval ferré, que vers les talons ; il arrive aussi que les arcs-boutants, comprimés par leur bord supérieur, s'écartent par leurs bords inférieurs, et entraînent les talons dans leur mouvement de dilatation. Ainsi l'ongle se dilate à la manière de celui des polydactyles, puisque le pourtour de la paroi s'élargit et que la voûte s'abaisse.

Mécanisme du resserrement de l'ongle. — Le resserrement de l'ongle, qui se fait au moment du lever, s'opère par le même mécanisme que celui de la dilatation, mais en sens contraire. En effet, dans le resserrement, les arcs-boutants se redressent, la voûte du pied en remontant fait relever l'os du pied ; en même temps la paroi se resserre et reprend sa dimension normale.

Effet de l'élasticité du pied sur la marche. — Ce retour des parties constituantes du sabot à leur forme première, est une des causes efficientes de l'exécution de la marche, et est très-propre à seconder sa vitesse ; en effet, en agissant sur le pied à la manière d'un ressort, elle seconde le mouvement d'enlevé et de pulsion qui produit la progression.

Effets du manque d'élasticité du pied sur la marche. — Cette théorie s'appuie sur des faits nombreux d'observation ; ainsi, que l'on observe marcher un cheval qui, par suite d'une mauvaise ferrure, est dans l'impossibilité de dilater ses talons, et on reconnaîtra qu'au moment de l'appui, il éprouvera une gêne dans ses mouvements qui empêchera leur franchise et leur étendue. Aussi voit-on que, entre deux chevaux lancés sur l'hippodrome, celui qui aura des talons serrés et dénués d'élasticité, donnera à son adversaire des chances de victoire inévitable sur lui.

Effets de l'élasticité du pied sur sa nutrition. — Il faut encore faire remarquer que l'élasticité du pied est nécessaire à seconder la nutrition du pied, et, par conséquent, à assurer sa conservation ; car, au moment où s'opère sa dilatation, les mailles de tous les tissus s'ouvrent, se dilatent, et permettent au sang de s'y déposer facilement et de régénérer l'ongle par le travail de l'assimilation.

C'est dans le but d'obtenir ce résultat qu'on déferre le cheval qui a le pied encastellé ; en effet, lorsqu'il a été dégagé du fer qui s'opposait à sa dilatation, il reprend son élasticité, et sa guérison arrive incessamment.

Article Troisième.

CONFORMATIONS BELLES ET DÉFECTUEUSES.

Différence entre les pieds de devant et de derrière. — Caractère d'un beau pied. — Classification des défectuosités du pied. — Défauts de l'appui trop en pince.—Défauts de l'appui trop en talons. — Défauts de l'appui sur les quartiers internes. — Diverses défectuosités.

Puisque l'on a démontré que l'os du pied est le moule sur lequel se forme en quelque sorte le sabot, ne faut-il pas en conclure que la conformation congéniale du pied établit, par ses caractères propres, ses qualités ou ses défauts.

Les pieds de devant n'ont pas une conformation identique avec ceux de derrière : les premiers ont en largeur des proportions à peu près égales à celles de leur longueur ; les seconds sont plus longs que larges, en sorte qu'ils sont un peu ovales.

Différences entre les pieds de devant et de derrière.

Les défectuosités du pied sont naturelles ou acquises ; celles-ci sont les plus fréquentes et les plus graves.

On va commencer par déterminer les caractères de bonté et de beauté du pied, d'où il faudra conclure que ceux qui

Caractères d'un beau pied

s'éloigneront de ce type seront défectueux, mais à des degrés différents.

Le pied n'a pas de proportions absolues, mais bien relatives à la taille et à l'ensemble de la conformation du cheval. En vain a-t-on voulu établir avec une précision mathématique les rapports entre les proportions du pied et la taille de l'animal. Il est évident que ce n'est pas avec le compas, mais bien au coup-d'œil que l'on doit juger sa conformation.

La paroi doit s'évaser graduellement, en allant de son bord supérieur à son bord inférieur ; sa surface sera unie, bien lisse, garnie de son gluten ; ses fibres seront disposées longitudinalement et régulièrement ; la paroi devra être exempte de cercles ou d'avalures ; la corne en sera liante, élastique et compacte ; le bord supérieur de la paroi s'unira intimement avec la peau, le bord inférieur devra dépasser la sole, avec laquelle elle s'unit ; la paroi doit former avec le sol un angle de 145 degrés.

La voûte sera bombée, sans excès ; la sole aura assez de force de résistance pour ne pas trop céder à l'action de l'os du pied qui la comprime pendant l'appui.

La fourchette offrira ses deux branches bien apparentes, et les arcs-boutants leur prêteront un appui solide, propre à empêcher le rapprochement des talons. Ceux-ci seront suffisamment élevés pour établir une juste répartition du poids de la masse sur la surface plantaire.

Classification des défectuosités. Comme toutes les défectuosités du pied entraînent nécessairement les déviations d'aplomb, qui ont les conséquences les plus graves sur la sûreté et les facultés de la marche, on va les ranger dans un ordre relatif aux irrégularités d'appui en pince, en talons ou en quartiers internes ou externes.

Défauts de l'appui trop en pince. — Lorsque la pince n'a pas son obliquité voulue, qu'elle est trop verticale, parce qu'elle manque de longueur, ou que l'excès de hauteur des talons détruit son obliquité, le pied est dit *pinçard.* Le mal de cette conformation est de porter l'appui trop en pince , de ne lui laisser qu'une surface peu étendue , au lieu de celle que devait lui offrir toute la surface plantaire , de rendre la marche chancelante , et d'exposer le cheval à butter.

Lorsque la pince pèche non-seulement par le défaut qu'on vient de signaler, mais qu'elle traîne sur le sol pendant la marche, on dit que le pied est *rampin*. Ce défaut est plus grave que le précédent. *Pieds rampins.*

Les pieds qui manquent de volume sont dits *petits :* ils ont souvent une tendance à devenir pinçards et à se resserrer des quartiers et des talons.

Défauts de l'appui trop en talons. — Lorsque la pince est trop oblique, que la voûte est abaissée et que les talons sont bas , le pied est dit *plat*, l'appui se fait alors trop en talons, et la marche devient difficile et lente; il en résulte aussi un tiraillement continuel des tendons fléchisseurs qui amène leur usure incessante ; la voûte, étant trop abaissée, est exposée à être meurtrie par les inégalités du sol pendant la marche. De là les soles battues et foulées. *Pieds plats.*

La corne des pieds plats est ordinairement molle, et les clous que l'on broche dans la paroi s'y maintiennent difficilement ; aussi ces pieds sont-ils très-sujets à se déferrer. Ils ont souvent la fourchette grasse.

Lorsque la sole dépasse le niveau du bord de la paroi, le pied est dit *comble*. Ce défaut est très-grave, rend la marche très-douloureuse, et ses progrès toujours incessants finissent par mettre le cheval dans l'impossibilité de rendre des services. *Pieds combles*

Dans les pieds *mous* et *gras*, la corne n'a pas assez de consistance pour défendre les parties internes de l'ongle; ils sont susceptibles d'être affectés par la ferrure. *Pieds mous et gras.*

Les talons peuvent être bas et la pince trop inclinée, sans que la voûte soit abaissée. Ce défaut est moins grave que celui du pied comble. *Pieds à talons bas.*

Défauts de l'appui en quartier interne. — Si le quartier in- *Pieds panards.*

terne est plus bas que l'externe, et que la pince soit tournée en dehors, le pied sera *panard*. Ce défaut amène la dégradation du quartier interne, et nuit à la régularité de l'appui dans la marche.

Pieds cagneux. *Défauts de l'appui sur le quartier externe.* — Lorsque le pied est tourné en dedans, le pied est *cagneux*. Les conséquences sont semblables à celles qu'on vient d'indiquer pour le cas précédent, mais en sens inverse. Les chevaux qui ont les pieds cagneux sont sujets à se couper en marchant.

Quelques défectuosités étant en dehors des trois catégories qu'on a indiquées, on va les signaler.

Les pieds dont la paroi offre des cercles transversaux plus ou moins nombreux qui affectent les parties sous-jacentes, sont appelés *cerclés*. Lorsque ces cercles deviennent plus petits et moins nombreux, le mal s'amoindrit.

Les pieds trop grands donnent de la lourdeur, dans la marche.

Les pieds à talons serrés rendent la marche pénible.

Les pieds à talons faibles sont douloureux.

Sous le nom de pieds *encastellés*, on désigne ceux dont les quartiers sont très-élevés et resserrés du côté du biseau. Ce défaut, assez ordinaire aux chevaux de race, est très-grave ; dans le principe il rend la marche douloureuse, difficile et amène la claudication.

Dans le dernier degré de resserrement du pied, la corne se dessèche, perd son élasticité, la sole se creuse et la fourchette s'atrophie.

La dégration de la corne constitue le pied *dérobé*.

Talons serrés. Les pieds à talons serrés rendent la marche pénible et empêchent l'élasticité du pied.

CHAPITRE TROISIÈME.

DES PROPORTIONS.

GÉNÉRALITÉS.

Que la beauté naît des proportions. — Qu'elles sont un des éléments de la bonté. — Exemple de l'accord des proportions. — Du désaccord des proportions. — Définition des proportions générales et relatives.

Les proportions s'entendent des rapports réguliers de toutes les parties du cheval, qui en forment un tout homogène, bien harmonisé, qui plaît à la vue. Cette définition explique que la beauté accompagne toujours la régularité des proportions et qu'elle en est en quelque sorte l'expression.

Les anciens hippologues ont bien prêté cette signification aux proportions, mais ils ont aussi admis qu'elles n'étaient qu'une présomption de la bonté, et c'est en ce sens qu'ils se sont trompés, car l'expérience atteste que les proportions sont plus qu'une présomption de la bonté, qu'elles sont un de ses éléments essentiels; c'est ce qu'on va rendre sensible par un exemple.

Que l'on suppose un cheval bien proportionné, il offrira un rapport parfait entre la dimension de ses leviers osseux et des masses charnues qui les recouvrent; or, non-seulement ces rapports dimensionnels donneront aux formes une parfaite régularité qui plaira à la vue, mais encore ils produiront un accord dans toutes les forces de la machine animale, qui secondera l'exécution du mouvement; il en résultera que chaque organe, étant doué de la somme de force nécessaire pour remplir le rôle que la nature lui a assigné, concourra à faire fonctionner les rouages organiques avec régularité et sans décomposition ni dépense inutile de force ; ainsi, on verra le derrière chasser le devant avec une énergie proportionnelle à celle dont est doué le devant.

Il est encore facile de démontrer que cette régularité des proportions est une garantie de conservation des instruments locomoteurs, car, lorsque l'usure surviendra, elle se répartira également sur tous les organes du mouvement, puisque tous auront agi régulièrement, d'après la somme de force qu'ils avaient à dépenser, ni plus ni moins; il s'en suivra que les effets de l'usure seront d'autant moins sensibles qu'ils seront répartis également sur toute la machine animale.

Mais si on suppose, maintenant un cheval manquant de proportions, soit que la dimension des leviers de la croupe, des cuisses et des jambes soient en désaccord avec celles de l'épaule, du bras et de l'avant-bras et que le derrière soit trop fort par rapport au devant, il est évident qu'alors le derrière chassera la masse sur le devant avec une force à laquelle celui-ci ne saura répondre; il arrivera alors, ou que le cheval modèrera la chasse du derrière pour ne pas écraser le devant, ce qui diminuera sa vitesse, ou qu'il le laissera fonctionner avec toute l'énergie dont il est susceptible, ce qui amènera la ruine incessante du devant; or, dans ces deux cas, le défaut de proportions, aura produit, ou une cause de diminution dans les facultés de mouvement, ou de ruine inévitable des rouages de la machine animale

On a dit précédemment que les proportions n'étaient qu'un des éléments de la bonté, et, en effet, elles ne sauraient suppléer à tous ceux dont elle se compose, savoir : la bonne nature des organes et surtout les qualités de leur moteur, c'est-à-dire, de la force vitale, source de toutes les qualités morales.

Cette distinction des diverses causes de la bonté du cheval explique pourquoi celui qui est bien proportionné peut ne pas être un bon cheval, s'il manque de plusieurs de ces autres qualités essentielles, mais évidemment il serait plus mauvais encore s'il était mal proportionné.

Les principes donnés par Bourgelat seront donc vrais dans tous les temps, à savoir : que tous les chevaux doivent satis· faire à certaines conditions générales de proportions, soit, par exemple, d'être renfermés dans un carré parfait, d'avoir une poitrine vaste, un abdomen suffisamment développé : c'est ce que j'appellerai les conditions de *proportions géné-rales.*

Mais il existe un autre genre de proportions qu'on peut qualifier de *relatives,* parce qu'elles se rapportent à des types différents, comme le cheval de trait ou le cheval de selle, par exemple. Et il faut tout d'abord faire obser-ver qu'elles s'attachent particulièrement aux dimensions de l'encolure et des rayons des membres; or, puisque ces proportions relatives engendrent des qualités très-différentes chez ces deux types, ne doit-on pas en conclure qu'elles ne sauraient être jugées par un modèle unique, comme le cheval géométral de Bourgelat, mais bien au moyen de modèles distincts, choisis parmi les plus beaux types de chevaux de trait ou de selle?

Certes, l'étude de ces modèles vivants sera bien plus propre à former le coup-d'œil du connaisseur que celle d'un modèle fictif, que personne n'a rencontré dans la nature, puisqu'il n'existe que sur le dessin.

Ce chapitre comprendra trois articles :

Article 1er. — Des proportions générales ;

Article 2e. — Des proportions relatives ;

Article 3e. — Moyens de les juger.

Article Premier.

PROPORTIONS GÉNÉRALES.

Mesure des proportions.—Le cheval inscrit dans un carré parfait. — Défauts d'excès de longueur du corps. — Défauts de brièveté du corps.—Excès de hauteur du corps. — Compensation à la finesse des membres. — Manque de hauteur du corps. — Proportions de l'épaisseur du corps. — Proportions de la poitrine. — Proportions de l'avant avec l'arrière-main. — Défauts de proportions de l'avant et de l'arrière-main.

Quel que soit le service auquel on emploie le cheval et la race à laquelle il appartient, il devra satisfaire aux conditions générales de proportions qu'on va indiquer.

Puisque les membres sont les supports du corps, il faut qu'ils aient des proportions d'épaisseur et de hauteur nécessaires pour remplir ce but.

Mesures de proportions. Bourgelat, qui a établi les règles des proportions, a pris la tête comme unité de mesure ; et, en effet, étant plus apparente que toutes les autres parties, on peut plus facilement la rapporter par la pensée sur celles-ci pour mesurer leurs rapports dimensionnels. Il a aussi admis des subdivisions de la tête ; mais elles se prêtent trop difficilement à la pratique, pour qu'on puisse s'en servir avec profit.

D'ailleurs, il faut observer qu'on n'achette pas le cheval

avec l'hippomètre à la main, et que cet instrument n'est qu'un moyen de contrôler les appréciations du coup-d'œil.

Bourgelat veut que le cheval soit aussi long que haut, c'est-à-dire, que sa longueur, prise de la pointe de l'épaule à la pointe des fesses, soit égale à sa hauteur, prise du garrot à terre ; or, ces deux dimensions étant égales, le cheval sera placé dans un carré parfait. *Le cheval inscrit dans un carré parfait.*

Il est rare que les bons chevaux quel que soit leur genre de service ne satisfassent pas à cette condition.

Les chevaux qui sont trop longs de corps sont ordinairement faibles du dos et du rein, et se bercent en marchant. *Défauts d'excès de longueur du corps.*

Ceux qui ont moins que les dimensions voulues sont courts ; leurs membres de derrière étant trop rapprochés de ceux de devant, les exposent à forger ; mais il faut bien reconnaître que les chevaux un peu courts de corps, sans excès, toutefois, ont ordinairement de la force dans le rein et le dos. *Défauts de la brièveté du corps.*

Lorsque la hauteur du corps dépasse deux têtes et demie, les membres sont ordinairement longs et manquent de force ; ce défaut s'exprime par les épithètes de cheval *haut perché*, ou *dégingandé*. *Excès de la hauteur du corps.*

Il ne faut pas cependant croire que le défaut d'ampleur des membres entraîne toujours la faiblesse ; on remarque que les chevaux de race, quoiqu'ils aient les membres légers, offrent une compensation à leur manque de volume, par la densité des os et la force de leurs cordes tendineuses ; aussi sont-ils souvent plus forts que ceux qui ont beaucoup de gros, mais qui manquent de sang. *Compensation au manque d'ampleur des membres.*

La brièveté des membres n'est un défaut que quand elle est portée à l'excès ; mais, ordinairement, les chevaux qui ont les membres un peu courts sont bons. On dit alors qu'ils *sont près de terre*. *Manque de hauteur.*

L'épaisseur du corps, d'un côté à l'autre, et du dos au bas du ventre, est égale à une longueur de tête. L'é- *Proportions du corps en hauteur et en épaisseur.*

galité de ces deux dimensions rend le corps cylindroïde. Les côtes, alors, sont bien cerclées et les cavités splanchniques sont spacieuses et susceptibles de laisser fonctionner librement les appareils de la vie qu'elles recellent.

On n'attache pas toujours assez d'importance aux proportions du corps, et cependant il faut bien se pénétrer que le corps renferme les sources de la vie, et que c'est en ce sens que la conformation de cette partie est la première garantie de la force de constitution et de la santé.

De la poitrine. Quoique les proportions de la poitrine comportent des différences relatives au genre de service du cheval, on peut admettre, comme donnée générale, les dimensions établies par Bourgelat, savoir : que la largeur du poitrail sera égale à deux tiers de la longueur de la tête, et la hauteur de la poitrine sera mesurée par une longueur de tête, prise de la base du garot au coude.

M. Richard observe, avec juste raison, que déterminer les proportions de la poitrine, serait faire supposer qu'au delà des limites qu'elles fixent, commence le défaut, et cependant il est évident que la poitrine ne peut jamais être trop spacieuse, puisqu'elle renferme l'appareil de production du sang artériel, qui est la source de toute l'énergie du cheval. Aussi ne faut-il considérer les proportions qu'on vient de lui assigner que comme une donnée générale.

Proportions de l'avant avec l'arrière-main La hauteur proportionnelle de l'avant avec l'arrière-main se juge par une ligne horizontale, tangente au sommet du garot, qui doit laisser la croupe au-dessous d'elle, d'une distance égale à l'épaisseur du boulet.

Il résulte de ce rapport de hauteur, entre l'avant et l'arrière-main, que l'avant-main dominera assez l'arrière-main, pour avoir de la liberté et de la légèreté dans ses mouvements.

Défauts de hauteur de l'arrière-main Mais, si l'arrière-main se rapproche trop de la ligne horizontale, il chargera l'avant-main, l'empêchera de se mouvoir facilement sous l'effort du poids dont il le surchargera et rendra sa chute imminente.

Ce défaut peut être aggravé par une tête et une encolure massives, par le manque de jeu des épaules et surtout par le manque d'aplomb des membres de devant, dans leur ensemble ou dans quelques-unes de leurs parties.

L'excès de hauteur de l'avant-main est un défaut extrêmement rare, cependant on en rencontre des exemples; il entraîne la surcharge de l'arrière-main, qui est impuissant alors pour mouvoir l'avant-main.

Excès de
hauteur de
l'avant-main

Article Deuxième.

DES PROPORTIONS RELATIVES.

Proportions de l'encolure. — Corps long avec le rein et le dos courts. — Corps court avec le dos et le rein faibles.— Que les défauts et les qualités des proportions s'engendrent réciproquement. — Proportions différentes des rayons des membres. — Types différents. — Proportions du cheval de trait. — Condition de similitude des angles. — Moral du cheval de trait. — Type du cheval de vitesse. — Proportions de l'encolure, de l'épaule, de la croupe et du rein.—De la similitude des angles. Type du cheval de selle. — Type du cheval de manége.

L'encolure et les rayons des membres doivent être étudiés au point de vue de leurs proportions relatives, parce que leurs dimensions ne peuvent être absolues pour les types, aussi opposés, par exemple, que le cheval de trait et le cheval de selle. Cette opinion est tellement acquise à l'expérience de tous les connaisseurs en chevaux qu'il serait inutile de la commenter.

Bourgelat veut que l'encolure soit égale à la longueur de la tête; mais comme il a établi cette dimension pour son cheval

Proportions
de l'encolure.

géométral , dont l'encolure perd ses proportions naturelles par suite de sa direction très-rouée, et comme aussi ce modèle est celui d'un cheval court et massif, il en résulte que cette dimension d'une tête est trop courte relativement à celle qu'offrent les chevaux de selle en général , car j'en ai mesuré un très-grand nombre qui tous m'ont donné une longueur de tête, plus un sixième ; et , en effet, une encolure qui n'aurait qu'une longueur de tête manquerait de la flexibilité qu'on lui demande pour imprimer facilement sa direction au corps et rendre ses mouvements instantanés et francs dans leur détermination. Ce n'est que pour le cheval de trait , lourd, qu'une longueur de tête suffirait.

Corps un peu long avec le rein et le dos courts. Après avoir établi que les chevaux qui ont en longueur plus de deux têtes et demie, ont généralement le rein et le dos faibles, il importe de démontrer que cet excès de longueur peut être racheté quelquefois par les proportions de l'épaule et de la croupe ; en effet, lorsque l'épaule est très-longue et oblique , elle est couchée sur le corps, de telle sorte qu'elle prend pour ainsi dire sur l'étendue du dos, et qu'elle ne lui laisse qu'une dimension régulière ; de même, les belles proportions de la croupe semblent être prises aux dépends de la longueur du rein , ou au moins elles ne lui laissent que les dimensions qui assurent ses qualités, d'où il suit qu'avec les conditions ci-dessus indiquées , le cheval peut dépasser la longueur voulue du corps, sans avoir le dos et le rein trop longs ; c'est ce que l'on remarque dans certains chevaux dont le rein est assez long mais large et capable, à ce titre, de seconder leur vitesse.

Corps court avec le dos et le rein faibles Mais , s'il est vrai que l'excès de longueur de corps n'entraîne pas toujours les défauts du dos et du rein , il est également vrai que des chevaux courts de corps peuvent aussi parfois avoir le rein long et faible, par suite du peu de longueur de la croupe et de la verticalité de l'épaule : ce défaut est rare.

Conclusions. Les faits qu'on vient de poser nous font reconnaître qu'on

serait exposé à commettre de graves erreurs , si l'on voulait
toujours juger les proportions du dos et du rein par celles de
la longueur totale du corps. C'est pourquoi il convient de
juger les proportions de l'épaule et de la croupe dans leurs
rapports proportionnels avec celles de la longueur totale du
corps (1).

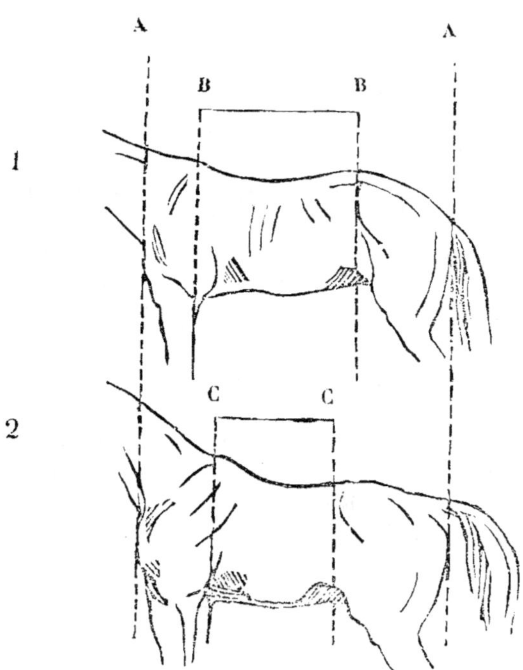

(1) Dans les deux figures 1 et 2 , la longueur du corps est également
limitée par les deux verticales A A ; mais dans la figure 1 , qui présente
une épaule droite et une croupe courte et avalée , la longueur du dos et
du rein, égale à B B, est trop grande; tandis que dans la figure 2, qui
présente une épaule oblique et une croupe longue, la longueur du dos et
du rein, égale à C C, leur donne de justes dimensions qui assurent leurs
qualités.

Que les dé-
fauts et les
beautés de
proportions
s'engendrent
réciproque-
ment.

Les considérations qu'on vient d'exposer confirment la vérité d'une opinion émise par M. Richard, savoir : qu'il existe souvent un rapport entre les beautés et les défectuosités, qu'elles s'engendrent les unes par les autres; ainsi, on remarque qu'avec un garrot élevé, on rencontre une épaule longue et oblique et une croupe également longue, et que si, au contraire, le garrot est bas, empâté et placé en avant, l'épaule est courte et droite, et la croupe manque de longueur.

Proportions
des rayons du
cheval de trait
chez des types
différents.

Les proportions relatives aux différentes espèces de chevaux résident particulièrement dans les rayons qui composent les membres. Pour rendre ces différences plus sensibles, on va les étudier dans les trois types les plus caractérisés, savoir : le cheval de selle, le cheval de trait, le cheval de service. Cet examen mettra en lumière une vérité admise par tous les hommes de pratique, à savoir : que les divers emplois auxquels on applique le cheval comportent des proportions et des facultés relatives, qui sont tellement spéciales qu'elles s'excluent même souvent les unes par rapport aux autres.

Types de
chevaux dif-
férents.

Ces considérations démontrent suffisamment que le cheval géométral de Bourgelat ne saurait servir de modèle à mesurer les proportions de tous les chevaux.

Au lieu de ce modèle, purement imaginaire et tracé sur le papier, on va donc présenter ici des types choisis parmi les modèles vivants, les plus parfaits, savoir : 1° un cheval de trait de la race boulonnaise ou percheronne; 2° un cheval pur sang, etc. ; 3° et un cheval de selle, pris parmi les plus beaux types du Merlerault; ou encore un beau cheval demi-sang, de l'espèce anglaise nommée *Unters-Saddle-Horses* (cheval de chasse).

N. 1

Type du cheval de trait.

Le cheval boulonnais est un type de cheval de trait ; **Proportions des rayons des membres.** ses proportions massives et athlétiques lui donnent une masse qui est une puissance ajoutée à celle qu'il tire de l'action musculaire ; son garrot est peu développé ; ses épaules sont plutôt droites qu'inclinées, elles ont aussi peu de longueur ; ses bras et ses avant-bras sont hauts, assez courts ; sa croupe est un peu courte : ce qui augmente proportionnellement les dimensions du rein.

D'après le portrait qu'on vient de tracer, on voit que les **Conditions de similitude des angles.** rayons supérieurs du cheval de trait ont des dimensions assez bornées ; mais cette disposition, défavorable à la vitesse, offre de grands avantages au soutien de la masse, en ce sens que les rayons ont d'autant plus d'ampleur qu'ils sont moins longs. Les masses charnues qui les recouvrent sont aussi très-développées, en sorte que toutes ces conditions sont à l'avantage des moyens de support et de traction que la nature a voulu lui départir.

Moral du cheval de trait — Il est impossible de ne pas reconnaître l'accord parfait que la nature a mis dans la construction mécanique du cheval de trait et les qualités du moteur qui l'anime; ainsi, elle l'a doué d'une force soutenue et persistante, qui, se dépensant lentement, en quelque sorte, est en rapport avec le peu de vitesse des allures, et seconde l'action du poids qu'il jette dans le collier pour tirer de lourds fardeaux.

n. 2

Type du cheval de selle, propre à une assez grande vitesse dans ses allures.

Cheval de course. — Il n'est pas possible de présenter un contraste plus frappant que celui qui existe entre le cheval de trait et le cheval de selle.

Toutes les combinaisons les plus favorables à la vitesse se

trouvent réunies dans les qualités physiques et morales de
ce dernier.

Son encolure a une longueur de tête, plus un sixième ; Proportions de l'encolure.
elle prend une direction horizontale quand il est lancé sur
l'hippodrome, afin d'étendre son corps dans le sens des
forces qui le meuvent.

Les rayons supérieurs de ses membres depuis l'épaule et Proportions de l'épaule et de la croupe.
la croupe ont de belles proportions; ces deux dernières
parties envahissent en quelque sorte la ligne du dos et du
rein, et leur laissent d'autant moins de longueur : ce qui
ajoute à leur force et à leur solidité.

C'est dans ce cas que l'on trouve, du garrot à la partie Du dos et du rein.
antérieure de la croupe, au niveau des hanches, une longueur égale à la longueur de la tête.

La longueur des bras, des avant-bras, des cuisses, des
jambes, sera assez avantageuse pour rapprocher de terre
les articulations du genou et du jarret et laisser moins de
longueur aux canons.

Mais il faut reconnaître, avec le général Morris, que la Utilité de la similitude des angles.
puissance de chasse du cheval doué d'une grande vitesse
dépend non-seulement des belles proportions de ses rayons
supérieurs, mais encore, et surtout, de la similitude des
angles qu'ils forment ; qu'elle assure le parallélisme des
forces motrices, dans le sens de la progression, et leur
plus grand effet, au profit de la vitesse ; or, pour que cette
condition soit remplie, il faut que les rayons supérieurs
des membres fassent avec leur verticale des angles de 45".

Il est constant que la régularité des proportions que l'on
vient d'assigner au cheval de selle sera associée aux qualités
morales, développées à un haut degré, puisqu'elles seront dues à la richesse de son sang et à la puissance de son
système nerveux.

Type du cheval de service.

Cheval de selle.

Le cheval de service ne devra pas avoir les proportions des rayons supérieurs aussi étendues que celles du cheval qu'on vient de dépeindre, parce qu'on ne lui demandera qu'une vitesse moyenne; d'où il suivra que ses rayons perdront en longueur ce qu'ils gagneront en épaisseur, au profit de leur force de support; or, cette condition sera favorable à sa destination, de supporter le poids du cavalier.

Lorsqu'on parlera du cheval de guerre, au point de vue de ses qualités, on dira que sa franchise dans les allures, son courage, sa bonté de caractère, sont surtout les qualités qu'on doit lui demander, car on ne saurait trop se pénétrer que le cavalier qui monte un bon cheval sent son courage grandir quand il sait que ce noble animal est capable de répondre à tout ce qu'il lui demandera.

Le cheval de selle aura une longueur de tête, depuis le garrot jusqu'au niveau des hanches; il sera près de terre et bien suivi.

Ce que les anciens écuyers demandaient au cheval de manége, c'étaient de belles hanches, pour manier le terre-à-terre. Pour traduire cette expression, on dira qu'il doit surtout avoir un bon rein, des jarrets souples et nerveux, et une conformation un peu ramassée; ses rayons inférieurs seront longs, relativement aux supérieurs, afin de laisser moins de longueur aux rayons supérieurs, et donner de l'élégance et du tride à ses allures (1).

Cheval de selle.

Proportions de ses organes articulaires.

Article Troisième.

MOYENS DE JUGER LES PROPORTIONS.

Comment doit-on faire usage de l'hippomètre. — Comment se mettre dans la mémoire des types modèles de beauté et de bonté.

Il ne faut se servir de l'hippomètre que pour apprendre à s'en passer le plus promptement possible. Qu'on l'emploie quelquefois pour contrôler le jugement qu'on aura porté sur les proportions, rien de mieux; mais il faut bien se péné-

Comment on doit faire usage de l'hippomètre.

------

(1) Il ne faudrait pas conclure, d'après les portraits que nous avons donnés des types particuliers, qu'ils ont une conformation et des moyens tellement appropriés à leur genre de service, qu'il n'est pas possible de les employer à un tout autre travail que celui qui leur

trer que rien ne serait plus contraire au talen. que l'on veut
acquérir que de s'habituer à juger le cheval à l'hippomètre,
car c'est le coup-d'œil, en dernier résultat, qui est le meil·
leur et le seul moyen de faire cette appréciation.

Comment se mettre dans la mémoire des types modèles de beauté et de bonté.

Pour se mettre dans la mémoire quelques beaux types, il
importe de les choisir parmi les plus parfaits, de se fami-
liariser avec leur vue, afin de se graver leurs traits assez
profondément dans l'esprit pour qu'ils servent de terme de
comparaison avec les chevaux dont on aura à faire l'application ; on établira alors leur degré de valeur par le degré
de ressemblance qu'ils offriront avec ces types.

Insistons encore sur cette recommandation, que le moyen
le plus utile à employer pour juger leurs qualités sera de les
monter, puisqu'alors on appréciera la force de détente du
rein et du jarret, l'énergie ou la souplesse de leurs mouvements, enfin toutes les qualités dont la conformation aura
accusé les symptômes.

est le plus spécial. Bien loin de professer une pareille opinion, nous
admettons que les chevaux les plus parfaits sont propres à tous les
emplois, qu'ils peuvent briller également sur les hippodromes, dans
les manéges et à l'attelage ; mais ce fait, assez exceptionnel, ne détruit
pas le principe qu'on a établi, qu'il existe des conformations et des
facultés qui sont mieux appropriées à un service qu'à un autre.

CHAPITRE QUATRIÈME.

DES APLOMBS.

GÉNÉRALITÉS.

On entend par aplomb la direction des membres qui est la plus favorable au support de la masse et à la locomotion. Utilité des aplombs.

Les aplombs ne sauraient être trop recherchés dans le cheval de selle, car ils garantissent la sûreté de la marche, la franchise et l'énergie des mouvements.

Si l'on voit des chevaux manquant d'aplomb ne pas butter, il ne faut pas en conclure qu'on ne doit pas tenir compte de leur défaut, car il entraîne toujours, avec le temps, ses conséquences. En effet, tel cheval arqué qui ne butte pas, a toujours une tendance à la chute, mais qu'il neutralise par l'action énergique et constante de ses muscles extenseurs ; toutefois, quand l'âge ou la fatigue auront diminué son énergie, il ne tardera pas à obéir aux conséquences de son manque d'aplomb, et il perdra toute solidité dans la marche. Conséquences de leurs défauts.

Les lignes d'aplomb ont été imaginées dans l'intention d'aider le coup-d'œil à juger la direction des membres, en sorte qu'elles sont un moyen de le régulariser, de le contrôler, mais non pas de le remplacer ; c'est pourquoi il faut apprendre promptement à se passer de leur secours, et s'exercer à comparer les chevaux dont les membres ont les Moyens de contrôler le coup-d'œil par les lignes d'aplomb.

aplombs réguliers, avec ceux chez lesquels ils ont été plus ou moins faussés.

Pour juger les aplombs on les examine sous trois aspects.

Article 1er. Des membres de devant et de derrière, vus de profil.

Article 2e. Des membres de devant et de derrière, vus de face et en arrière.

Article 3e. De la similitude des angles.

Article Premier.

APLOMBS DES MEMBRES DE DEVANT ET DE DERRIÈRE VUS DE PROFIL.

Aplombs des membres de devant. — Cheval sous lui du devant.— Campé du devant. — Genou arqué. — Brassicourt. — Moyen de distinguer ces deux défauts. — Genou creux ; il peut rentrer dans le cas du genou arqué. — Droit-jointé.— Bas-jointé. — Aplombs des membres de derrière. — Cheval sous lui du derrière. — Campé du derrière — Droit et bas-jointé. — Causes qui compliquent les défauts d'aplombs.

L'*aplomb des membres de devant*, considéré dans toute son étendue, est régulier, si le membre se trouve compris entre deux verticales, dont l'une est abaissée de la pointe de l'épaule et l'autre du sommet du garrot. (*Voyez la planche ci-après*).

Cheval sous lui du devant.

Si la pince est trop en arrière de la première ligne d'aplomb, le membre sera oblique d'avant en arrière, et le cheval sera dit *sous-lui du devant*.

Ce défaut tend à fausser l'appui du pied en le portant en pince; il expose le cheval à butter, rend la marche incertaine, difficile, diminue surtout son étendue et sa vitesse;

car le cheval, sentant que ses membres de devant ne peuvent offrir qu'un appui incertain à la masse, n'ose pas la chasser sur eux, avec toute la force de pulsion dont le derrière est susceptible. Ce défaut fait aussi forger le cheval.

Si la pince est en avant de la verticale de la pointe de l'épaule, le cheval est dit *campé du devant :* l'appui du pied s'opère en talon, la marche est ralentie, par suite de la difficulté qu'éprouve le cheval de ramener suffisamment les membres de devant sous le centre de gravité. *(Campé du devant.)*

APLOMB DU GENOU. — L'aplomb du genou s'établit au moyen d'une verticale abaissée des deux tiers postérieurs et supérieurs de l'avant-bras; elle doit partager le genou en deux parties égales.

Si le genou est en avant de cette ligne, il est dit *arqué* ou *brassicourt :* il est arqué, si le défaut est le résultat de l'usure qui a amené la rétraction des tendons fléchisseurs. *(Genou arqué.)*

Les conséquences en sont très-graves : elles consistent à amener l'appui en pince, à tenir le genou dans une demi-flexion qui empêche l'appui solide qu'il doit offrir à la masse, et à rendre la chute imminente. Aussi les chevaux arqués manquent presque toujours de sûreté, de franchise et de vitesse dans la marche, parce qu'ils n'osent pas se fier au mauvais appui que leur offrent les membres de devant.

Le défaut du brassicourt, étant congénial, est bien moins grave que le premier; il paraît tenir à une disposition soit de l'avant-bras ou du genou qui amène cette articulation en avant et prédispose à une usure incessante. *(Genou brassicourt.)*

Toutefois, il est bon d'observer que beaucoup de chevaux de pur sang, quoique brassicourts, sont très-solides sur leurs membres.

Pour distinguer le genou arqué du brassicourt, on fera trotter le cheval chez lequel on supposera exister l'un ou l'autre de ces défauts, et au moment où il sera lancé à cette allure, on l'arrêtera court; or, il arrivera que, s'il *(Moyens de distinguer ces deux défauts.)*

est arqué , il s'opèrera, au moment de l'arrêt , un vacillement très-marqué du genou. Son appui, au contraire, sera fixe , s'il n'est que brassicourt.

Genou creux. Si le genou est en arrière de la ligne d'aplomb , on l'appelle genou creux. Il forme alors le sommet d'un angle rentrant , tandis que dans le genou arqué l'angle est saillant.

Il rentre dans le cas du genou arqué. Le cheval qui a le genou creux décrit , dans l'extension , un arc de cercle plus grand que s'il était bien conformé, et il lui faut plus de temps pour l'exécuter, c'est pourquoi il ne peut éviter de butter , qu'en marchant à des allures très-lentes, comme les chevaux de trait ; mais s'il est forcé de prendre des allures vives, il opère son poser, avant qu'il ait pu compléter son extension , c'est-à-dire lorsqu'il a encore le genou plié, en sorte qu'il rentre dans le cas du cheval arqué et est exposé comme lui à butter pendant la marche.

Il est bon de remarquer que les chevaux communs, d'une mauvaise conformation , ont souvent le genou creux, tandis que le brassicourt, ainsi qu'on l'a dit précédemment, se rencontre plutôt parmi les chevaux de sang.

Droit-jointé. APLOMB DU BOULET. — Si le boulet est trop en avant de la verticale abaissée du sommet du garrot, le cheval sera *droit sur ses membres, droit-jointé, boulé* ou *bouleté.* Ces diverses épithètes expriment les degrés du manque d'obliquité du paturon ; ils amènent l'appui en pince , le rendent incertain, vacillant , et diminuent l'étendue et la vitesse des mouvements.

Bas-jointé. Si le boulet se rapproche trop de la verticale abaissée du garrot , le cheval est *bas-jointé ;* ce défaut, qui provient ordinairement de l'excès de longueur du paturon , détermine le tiraillement continuel des tendons fléchisseurs et leur fatigue incessante ; il appelle aussi l'appui du membre trop en talons , et produit leur affaissement.

Causes qui Pour juger le degré de gravité des aplombs , il importe d'étudier leurs rapports avec les défauts de conformation ; compliquent ainsi, le *sous-lui du devant*, le *genou arqué*, le *droit-jointé*, les défauts d'aplombs. toutes ces déviations d'aplomb se compliqueront, de l'excès de hauteur de l'arrière-main et de la lourdeur de l'avant-main, de la brièveté de l'encolure et du manque de mouvement dans les épaules.

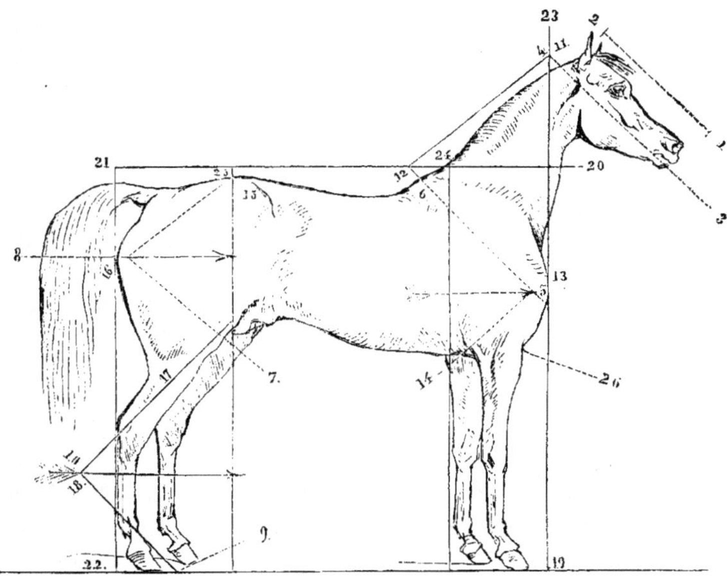

Figure représentant : 1° les lignes d'aplomb du cheval vu de profil ;
2° les lignes formant les angles articulaires.

APLOMBS DES MEMBRES DE DERRIÈRE, VUS DE PROFIL. — L'appui des membres de derrière sera régulier, si une verticale abaissée de la pointe des hanches tombe en avant de la pince, et une autre abaissée de la pointe des fesses touche la pointe des jarrets.

Cheval sous lui du derrière

Si la pince est en avant de la première verticale, le cheval sera *sous-lui du derrière;* ses jarrets alors, étant trop engagés sous la masse, seront surchargés de son poids, les tendons fléchisseurs du boulet seront fatigués par un tiraillement continuel, et l'appui du pied se fera trop en talons ; ce défaut d'aplomb se rapporte encore aux *jarrets coudés,* dont on parlera plus tard.

Dans ces deux cas, les membres, se trouvant trop engagés sous le centre de gravité, seront plus propres à soulever la masse qu'à la pousser en avant, en sorte que le cheval relèvera beaucoup, sans avancer, et sera incapable de vitesse dans les allures.

Cheval campé du derrière.

Si les jarrets dépassent la verticale abaissée de la pointe des fesses, le cheval sera *campé du derrière;* l'appui des pieds se fera trop en pincé, les membres éloignés du centre de gravité seront propres à chasser la masse en avant, mais auront plus de peine à s'engager sous elle, pour modérer son mouvement progressif, ou l'arrêter; c'est pourquoi les chevaux campés du derrière sont très-difficiles à conduire.

Bas-jointé, droit-jointé.

Si les boulets sont trop rapprochés de la verticale abaissée de la pointe des fesses, ils seront *bas-jointés ;* leur éloignement trop grand de cette ligne se rapporte au *droit-jointé* et au *bouleté.* Les conséquences de ces défauts ont été signalées à l'article des aplombs des membres de devant.

A l'article de l'*extérieur,* on indiquera les rapports entre les défectuosités de conformation du jarret et les défauts d'aplombs, au point de vue des mouvements.

ARTICLE DEUXIÈME.

APLOMBS DES MEMBRES DE DEVANT ET DE DERRIÉRE VUS DE FACE ET PAR DERRIÈRE.

Membres de devant.— *Aplombs réguliers.*— *Du genou de bœuf.*— *La partie inférieure des membres en dedans.*—*En dehors de la ligne d'aplomb.* — *Défauts du cheval panard et cagneux.*
Membres de derrière. — *Aplombs réguliers* — *La partie inférieure des membres en dedans ou en dehors de la ligne d'aplomb.* — *Du panard et du cagneux du derrière.*

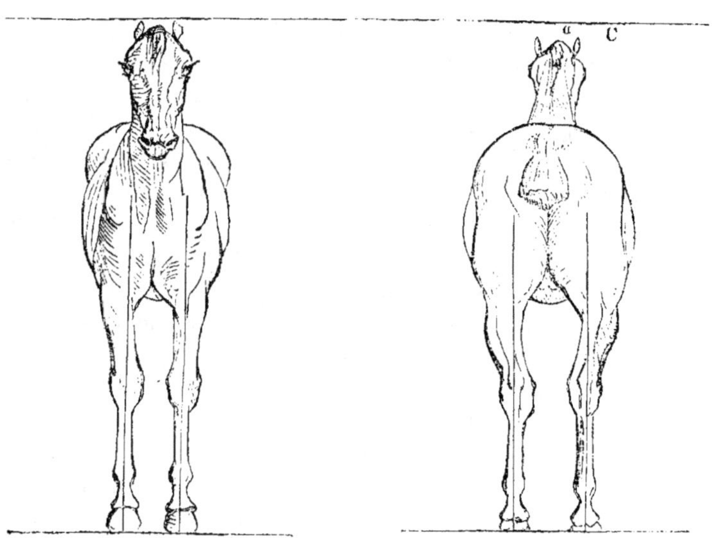

Figure représentant les lignes d'aplomb du cheval vu de face et par derrière.

Aplombs réguliers des membres vus de face.

L'aplomb des membres de devant vus de face sera régulier, si une ligne abaissée de la pointe des épaules partage le genou, le boulet et le pied en deux parties égales (1).

Genou de bœuf.

Si le genou est en dedans de la ligne, il est dit *genou de bœuf*. Ce défaut, qui se rencontre dans les races communes, nuit à la régularité du mouvement rectiligne ; il décompose la force, en formant une brisure au genou.

La partie inférieure des membres en dedans de la ligne.

Si la partie inférieure des membres est en dedans de la verticale, l'appui de la face plantaire se fera sur le quartier externe, et le membre pourra faucher en marchand ou se donner des atteintes.

Ce défaut se rencontre chez les chevaux qui, ayant le poitrail très-large, comme certains boulonnais, rapprochent la partie inférieure de leurs membres, afin de diminuer la trop grande étendue de leur base de sustentation, qui gênerait leurs mouvements en avant.

En dehors de la ligne.

Si la partie inférieure des membres est en dehors de la verticale, ils seront écartés par le bas, à la manière des pieds de traiteaux ; l'appui du pied se fera sur le quartier interne, et les membres, au lieu de se porter devant eux, décriront des arcs de cercle sur les côtés, au préjudice de la franchise et de la vitesse de la marche.

Ce défaut se remarque surtout chez les chevaux dont le poitrail est étroit, attendu que le manque d'étendue de leur base de sustentation les porte à l'agrandir par l'écartement du bas des membres. Il ne leur donne souvent cette disposition que pendant la marche, mais dans le repos ils reprennent leurs aplombs réguliers.

Il est constant que cet écartement du bas de leurs membres, ne permettra jamais qu'on dise qu'ils sont ouverts du devant, puisque ce sont les proportions du poitrail qui dé.

(1) Les pieds ne doivent pas être symétriquement partagés par la verticale ; ils doivent être tournés un peu plus en dehors qu'en dedans.

terminent les désignations de *serrés* et *ouverts du devant*, et non la manière d'être des aplombs des membres.

En résumé, le poitrail serré entraîne l'écartement de la partie inférieure des membres, et le poitrail ouvert son rapprochement.

Lorsque la pince est en dehors de la verticale, le cheval est dit *panard*, l'appui se fait sur le quartier interne, et le membre décrit, en marchant, des arcs de cercle sur le côté.

Du cheval panard.

Il peut être tourné en dehors seulement, à partir du boulet, ou de toute son étendue ; dans ce dernier cas les coudes se trouvant serrés au corps, éprouvent de sa part un obstacle à leurs mouvements en arrière, ce qui restreint l'extension du membre dans cette direction.

Si la pince est en dedans de la verticale de la pointe de l'épaule, le membre sera *cagneux* ; l'appui du pied s'opèrera sur le côté externe, et le membre, tourné en dedans, sera exposé à se donner des atteintes en marchant. Ce défaut est très-grave ; il se rencontre particulièrement dans les chevaux communs.

Du cheval cagneux.

Les membres postérieurs, vus en arrière, auront leur aplomb, si une verticale abaissée de la pointe des fesses les partage également dans toute leur étendue.

Aplombs réguliers du derrière.

Ils pourront être trop éloignés ou trop rapprochés de cette verticale par leur partie inférieure, ainsi qu'on l'a expliqué à l'occasion des membres de devant, et les conséquences seront les mêmes que celles qu'on a indiquées.

Cependant il faut citer, comme exception à cette règle, que les chevaux du Midi, qui sont souvent *crochus* au repos, écartent leurs jarrets lorsqu'ils sont en mouvement.

Si la pince est en dehors ou en dedans de la verticale, le membre sera panard ou cagneux : les conséquences seront celles indiquées précédemment.

Les jarrets trop rapprochés laissent en dehors la ligne

d'aplomb ; ils rendent le cheval maladroit en marchant, surtout dans les pas de côté ; ils sont dits *crochus*.

Les jarrets trop ouverts, qui sont en dehors de la ligne d'aplomb, forcent le cheval à *marcher large*.

On ne juge les aplombs que d'une manière très-imparfaite, en examinant le cheval placé ; c'est particulièrement en le faisant marcher au bout de la longe, avancer ou reculer, qu'on reconnaît le sous-lui du devant ou du derrière, le campé, le genou arqué, le bas-jointé, le bouté, et que se décèlent enfin toutes les conséquences fâcheuses de ces défauts sur les actes de la locomotion.

Article Troisième.

DE LA SIMILITUDE DES ANGLES.

La théorie de la similitude des angles s'appuie sur les faits d'observation. — Exposition de cette théorie. — Composition des angles articulaires. — L'égalité des angles articulaires est favorable à la progression. — L'inégalité des angles articulaires est contraire à la progression. — Exemple sur l'harmonie des mouvements. — Sur le désaccord des mouvements.

La théorie de la similitude des angles, qui est due à M. le lieutenant-général Morris, est un complément indispensable de l'étude des proportions et des aplombs ; elle s'appuie sur des faits d'observation incontestables, dont il a tiré les inductions les plus lumineuses sur les facultés de mouvements qu'on cherche à reconnaître dans les chevaux. Cette théorie marque un véritable progrès dans la science hippique : c'est à ce titre qu'elle doit prendre place dans ce *Cours.*

Nous laisserons parler l'auteur sur l'exposition de son système.

« C'est par l'examen d'un grand nombre de chevaux de course, distingués par leur beauté et leurs brillantes qualités, et en cherchant à nous rendre compte de la vigueur prodigieuse de ces nobles animaux, que nous avons pu nous convaincre qu'il existait en eux, indépendamment de leur race et de leur moral, une certaine *direction* favorable dans leurs *rayons articulaires*, direction d'autant plus remarquable, qu'elle était la même à peu près pour tous, quel que fût leur extérieur. Ceux qui, à des proportions ordinaires, joignaient ces conditions, obtenaient presque toujours, sur les chevaux de même espèce, et quelquefois sur ceux d'espèces supérieures, des avantages signalés dans les courses.

» Nos maîtres dans la connaissance du cheval, possédant les meilleurs de la terre, les Anglais, dont les jugements sont d'autant plus sûrs qu'ils ont plus de sujets de comparaison, considèrent beaucoup les directions des principaux rayons articulaires. »

S'il m'est permis d'apporter ici le témoignage de mon expérience à l'appui de la théorie du général Morris, je dirai que je l'ai appliquée sur un très-grand nombre de chevaux, depuis une douzaine d'années, et que les résultats de cette application ont toujours justifié la justesse des principes sur lesquels elle repose.

Je rapporte textuellement l'exposition de la théorie du général Morris sur la similitude des angles articulaires.

« La loi génératrice de l'ensemble, de la force et de la vitesse, dans un cheval réunissant les proportions adoptées par l'expérience, se trouve dans la direction de ses rayons articulaires, avant même que son tempérament ou sa race soient pris en considération.

» Premièrement, cette direction est la même dans la tête 11, 3, dans l'épaule 12, 5, dans l'os de la cuise 16, 7, et dans les premiers phalangiens (os du paturon et de la cou-

ronne; 10, et détermine, en examinant les parties du corps,
quatre lignes parallèles entr'elles. Secondement, en examinant la direction de l'encolure 11, 12, du bras 13, 14, de l'os
de la hanche 25, 16, et de celui de la jambe 17, 18, on remarque quatre lignes parallèles déterminées par ces mêmes
directions.

» Pour nous servir des dénominations employées en anatomie, nous dirons : les intersections de ces huit lignes,
prises deux à deux, forment ce qu'on appelle les angles articulaires, dont elles sont elles-mêmes les rayons.

» Ces directions parallèles doivent former, avec la verticale,
des angles de 45 degrés ; de cette manière les angles qu'elles
déterminent par leurs intersections sont tous droits. D'après
la figure ci-jointe, on doit s'apercevoir que ces directions
concourent à mettre de l'ensemble dans la construction générale du cheval ; il est aussi très-facile de s'en rendre compte
par le raisonnement.

» En effet, les directions de l'épaule, 12, 5, et du bras 5,
14, d'une part, celles de l'os de la hanche 25, 16, et de
la cuisse 16, 7, d'autre part, ne sont autre chose que des
compositions de forces, qui toutes ont une *résultante* (1)
ou *but unique*, savoir la *locomotion* ; rien ne s'oppose à ce
qu'on les considère comme situées dans un même plan,
quoique, dans la nature, leur inclinaison sur le tronc soit
différente. Ces directions prolongées formeront alors, par
leurs intersections, un rectangle, dont les côtés représenteront des forces qui, dans leur action, solliciteront le
centre de gravité du cheval d'après une même loi, puisqu'elles sont respectivement parallèles entr'elles ; il y aura
donc uniformité, non-seulement dans la position des rayons
articulaires, mais encore dans leurs mouvements de l'avant-

____

(1) La force capable de produire sur un corps le même effet que plusieurs autres forces combinées, et qui peut, à elle seule, en tenir parfaitement lieu, se nomme leur résultante.

Les autres forces, à l'égard de la résultante, se nomment composantes.

main : donc un cheval dans la construction duquel ces directions existeront, possèdera réellement des conditions d'ensemble.

» En admettant, avec le célèbre Borelli, que le centre de gravité du cheval se trouve dans l'intersection des deux plans diagonaux conduits par les quatre points de la base de sustentation, et définitivement dans le tiers inférieur de la cavité abdominale, nous observerons qu'en prolongeant la direction des quatre rayons les plus importants au transport de la machine, et en les considérant toujours comme situés dans un même plan, nous obtiendrons un rectangle dont les diagonales jouissent d'une propriété bien remarquable, c'est de passer directement par le centre de gravité du cheval, en supposant que ce plan soit transplanté parallèlement à lui-même, de manière à partager longitudinalement le corps entier en deux parties égales. On voit par là combien ces directions sont naturelles. »

Pour résumer aussi brièvement que possible la théorie en question, je dirai que, d'une part, les leviers que représentent la tête, les épaules, les cuisses, les paturons, affecteront des directions parallèles entr'elles ; que, d'autre part, les leviers de l'encolure, des bras, de la croupe, des jambes, devront remplir les mêmes conditions de parallélisme entre eux ; que ces leviers, combinés deux à deux, formeront des angles ouverts à 90 degrés.

Que de l'identité de ces angles articulaires résultera l'identité des effets qu'ils produiront, comme force dans les actes de la locomotion. En effet, si on suppose que les forces motrices de la machine animale s'appliquent aux sommets des angles articulaires, il est évident qu'elles agiront toutes selon des directions parallèles, qu'aucune d'elles ne saurait se rencontrer, se heurter et se combattre réciproquement, mais que toutes, au contraire, agiront dans le sens rectiligne du mouvement ; qu'elles se fortifieront en combinant leur action dans l'intérêt du même but, savoir, l'exécution des actes de la locomotion de la manière la plus énergique et aussi régulière que possible.

L'inégalité des angles est défavorable à la progression

Mais si on supposait maintenant que ces angles articulaires ne fussent pas ouverts au même degré, que, par exemple, l'angle formé par l'épaule et le bras fût ouvert à 100 degrés, par suite du défaut d'une épaule droite, ou que l'angle formé par la jambe et le paturon fût trop fermé, par suite de la disposition du jarret coudé, il résulterait inévitablement de ces conditions d'inégalité dans les ouvertures des angles, que les forces ne suivraient plus des directions parallèles; que, devant alors se rencontrer, elles se heurteraient et se décomposeraient, et tendraient à s'annihiler; or, il y aurait alors dépense de force sans profit pour la locomotion, par conséquent cause incessante d'affaiblissement dans les actes du mouvement.

Exemple sur l'harmonie des mouvements.

Ce qu'on vient d'établir par le raisonnement, on va chercher à le prouver par un fait d'observation pratique. Lorsqu'on monte un cheval dont les mouvements sont réguliers, bien harmonisés, on éprouve, si on est cavalier, une véritable jouissance; on sent l'accord parfait qui existe entre les mouvements de l'avant et de l'arrière-main, l'espèce de rythme régulier selon lequel ils fonctionnent; on a du plaisir à s'en rendre compte par le tact de l'assiette et des cuisses.

Et si l'on examine alors la structure de la charpente osseuse du cheval, on aura bientôt reconnu qu'elle satisfait à la loi de la similitude des angles.

Exemple sur le désaccord des mouvements.

Mais si le cheval que l'on monte à des mouvements saccadés, irréguliers, qui donnent des impressions désagréables par leur discordance, on comprend qu'il y a une espèce de lutte entre toutes les forces qui meuvent la machine, qu'elles s'entrechoquent, au lieu de confondre leur action partielle dans l'action générale. Ce manque d'accord des mouvements est très-bien exprimé, lorsqu'on dit que le cheval est *décousu* dans ses mouvements. Si on cherche alors la cause de ce défaut, on la trouvera dans la conformation; ainsi l'épaule,

la croupe ou les cuisses, affecteront des directions vicieu-
ses, qui les empêcheront de satisfaire à la loi de similitude
des angles articulaires ; en résumé, le cheval sera décousu
dans ses formes (qu'on me passe l'expression), comme il
l'est dans ses mouvements.

CHAPITRE CINQUIÈME.

DES FORCES MOTRICES.

Définition de la force inerte. — Du centre de gravité. — De la base de sustentation. — De la station. -- De l'équilibre et de ses effets. — Influence du centre de gravité sur la vitesse. — Son rôle dans la descente, dans la montée. — Son influence dans différents actes de la locomotion, dans les sauts en hauteur, dans les allures raccourcies, dans la super-vitesse.—Rapport de la force inerte avec la force musculaire.—Applications à l'équitation.

La pesanteur de toutes les parties du cheval, a-t-on déjà dit, constitue sa masse ou sa *force inerte;* celle-ci est plus ou moins pesante, dans chaque individu, en raison de sa taille, de sa corpulence et de la nature de ses tissus ; évidemment, un cheval de trait lourd, aux formes massives, a plus de force inerte que le cheval léger, aux formes élégantes. Définition de la force inerte.

Sous le titre de *centre de gravité,* on désigne le point milieu d'un corps, par lequel étant suspendu, il tiendrait en équilibre toutes les autres parties qui le constituent. Définition du centre de gravité.

La position du centre de gravité du cheval ne peut être fixée d'une manière absolue, car il est constant qu'elle varie selon sa conformation et l'état de plénitude ou de vacuité de son estomac ; toutefois, on la suppose à peu près à la partie postérieure du sternum.

De la base de sustentation.

Le cheval étant au repos, porté par ses quatre membres, le quadrilatère qui les circonscrit représentera sa *base de sustentation*. Mais, dans le mouvement, celle-ci peut être moins étendue et circonscrite seulement par trois jambes, ou par deux et même par une seule. Il est évident qu'elle offrira alors d'autant moins de sûreté au support du corps qu'elle aura moins de surface.

De la station.

La station du cheval, soit qu'elle se rapporte à l'immobilité ou au mouvement, veut toujours que les muscles extenseurs soient contractés, pour tenir les membres redressés et empêcher la flexion des brisures qui les constituent ; en outre, elle veut que le centre de gravité soit en rapport avec sa base de sustentation et qu'il ne la dépasse en aucun sens.

De l'équilibre, de ses effets.

Mais si on suppose que ce rapport cesse d'exister et que *l'équilibre* de toutes les parties autour du centre de gravité soit rompu, il en résultera de deux choses l'une : ou le centre de gravité aura dépassé la base de sustentation, et, celle-ci étant devenue impropre à l'étayer, la chute aura lieu inévitablement ; ou encore, si au moment même où le centre de gravité aura dépassé la base de sustentation, celle-ci se déplace et vient se mettre en rapport avec la nouvelle position qu'il affecte, de manière à l'étayer, alors, la chute aura été prévenue, et le déplacement de la masse aura produit la locomotion. D'où l'on conclut que le mouvement procède de la rupture de l'équilibre.

Influence du centre de gravité sur la vitesse.

Selon que le centre de gravité sera porté par un mouvement plus rapide, en dehors de la base de sustentation, il sollicitera les jambes à se porter aussi avec une rapidité plus grande, au secours de la masse pour l'étayer et prévenir sa chute.

En ce sens, on comprendra que la motion du centre de gravité devient une cause efficiente de la vitesse, modifie les mouvements et leur direction ; c'est ce que va démontrer le mode d'exécution de certains mouvements.

Son rôle

Le cas où le centre de gravité agit le plus efficacement sur le mouvement, se rapporte à la descente. En effet, la pente dans la descente. du terrain que parcourt le cheval donne à son centre de gravité une tendance à graviter et à l'entraîner dans son mouvement; or, toutes les fois qu'il dépasse la base de sustentation, celle-ci devra se déplacer, c'est-à-dire que les jambes se mouvront pour se placer sous lui et l'étayer; c'est donc en quelque sorte le centre de gravité qui aura fait marcher les membres.

C'est aussi pour modérer et retenir le mouvement du centre de gravité et empêcher qu'il n'occasionne la chute, que l'on voit dans la descente le cheval arquebouter sa masse avec les membres de devant, rejeter sa tête et son encolure en arrière, engager ses jambes de derrière le plus possible en avant, sous le centre de gravité, toujours pour le retenir *Voyez figure 1*.

Le contraire a lieu dans la montée : le centre de gravité, au lieu de seconder le mouvement progressif de la masse, conspire contre lui, puisqu'il tend à faire rétrograder le cheval ; il faut donc que celui-ci lutte contre cette force contraire à la marche, qu'il amène le centre de gravité en avant et le pousse dans ce sens par l'action de ses membres de devant qui se cramponnent sur le sol pour l'attirer, en avant, tandis que ceux de derrière s'étendent pour le pousser (*Voyez figure 2*).

Les moyens du cheval se jugent très-bien dans la descente et dans la montée ; le cheval qui ne peut se retenir dans le premier cas et va plus vite qu'il ne veut, décèle sa faiblesse, par son impuissance à lutter contre le centre de gravité.

Aussi n'y a-t-il que les bons chevaux qui puissent descendre lentement.

C'est le contraire dans la montée : celui qui peut l'exécuter très-vite fait preuve de sa force et de son énergie.

Dans le cheval qui bondit sur place, son centre de gravité aura été placé préalablement au-dessus de la base de sustentation, c'est-à-dire, au dessus des quatre ou des deux membres qui la représenteront, et ceux-ci, ayant opéré leur détente, auront enlevé la masse verticalement.

L'accélération ou le ralentissement de la vitesse reconnaît encore la même cause que l'on vient d'indiquer.

Ainsi le cavalier qui, par l'action de ses aides, restreint le mouvement progressif des allures, les raccourcit pour les rendre coquettes et cadencées, ne fait pas autre chose que de ralentir le mouvement en avant du centre de gravité et le ramener sous les membres.

Le cheval, au contraire, lancé sur l'hippodrome, à fond de train, allonge sa tête, son encolure et tout son corps, de telle sorte qu'il paraît couché sur le sol, afin d'amener son centre de gravité en avant de la base de sustentation, dans le sens même de la progression, et de forcer les extrémités à venir d'autant plus vite étayer la masse, que sa chute est plus imminente. C'est là évidemment une des causes les plus puissantes de la vitesse que les chevaux de course déploient sur l'hippodrome.

Si on étudie la force inerte dans ses rapports avec la force musculaire, on reconnaîtra que l'une ou l'autre doit être recherchée plus particulièrement, en raison de leur emploi à tel ou tel service ; par exemple, on demandera au cheval de trait lourd, des formes massives, parce qu'elles lui donnent un poids considérable qu'il jette dans le collier et constitue un des éléments essentiels de la force avec laquelle il lutte contre la résistance qu'il a à vaincre.

Mais dans le cheval de selle, qui doit être doué de vitesse et de légèreté, une masse pesante, exclurait ces qualités; c'est pourquoi on lui demande des formes légères et élégantes, par conséquent, moins de force inerte; mais il devra avoir, en compensation, d'autant plus de force musculaire.

Les considérations qu'on vient de présenter sont propres à jeter une grande lumière sur les questions les plus difficiles de l'équitation; elles donneront les moyens de démontrer que le cavalier peut obtenir une sujétion parfaite du cheval, s'il sait gouverner ses forces inertes ou musculaires, le placer dans des conditions dynamiques telles, qu'il soit obligé d'exécuter ce qu'on lui demande.

CHAPITRE SIXIÈME.

DES ALLURES.

GÉNÉRALITÉS.

On peut se laisser séduire par l'élégance, la beauté des formes et les manifestations d'une ardeur passagère, et prêter au cheval, chez lequel ces symptômes se révèlent, des qualités qu'il est loin de posséder; mais il est un moyen qui ne saurait tromper l'œil du connaisseur, c'est celui qui consiste à juger le cheval en le voyant marcher : c'est à l'œuvre, dit un vieux proverbe, qu'on reconnaît l'ouvrier. Eh bien, c'est aussi en voyant fonctionner tous les rouages de la machine animale, que l'on peut apprécier ces qualités ou ses défauts, qu'on juge la nature des mouvemements, leur étendue ou leur brièveté, leur souplesse ou leur raideur, leur énergie ou leur faiblesse, leur degré de ressort, la franchise et la sûreté dans les appuis; toutes les qualités enfin qui font essentiellement la valeur du cheval.

Les allures peuvent être classées en : *régulières*, *irrégulières* et *défectueuses*.

Les régulières sont : le pas, le trot ou le galop.

Les irrégulières : le pas relevé, ou le haut pas, l'amble, le traquenard.

L'aubin est l'allure défectueuse du galop.

Ce chapitre comprendra :

Article 1er. — Des allures régulières, irrégulières et des sauts de gaîté ou de défense.

Article 2e. — Du mode des allures relatif aux races.

Article 3e. — De la raideur, de la gêne dans les mouvements, et des claudications.

ARTICLE PREMIER.

DES ALLURES RÉGULIÈRES, IRRÉGULIÈRES, DÉFECTUEUSES ET DES SAUTS.

Des quatre temps de chaque membre dans la marche. — Du pas ordinaire.— Du pas détraqué.— Du pas de manége.— Du pas relevé. — Du haut pas. — Du trot. — Du trot ordinaire. — Qualités d'un bon trotteur. — Mécanisme du grand trot. — Conformation des chevaux qui vont le grand galop. — De l'amble. — Du traquenard. — Du galop. — Ordre du lever et du poser. — Dangers de l'abus du galop. — De l'aubin. — Du galop de course. — Son mécanisme. — Sa vitesse.— Des sauts.

Quel que soit le mode des allures, elles s'exécutent toujours par le raccourcissement et l'allongement des membres, au moyen de quatre temps, qui sont : le *lever*, le *soutien*, le *poser* et l'*appui*.

Des quatre temps des membres dans la marche.

Le *lever* est le mouvement du membre qui quitte le sol ; le *soutien*, le temps pendant lequel le pied se trouve suspendu vis-à-vis la portion du sol qu'il doit fouler ; le *poser* est le mouvement du membre qui regagne le sol ; l'*appui* est le

temps pendant lequel le pied reste appuyé sur le sol, en supportant le poids du corps qui roule sur lui. En passant
du poser à l'appui, le pied bascule de la pince aux talons; il
agit en sens contraire, et bascule des talons à la pince, en
passant de l'appui au lever.

Mécanisme
du pas.

Du pas. — Si l'on suppose le cheval à l'état de repos, sa
masse étant également répartie sur ses quatre colonnes,
lorsqu'il voudra entamer le pas, de la jambe droite du
devant, par exemple, il commencera par étendre ses jambes
de derrière pour chasser la masse en avant, en même temps
qu'il portera le poids de la jambe droite de devant sur la jambe
gauche sa voisine, et exécutera le premier temps du lever
sur la jambe droite, qui marquera successivement ses trois
autres temps, savoir : le soutien, le poser et l'appui.

Au poser de la jambe droite de devant succèdera le lever
de la jambe gauche de derrière, qui exécutera ses trois
autres temps, ainsi qu'il a été expliqué pour la jambe droite
de devant.

Le diagonal gauche exécutera ensuite son mouvement de
la même manière que le diagonal droit et le pas complet aura
été exécuté (1).

(1) M. Lecoq, dans son traité de l'extérieur du cheval, fait remarquer, avec juste raison, que chaque membre n'attend pas pour se
lever, que celui qui le précède ait effectué son passage. C'est quand un
membre est à la moitié de son soutien que celui qui doit le suivre commence le sien, et ainsi des autres; ce qui fait que l'animal, excepté au
départ et à l'arrêt, a constamment deux pieds posés et deux pieds levés,
quoi qu'il y ait dans un pas complet, quatre levers et quatre posers bien
distincts.

Les enjambées du pas peuvent être plus ou moins espacées, selon que
les pieds de derrière se placeront en arrière de la piste des pieds de
devant, ou iront l'occuper ou les dépasseront.

Le centre de gravité est supporté alternativement dans le pas par un
bipède latéral et par un bipède diagonal, de sorte que la ligne de sustentation latérale est la plus longue et celle diagonale la plus courte.

Toutefois, dans le pas raccourci, le corps est supporté par trois membres.

Le pas ordinaire ou pas de route, doit être franc et suffi- Le pas or-
dinaire. samment allongé. Le cheval qui l'exécute balance son encolure de droite à gauche pour amener son centre de gravité en avant et soulager l'action de ses membres. C'est pourquoi le cavalier doit éviter de le tenir rassemblé.

Pas ordinaire.

Dans le pas appelé *détraqué*, les jambes de devant se lèvent. Pas détraqué. avant que celles de derrière se soient posées, pour leur cé- der la place qu'elles doivent occuper. L'étendue des enjam- bées est telle que le cheval est hors de ses aplombs réguliers. On voit souvent les chevaux se mettre à cette allure, lors- qu'on les sollicite à prendre le trot et qu'ils ne se sentent pas la force de l'exécuter franchement.

Le pas de manége.

Dans le *pas de manége*, le cheval, rassemblé par l'action des aides, ne pouvant se servir du balancement de son encolure pour aider le mouvement de son centre de gravité, dépense d'autant plus sa force musculaire et se fatigue plus que dans le pas ordinaire.

Allures irrégulières du pas.

On appelle bidets d'allure les chevaux qui ont le pas relevé ou le haut pas. Dans le *pas relevé*, le cheval fait entendre quatre battues, comme dans le pas, et dans le même ordre, mais elles sont plus précipitées et ne présentent pas la même régularité dans les espaces qui les séparent. Ces allures ne sauraient être qualifiées défectueuses, car elles ont leur genre de qualités qui les font rechercher par les marchands forains; elles ont au moins la vitesse de trot et ne fatiguent pas le cavalier.

Ces appellations de pas relevé et de haut pas, pourraient faire supposer que ces allures comportent des mouvements en hauteur, et cependant, comme le fait très-bien observer M. Lecoq, le contraire a lieu, car les bidets d'allure rasent tellement le tapis, qu'ils sont sujets à butter dans les mauvais chemins.

On appelle, en Normandie, *patineurs*, les chevaux dont les battues s'exécutent dans l'ordre de celles du pas, mais par un mouvement beaucoup plus précipité.

Du trot.

Du TROT. — Dans l'allure du pas, on a vu les deux membres composant chaque diagonal, se lever et se poser successivement; dans l'allure du trot, ils se lèvent et se posent simultanément, en sorte que le trot ne fait entendre que deux battues, et s'exécute par le lever et le poser alternatif de chaque bipède diagonal.

Le trot offre les conditions les plus avantageuses de solidité, en ce sens que la base de sustentation, représentée par le diagonal qui reste successivement au temps de l'appui, passe par le centre de gravité.

Du trot ordinaire.

Dans le *trot ordinaire*, appelé encore trot de route,

le cheval s'aide du balancement de sa tête et de son encolure, par suite de la liberté de mouvement que doit lui permettre le cavalier; cette allure est celle dont on doit rechercher surtout les qualités dans le cheval de service et le cheval de guerre, parce qu'elle lui permet de la soutenir longtemps, pour franchir une grande distance.

Indiquons les caractères de conformation auxquels on reconnaît un bon trotteur.

Qualités d'un bon trotteur. — On voudra qu'il ait un bon ensemble et qu'il soit assez près de terre; que son système musculaire soit fortement accusé; qu'il ait un beau carré de derrière, des avant-bras et des mollets bien musclés, de belles épaules, un rein fortement construit, des jarrets longs et puissants, une vaste poitrine et de bons pieds.

Relativement aux mouvements. — Lorsqu'on l'examinera en action, on s'attachera à reconnaître si les pointes des épaules se meuvent librement, si le rein prête un point d'appui fixe et solide à toute la machine, si les jarrets se plient bien, opèrent énergiquement leur détente et forment un appui solide au moment du poser; on cherchera, enfin, à distinguer si le mouvement du derrière s'accorde bien avec celui du devant, c'est-à-dire, si le derrière ne pousse pas le devant avec une force à laquelle celui-ci ne répond qu'avec peine et lenteur.

L'absence des qualités qu'on vient d'assigner à un bon trotteur se rapporte au cheval qui trotte mal. Ainsi, il est ordinairement haut-monté, plat du corps et des cuisses; ses mouvements sont lents et traînés, ses appuis sont incertains et vacillants; il se berce, forge ou billarde.

Définition du trot de manége. — Le *trot de manége* est plus raccourci, plus cadencé que le trot ordinaire, parce que le cheval étant rassemblé par l'action des aides, ses jarrets engagés sous la masse produisent des mouvements en hauteur, aux dépens de leur vitesse; il marche plus par l'effort des muscles que par la force inerte; aussi, se fatigue-t-il plus qu'au trot ordinaire.

Trot de manége.

Du grand trot. — On désigne, par l'expression de grand trot, celui qui comporte l'action la plus énergique de toute la machine locomotrice, afin de produire la plus grande vitesse possible.

Mécanisme du grand trot. Le cheval qui exécute le grand trot allonge sa tête et son encolure, étend toute sa colonne vertébrale, de manière à augmenter en quelque sorte son envergure sur le sol; ses membres se déploient dans toute leur plus grande étendue possible; il existe un temps où les quatre membres ayant quitté le sol, la masse voyage en l'air. C'est particulièrement par ce temps que l'allure est caractérisée (1).

Il est à remarquer aussi que le grand trot ne s'exécute jamais complètement, avant un certain laps de temps, pendant lequel la machine animale se prépare à son exécution, se monte par degrés, pour arriver à cette super-vitesse qui lui est propre.

Le grand trot n'est jamais aussi régulier que le trot ordinaire, il participe souvent du traquenard. Quoi qu'il en soit de cette particularité, il est constant qu'il est susceptible de produire une vitesse extraordinaire ; ainsi, on a vu quelquefois des trotteurs franchir 6 lieues en une heure. Certes, on peut admirer ces résultats comme terme des facultés locomotrices extraordinaires que le cheval est susceptible de développer, mais il faut reconnaître qu'elles ne se rencontrent que très-exceptionnellement. *Irrégularité du grand trot*

Indépendamment des caractères généraux de conformation qu'on a assignés à tout cheval susceptible de bien trotter, on voudra encore qu'il offre les proportions les plus avantageuses dans les rayons supérieurs des membres ; que son rein et ses jarrets soient solidement construits et que sa poitrine soit assez vaste pour qu'il ait un grand fond. *Conformation du grand trotteur.*

On voit de très-beaux modèles de grands trotteurs parmi les chevaux de chasse anglais, qui sont désignés sous le nom de *hunter*.

(1) Pour prouver qu'il existe un temps pendant lequel les quatre membres ont quitté le sol à la fois, il suffit de faire observer que la piste des pieds de derrière est toujours marquée sur le sol en avant de celle des pieds de devant.

Grand trot.

De l'amble. *Allures irrégulières du trot.* — L'amble s'exécute par le mouvement successif des bipèdes latéraux. Au moment où un bipède latéral opère son appui, l'autre marque le temps de soutien. Il est évident que le rapport qui s'établit successivement entre le centre de gravité et la base de sustentation que représente chaque bipède latéral au temps de l'appui, est loin de donner des conditions de solidité à la marche aussi favorables que celles du trot; aussi les ambleurs, qui sont souvent payés très-cher par les marchands forains, quand ils ont de bons aplombs et qu'ils sont solides sur leurs membres, perdent toute leur valeur le jour où ils commencent à butter, et ils y sont d'autant plus exposés qu'ils rasent le tapis en marchant.

L'on peut habituer les chevaux, par certains procédés, à

marcher l'amble, mais les meilleurs ambleurs sont ceux chez lesquels cette allure est naturelle.

Les ambleurs sont rejetés de la cavalerie, parce que le bercement qui est propre à leur allure produit un mauvais effet dans les rangs, et nuit à la régularité des mouvements dans les manœuvres.

Le *traquenard*, appelé encore amble rompu, fait entendre quatre battues, mais qui sont irrégulières, et se succèdent dans chaque membre des bipèdes latéraux, au lieu de s'effectuer dans les bipèdes diagonaux, ainsi que dans le pas relevé.

M. Lecoq dit, page 422, dans son traité de l'extérieur : On peut regarder le traquenard, comme un pas très-accéléré, se rapprochant de l'amble, tandis que le pas relevé se rapproche du trot, par la succession des membres seulement, mais non par l'impulsion en hauteur ; en d'autres termes, le traquenard est à l'amble ce que le pas relevé est au trot. Les chevaux fatigués du rein ou des jarrets prennent parfois le traquenard.

Du Galop. — Le galop est la plus vite des allures. On distingue le galop *à trois temps*, le galop *à quatre temps*, le galop *de course* et le galop défectueux dit l'*aubin*.

Le *galop à trois temps* s'exécute par l'enlevé de l'avant sur l'arrière-main, suivi de la détente des jarrets, qui projette la masse en avant. Il fait entendre trois battues.

L'ordre dans lequel les extrémités quittent le sol a été l'objet d'une controverse interminable, et, il faut l'avouer, la solution de cette question est sans utilité pour la pratique, attendu que ce n'est pas par le lever, mais bien par le poser, dont tout le monde reconnaît le mouvement, que s'établit la théorie du départ du galop (1).

____

(1) Si l'ordre du lever pouvait se juger à la vue, il serait une question de fait sur laquelle tout le monde tomberait d'accord ; mais la rapidité

Ordre du poser des membres.

Personne ne conteste l'ordre dans le poser, tant il est facile à reconnaître. Ainsi, dans le galop à droite, la jambe gauche de derrière marque la première foulée, le diagonal gauche la deuxième, et la troisième est exécutée par la jambe droite de devant ; par suite de cette combinaison des extrémités, il existe toujours un bipède latéral qui dépasse l'autre et répond au côté du galop ; ainsi, dans le galop à droite, le bipède latéral droit dépasse le gauche, et il doit en être ainsi afin que le centre de gravité, dans le tourner à droite, soit mieux étayé de ce côté, ou la chute, sans cette disposition, serait imminente.

Fonctions spéciales de chaque extrémité.

Indiquons les fonctions des extrémités dans le poser : la jambe gauche de derrière, qui la première regagne le sol, dans une direction oblique, reçoit le premier choc de la masse, et la chasse ensuite en avant ; or, cette double fonction doit fatiguer beaucoup ses tendons.

Le diagonal gauche, par lequel passe le centre de gravité, se trouvant placé sous lui pour l'étayer solidement, s'usera par ses abouts articulaires, plus que par ses tendons.

La jambe droite de devant reçoit enfin le poids de la masse.

Conséquences relatives à l'usure.

La conséquence qui découle de cette exposition des fonctions des quatre membres, est facile à saisir. Evidemment, si on veut empêcher que l'usure se concentre sur tel membre plutôt que sur tel autre, il faut éviter de laisser galoper longtemps le cheval sur le même pied.

Dangers de l'abus du galop.

Il faut aussi faire observer que la poitrine du cheval se

avec laquelle il s'opère est telle, qu'on ne peut le distinguer. Toutefois, pour le reconnaître autant que possible, j'ai fait galoper un cheval dans le sable, afin de ralentir son mouvement, et de pouvoir mieux étudier le lever des membres ; j'ai essayé d'attacher des grelots de diverse grosseur aux quatre membres, afin de juger par la succession des sons graves ou aigus l'ordre du lever des membres. Eh bien ! ces expériences m'ont donné des résultats conformes à l'ordre de lever des membres indiqué par **M. Flandrin**, savoir : que les deux jambes de devant quittent le sol, avant celles de derrière, la gauche avant la droite, dans le galop à droite, et enfin que les jambes de derrière se lèvent dans le même ordre.

fatigue plus au galop qu'aux autres allures , parce qu'à chaque temps d'enlevé au galop la respiration se trouve ralentie,
suspendue en quelque sorte.

n.4.

Galop ordinaire.

Dans le *galop à quatre temps*, les membres du diagonal,   Galop à
qui, dans le galop à trois temps, marquent la seconde battue, quatre temps.
décomposent leur mouvement pour exécuter deux battues.

On appelle *aubin* l'allure défectueuse du galop. Le cheval   De l'aubin.
qui va l'aubin trotte du derrière et galope du devant , par
suite de la difficulté qu'il éprouve à enlever son arrière-main ;
aussi remarque-t-on que ce sont les chevaux fatigués dans
leurs jarrets qui vont cette allure.

C'est à tort qu'on a défini le *galop de course* un galop à   Mécanisme
deux temps , comme si le cheval courait à la manière des du galop de
gerboises et des coatis. Évidemment le galop de course est course.
le galop ordinaire à son dernier terme de vitesse , avec cette

différence, toutefois, que les jambes, dans chaque bipède antérieur et postérieur, sont moins éloignées l'une de l'autre d'avant en arrière que dans le galop ordinaire. Il faut reconnaître que les chevaux de course, lorsqu'ils sont près d'arriver au but, étant excités par leur jockey, et surtout par cette émulation instinctive qui porte ces nobles animaux à dépasser leurs concurrents, se précipitent par une suite de bonds des plus violents pour franchir l'espace qui les sépare du but; mais ce qu'ils font alors, ils ne sauraient le continuer assez longtemps pour caractériser un mode d'allure naturel.

J'ai souvent été reconnaître sur les hippodromes la trace encore récente des foulées que les chevaux de course, réputés d'une grande vitesse, avaient laissées sur le sol, et j'ai toujours vu que ces empreintes étaient disposées comme celles du galop ordinaire, avec les modifications toutefois que l'on vient de signaler.

N.5.

Galop de course.

Dans la partie du Cours qui traitera de l'industrie chevaline, on parlera des courses, au point de vue de l'amélioration chevaline, comme moyen de mettre en lumière les facultés de force et de vitesse du cheval, et de les propager par voie d'hérédité. Pour l'instant, il suffit de constater un fait des plus intéressants de l'histoire des courses en France, savoir, que depuis leur institution, il s'est manifesté un progrès sensible dans la vitesse des lutteurs de l'hippodrome.

D'abord, il faut établir, comme donnée générale, que le cheval lancé à la course ne peut soutenir cette allure, avec toute sa rapidité, qu'autant qu'elle a lieu pendant quelques minutes seulement; qu'il peut alors arriver à parcourir un peu plus de 14 mètres par seconde. M. de Montendre (*Journal des haras*, t. XXII, page 55, octobre 1858), a constaté que les chevaux qui ont mis le moins de temps à parcourir les deux tours d'hippodrome du Champ-de-Mars, sont: *Félix*, qui les a faits en 4 minutes 50 secondes; parmi les chevaux nés en Angleterre, *Morotto*, a franchi cette distance en 4 minutes 41 secondes 1/2; *Predestiné*, dans le même espace de temps, et *Milheme*, en 4 minutes 42 secondes, dans l'année 1849.

Les 2 kilomètres sont parcourus ordinairement en 16 ou 17 minutes (1).

DES SAUTS. — Il ne suffit pas d'étudier le cheval dans ses allures pour juger ses facultés de mouvements, il faut encore chercher à saisir, dans la manière d'être de ses sauts,

---

(1) Il est curieux d'établir un rapprochement entre la vitesse du cheval et celle de différents animaux. D'après les faits d'observation les mieux constatés, le cerf, le daim, les grands levriers, parcourent à peu près 80 pieds par seconde; la baleine, le plus grand des cétacés, 33 pieds. Mais les oiseaux l'emportent beaucoup sur les quadrupèdes par la rapidité de leur vol, car l'aigle et la frégate franchissent 100 pieds par seconde. De là on a conclu que la frégate, qui peut faire à peu près 30 lieues par heures, pourrait faire le tour du monde en quelques jours.

de ses bonds de gaîté et de défense, tous les signes qui peuvent mettre sur la voie d'apprécier sa valeur.

Mode d'exécution du saut. Que l'on examine le cheval au sortir de l'écurie : à peine a-t-il fait quelques pas, étant conduit au bout de la longe, qu'il rassemble ses forces, raccourcit sa colonne vertébrale, monte en quelque manière tous ses ressorts au plus haut degré de tension qu'ils puissent atteindre ; puis tout à coup les détend instantanément, s'élance en l'air, détache la ruade, pendant que sa masse est projetée en avant et en hauteur.

Signes de force dans ce mouvement. Si ce saut s'est exécuté avec force et souplesse, le cheval aura conservé sa tête et son encolure redressées, tout son système musculaire ébranlé à la fois aura été sillonné par de profonds interstices musculaires, un réseau vasculaire se sera dessiné à la surface de sa peau, l'expression énergique qui aura brillé dans ses yeux aura témoigné qu'il a besoin de dépenser le trop plein de son existence, qu'il est heureux de bondir ; or, tous ses symptômes annonceront sa force et ses moyens.

Sauts de défense ou qui décèlent la faiblesse. Mais si on le voit sauter lourdement, s'enlever de terre par un effort brusque, et en quelque sorte convulsif, sans grâce ni souplesse ; s'il montre de la maladresse, de la raideur dans ce mouvement, détache la ruade avec difficulté, la tête placée entre ses jambes de devant, il annoncera par là qu'il saute moins par le besoin de faire essai de ses forces que par irritabilité ; ce qui sera d'un mauvais augure pour sa valeur.

Il faut se défier des chevaux qui pointent et qui croupionnent, car ces défauts viennent souvent de tares ou de faiblesse dans le derrière ; on devra en rechercher la cause, qui, en raison de sa gravité, dépréciera plus ou moins la valeur de l'animal.

Article Deuxième.

DU MODE DES ALLURES RELATIVEMENT AUX RACES

Mode d'allure du cheval limousin. — Du cheval breton. — Du cheval normand. — Du cheval allemand. — Du cheval anglais.

Le mode d'exécution des allures affecte un caractère relatif à leurs qualités propres ; il dépend aussi des divers genres de races auxquelles appartiennent les chevaux, et sert à les distinguer.

Généralement les chevaux du Midi ont des mouvements souples, élégants, plus qu'étendus ; cette disposition tient à leur conformation ramassée autant qu'à leur taille assez petite.

Le cheval navarrain a dans les mouvements une vivacité qui tient autant aux proportions de ses membres qu'à l'ardeur de son caractère ; il rappelle assez par le tride de ses allures le cheval espagnol. Ce trait d'analogie s'explique par le mélange du sang espagnol avec le sang navarrain.

Les allures du cheval limousin sont bien distinctes de celles des chevaux du Midi. C'est particulièrement dans le pas et le trot que la manière d'être de ses mouvements le fait reconnaître ; ainsi, lorsqu'il lève le pied, il l'éloigne peu du sol, étend franchement son membre en avant, prolonge assez le temps d'arrêt de soutien, sans élever beaucoup le pied au-dessus du sol ; les éleveurs de la Haute-Vienne expriment cette manière de marcher, en disant que le cheval limousin *rase le tapis*. Mode d'allure du cheval limousin.

Le cheval breton a des mouvements un peu raccourcis, mais francs et énergiques ; ils sont tels que le comportent les proportions de leurs rayons supérieurs qui manquent d'étendue. Du cheval breton.

Du cheval normand.

Le cheval normand a de très-brillantes allures ; ses mouvements ont toutefois plus d'élégance qu'une très-grande énergie, dans les espèces communes.

Du cheval anglais.

Les chevaux anglais et allemands se rencontrent assez souvent dans nos marchés pour qu'on cherche à établir le caractère propre de leurs allures.

Du cheval allemand.

Les chevaux allemands ont le défaut de trotter beaucoup du genou, ce qui décèle l'impuissance de leurs mouvements d'épaule, ils *retroussent beaucoup*.

En parlant des grands trotteurs anglais, on a dit qu'ils déploient rapidement leurs membres jusqu'au dernier terme de leur extension, marquent un léger temps d'arrêt avant d'opérer le poser.

Les bidets d'allure rasent le tapis en marchant.

Article Troisième.

DES CLAUDICATIONS, DE LA RAIDEUR ET DE LA GÊNE DANS LES MOUVEMENTS.

Des boiteries. — Difficulté de cette étude. — Symptômes des boiteries en général.—Symptômes propres à distinguer le membre boiteux. — Épreuve pour reconnaître le membre boiteux. — Boiteries intermittentes. — Boiterie à froid. — Boiterie à chaud. — Principes de boiteries.

Difficulté de cette étude.

Lorsqu'une boiterie est bien caractérisée, il est facile de la reconnaître, c'est pourquoi on ne présente jamais à la vente le cheval qui en est affecté ; mais il n'en est pas de même lorsqu'il ne fait que feindre, ou qu'il existe de la raideur ou de la difficulté dans ses mouvements ; alors on a soin de détourner l'attention de l'acheteur sur les symptômes du mal qu'il croit apercevoir, ou de l'attribuer à une cause passagère qui n'a rien d'inquiétant; et cependant c'est alors qu'il importe de bien juger le principe de la claudication, car elle ne fera qu'empirer, et rendra à la fin le cheval d'une valeur nulle.

On va commencer par indiquer les caractères propres de la caudication, puis on l'étudiera après dans les symptômes moins prononcés qui la décèlent à son principe.

Règle générale : Le cheval qui boite allège le membre dont il souffre, et s'y appuie le moins qu'il peut, accélère son lever, rend son soutien plus long, son poser plus tardif, afin de venir au secours du membre malade. Le cheval étant au pas, si le mal dont il souffre est léger et existe à un membre antérieur, la tête s'élève à l'instant où il fait son appui. Si la douleur est très-vive, l'animal tient le pied levé, renvoie la charge sur les membres postérieurs, s'enlève et saute du pied antérieur sain.

Si c'est à l'un des membres postérieurs que la douleur existe, la tête s'abaisse à l'instant ou le membre fait son appui, le poids du corps pèse le plus possible sur le devant, l'autre membre postérieur accélère son poser pour prolonger son appui, et pour éviter que le membre souffrant ne porte sa part du poids du corps; le cheval rejette aussi son corps sur le côté sain. C'est ainsi qu'on distingue si la claudication siége à un membre de devant ou à un membre postérieur, droit ou gauche.

Lorsqu'on a quelques doutes sur la boiterie, on place le cheval dans toutes les positions les plus propres à rendre apparents les symptômes qui doivent l'accuser. Ainsi on fait trotter le cheval sur le pavé en montant et en descendant; si le siége du mal est au pied, la boiterie deviendra plus sensible en le faisant trotter sur le pavé; s'il souffre d'un membre de devant, il boitera beaucoup plus en descendant qu'en montant; le contraire aurait lieu dans le cas d'affection d'un membre postérieur. Le travail en cercle accusera d'une manière sensible la claudication sur le membre droit ou gauche.

Boiteries intermittentes. Les boiteries dites intermittentes sont celles qui paraissent et disparaissent dans certaines conditions déterminées.

Boiterie à froid. Les chevaux peuvent boiter à *froid* et à *chaud :* à froid, lorsque la claudication se montre au sortir de l'écurie, mais cesse d'avoir lieu après un certain temps d'exercice. La cause en est attribuable à un effort, à une affection des organes de la locomotion, qui ayant été mal guérie a laissé dans la partie affectée une raideur, une difficulté dans les mouvements, ou encore une irritabilité telle, que le mouvement y provoque une douleur qui se manifeste par la boiterie : mais bientôt le travail engourdit la sensibilité, et la claudication disparaît.

Il est facile de comprendre le moyen qu'on peut employer pour faire disparaître ce mal, au moment de la vente : il consiste à exercer le cheval boiteux jusqu'à ce que les parties affectées aient été assez échauffées pour que la claudication ait complètement cessé.

Claudication à chaud. La claudication *à chaud* ne se montre qu'après un certain temps d'exercice. C'est le cas où une partie du membre ayant conservé de la faiblesse par suite d'une affection mal guérie, le cheval vient à boiter lorsque ses forces sont épuisées. Si on voulait tromper l'acheteur dans ce cas, il faudrait faire reposer le cheval avant de le présenter à la vente. Ces claudications intermittentes, encore appelées *de vieux mal*, sont toujours ce qu'on a de plus à craindre quand on achette des chevaux ; elles sont presque toujours graves, et lorsqu'elles proviennent d'une affection rhumatismale et d'un effort quelconque, elles équivalent souvent alors à la perte de l'animal.

Principes de boiteries difficiles à juger. La boiterie qui ne fait que commencer ou toutes celles qui n'ont pas de caractères bien marqués, sont toujours très-difficiles à reconnaître : ce n'est que par la comparaison entre les jambes des bipèdes antérieurs et postérieurs ou

celle des bipèdes entr'eux, qu'on peut parvenir à la distinguer.

On ne manquera pas de se placer en arrière, en avant et
sur le côté pour faciliter cette exploration.

Lors même que la claudication n'est pas bien caractérisée, il importe de reconnaître s'il ne se manifeste pas, dans
la manière d'être du mouvement, quelques symptômes qui
décèlent une prédisposition à la boiterie.

Ainsi, qu'un genou ou qu'un jarret se plie moins que son
congénère, que son mouvement paraisse raide, qu'il nécessite un effort surnaturel, on en conclura qu'il n'y a pas boiterie, mais qu'il est à craindre qu'elle survienne au premier
travail.

CHAPITRE SEPTIÈME.

DES ROBES.

Sous la dénomination de robes, on désigne les différentes couleurs du pélage des chevaux.

Principe de classification des robes.

La théorie des robes, qui est due à M. Flandrin, auteur du *Cours d'équitation militaire*, est incontestablement la plus ingénieuse et la meilleure qu'on ait imaginée jusqu'ici ; elle repose sur l'uniformité des couleurs des poils des robes et sur le nombre de poils diversement colorés dont elles se composent.

En posant ainsi le principe, ou plutôt la règle conventionnelle des caractères propres à toutes les robes, il a coupé court à toutes les dissidences d'opinions auxquelles elles donnent lieu. En effet, la détermination des robes ne sausait donner lieu à aucune controverse, du moment où elle s'appuie sur une règle conventionnelle règlementairement consacrée.

Opinion sur les qualités des robes.

Il ne faut pas attacher trop d'importance à telles ou telles robes ; ce qui ferait supposer qu'elles sont un symptôme positif du degré de valeur du cheval, car une telle opinion serait complètement fausse ; mais on peut cependant admettre que les robes foncées, et généralement celles dont les couleurs ont le plus d'intensité (1), se rencontrent chez les meilleurs chevaux, et surtout chez ceux des races d'élite : les robes lavées, au contraire, ou celles dont les nuances sont peu prononcées, appartiennent ordinairement aux animaux

(1) Je comprends dans cette désignation le blanc et le gris ou toute autre couleur, pourvu qu'elle ait une intensité bien marquée.

d'un tempérament lymphatique : telles sont les isabelles claires, les bacis et les alezanes lavées.

A l'appui de cette assertion, on peut faire remarquer que les chevaux de l'Orient et du Midi, qui sont généralement bons, ont les robes d'une couleur franche, bien déterminée.

Les Anglais recherchent beaucoup pour la reproduction des étalons bais-bruns ou marrons.

Les chevaux de marais, qui vivent sous un ciel humide et froid, ont des robes lavées ; leur organisation est ordinairement molle et détrempée. Ne ressemblent-ils pas, à certains égards, à ces plantes pâles, décolorées, étiolées en un mot, qui, vivant dans les mêmes conditions climatériques, manquent complètement de saveur.

Certaines robes se rencontrent plus particulièrement chez différentes races. *Robes propres à certaines races.*

La race normande offre beaucoup de chevaux bais. Les bretons sont rouans ou gris.

Les chevaux polonais sont souvent pies.

Les chevaux russes sont alezans-clairs.

Les caractères des poils fournissent aussi des inductions sur le degré du sang des animaux. Dans toutes les races d'élite, pur sang, arabe ou anglais, les poils sont fins et courts, les crins sont fins et soyeux. Quoique les soins de l'élevage et l'influence des climats chauds contribuent à leur donner ces qualités, la cause en est due surtout à l'organisation des animaux, car à la finesse de leur pelage répondent la finesse, la dureté de leurs tissus et les propriétés des organes qu'ils constituent. *Symptômes des qualités des poils.*

Pour ne pas confondre le noir mal teint avec le bai-brun, ce qui peut arriver lorsqu'on signale un cheval qui a le poil d'hiver, il faut comparer attentivement la couleur des jambes avec celle du corps, et si elles sont semblables, elles caractériseront le noir mal teint. *Le noir.*

On voit rarement des chevaux blancs, surtout à leur naissance, car ils ne le sont jamais; ordinairement les gris deviennent blancs par la vieillesse. Le blanc sale est jaunâtre terne.

Le blanc.   Chez les chevaux blancs dont le pelage est très-fin, le reflet de leur peau les rend porcelaine.

L'alezan.   L'*alezan* est d'un jaune tirant sur la couleur de la canelle; ses nuances sont indiquées suffisamment par les épithètes qu'on leur a données.

Le bai.   Le *bai*, qui doit être rouge comme la baie des fruits, est quelquefois jaune, tirant sur l'alezan, mais alors il prend son caractère de la couleur noire des extrémités et des crins plutôt que de sa nuance même, comme dans les bais lavés ou clairs.

Le *bai-châtain* est d'une teinte uniforme sur tout le corps et l'encolure; il tire sur le jaune, et ressemble assez à la couleur de la châtaigne.

Le *bai-marron* a toute la partie supérieure du corps d'une couleur très-foncée, presque noire, tandis que les flancs et le ventre sont rouges ou jaunes.

Dans le *bai-cerise* foncé, le fond de la robe est d'un rouge foncé, mais toujours uniforme.

Le *bai-brun* tire sur le noir, avec lequel on le confond en hiver.

Les *isabelles* ont leur caractère distinctif dans les extrémités qui sont noires et zébrées, et la raie de mulet. Il en est de même des souris.

Dans le cas où ces deux robes manqueraient d'une des particularités qui font leur caractère distinctif, il faudrait indiquer leur absence comme cas exceptionnel.

Le gris.   Le *gris-ardoisé* doit sa nuance à la même cause que le blanc porcelaine, c'est-à-dire au reflet noirâtre de la peau.

Le *gris*, qu'on appelait autrefois vineux, est un véritable rouan, puisqu'il est constitué par la réunion de trois poils; on peut le dire rouané quand sa nuance est indécise.

Dans les *gris-tourdilles*, les poils du noir sont sales et disposés par bouquets; ils sont d'un noir franc dans l'*étourneau*, et plus uniformément répandus sur toute la robe.

L'*aubère* est formé par la réunion de poils alezans et blancs ; les premiers offrent des mouchetures sur un fond blanc. — L'aubère.

Le *louvet* est formé par le mélange de poils noirs et de poils alezans , ou par la réunion de ces deux couleurs dans un même poil. — Le louvet.

La prédominance de l'alezan sur le blanc modifie les nuances de l'aubère du foncé au clair, comme dans le louvet c'est celle du noir sur l'alezan.

Les *rouans* seront faciles à reconnaître , si en arrachant quelques poils , on voit qu'ils sont de trois couleurs diffé-rentes. — Le rouan.

Le *pie-blanc* aura les extrémités blanches , contrairement au pie proprement dit , dont les extrémités sont noires ; selon la couleur des taches , il prendra le nom de pie-bai-alezan , etc. — Le pie.

On a défini jusqu'ici les pies comme présentant des tâches de diverses couleurs sur un fond blanc ou noir , mais il serait plus exact de dire que les pies offrent des portions de robes de diverses couleurs sur un fond blanc ; delà les pies-bais-alezans , etc.

Il est souvent impossible de déterminer la robe d'un cheval à sa naisance , surtout quand elle est rouané ou jau-nâtre ; elle peut devenir grise très-claire , ou baie-marron , ou cerise. — Robes des poulains.

On observera que quelques poils blancs autour des yeux indiquent que la robe sera grise ou aubère. Ce n'est qu'à un an ou deux qu'on peut préciser les robes.

Les robes varient aussi par l'influence des saisons ; elles sont ternes en hiver , et brillent de tout l'éclat de leurs couleurs en été.

On dit que le cheval a son poil d'hiver, lorsqu'il est long et terne ; il se colore et devient brillant en été. C'est alors qu'il faut signaler les chevaux. Du reste , on doit revoir les signalements tous les ans. (*Voyez le tableau des robes*).

TABLEAU DES ROBES.

DIVISIONS	Dénominations ET COULEURS	DÉNOMINATIONS USITÉES	TEINTES ET NUANCES
Ier UNE COULEUR, Tête, Corps, Crins et Jambes compris.	*Noir.*	Mal teint.	Clair et terne.
		Franc, jayet.	Foncé.
	Blanc.	Mat ou de lait.	Franc.
		Sale.	Jaunâtre, grisâtre.
		Porcelaine.	Bleuâtre.
	Alezan.	Clair, soupe de lait, café au lait.	Jaunâtre.
		Cerise.	Rougeâtre.
		Foncé.	Brunâtre.
		Brûlé.	Noirâtre.
IIe UNE COULEUR, Jambes noires.	*Bai.*	Clair ou lavé.	Jaunâtre.
		Châtain.	Jaune brunâtre.
		Cerise ou sanguin.	Rougeâtre.
		Cerise foncé.	Rouge brunâtre.
		Marron.	Noir sur la croupe et le dos.
		Brun.	Noirâtre.
	Isabelle.	Clair.	Blanchâtre.
		Foncé.	Jaunâtre.
	Souris.	Clair.	Clair.
		Foncé.	Foncé.
IIIe DEUX COULEURS. Les jambes de la même couleur que la robe.	*Gris.*	Clair.	Blanc.
		Ardoisé.	Bleuâtre.
		Foncé, sale, tourdille, étourneau.	Nuancé.
	Aubère.	Clair.	Blanchâtre.
		Foncé.	Nuances de l'alezan.
	Louvet.	Clair.	Nuances de l'alezan.
		Foncé.	Noirâtre.
IVe TROIS COULEURS, Jambes pareilles.	*Rouan.*	Clair.	Blanchâtre.
		Vineux.	Nuances de l'alezan.
		Foncé.	Noirâtre.
Ve ROBES formées de taches semblables à des portions de robes de diverses couleurs.	*Pie.*	Blanc.	Blanc.
		Noir.	Noir.
		Alezan, bai, aubère.	Divers.

Comme les particularités des robes changent moins que les robes, il est important de les indiquer avec soin dans les signalements.

Le blanc est dit argenté quand il offre un reflet semblable à celui de ce métal. Les bais, les alezans sont parfois d'un jaune très-brillant : on les dit alors dorés. Les bais-cerise peuvent être cuivrés, et les louvets bronzés. *(Reflets brillantés.)*

Le *pommelé* est formé par des cercles noirs à la circonférence et blancs au centre. *(Mélanges divers de poils.)*

Le *moucheté* est formé par de petites taches noires parsemées sur l'étendue de la robe.

Lorsque ces taches sont de couleur alezane, elles constituent le *truité*.

Le *zébré* présente des raies noires transversales.

Le *tigré* offre de larges mouchetures.

Le *marbré* a des raies irrégulières, comparables aux veines du marbre.

Le *tisonné* offre des marques noires semblables à la couleur d'un tison brûlé.

Lorsqu'il y a absence complète de poils blancs sur une robe d'une seule couleur, on dit le cheval *zain*.

Des poils blancs, plus ou moins nombreux sur les robes d'une seule couleur, constituent le *fortement rubican* ou le *rubican*.

Les poils convergeant vers un même point ou divergeant d'un point central vers la circonférence, constituent les épis *convergents* ou *divergents*. Ils ne se signalent pas à la tête, à l'encolure ni aux coudes, parce qu'ils y existent toujours. *(Direction des poils.)*

On appelle *ladre* la portion de la peau du cheval qui ressemble par sa couleur à celle de l'homme.

On dit ladre à la lèvre postérieure ou antérieure, quand une des lèvres est d'un blanc jaunâtre. *(Du ladre.)*

Le ladre est souvent le produit d'une affection de l'organe cutané.

Le *cap de maure* s'applique à la couleur noire de la tête. *(Particularités de la tête.)*

Le *nez de renard* est rougeâtre.

Lorsque des poils blancs sont réunis en ferme de pelotte ou d'étoile au milieu du front, cette particularité se signale par l'épithète *en tête*, seulement.

Si ces poils dessinent une raie qui s'étend plus ou moins sur le nez, on l'appelle *lisse* ou *liste;* on désigne sa forme, son étendue, par les épithètes *interrompue* et *entrecoupée.*

La *belle face* est formée par les poils blancs qui s'étendent depuis le front jusqu'au nez, et sur les parties latérales de la tête.

Lorsque l'iris des yeux est blanc, on les dit *vairons.*

Opinion sur les chevaux qui ont du blanc.

On dit que le cheval a *du blanc*, quand il est belle face ou qu'il a des balzanes, surtout chaussées. Ces particularités déprécient sa valeur marchande; elles sont aussi une présomption défavorable de sa valeur réelle, en ce sens que la cause en est due quelquefois à un accouplement mal combiné, de deux souches d'un pelage très-discordant, et chez lesquels les rapports de conformation et de race peuvent aussi manquer. En effet, on remarque que les chevaux les plus communs ont beaucoup de blanc, tandis que ceux des races d'élite sont ordinairement bais, alezans foncés et zain.

Toutefois, il ne faut pas admettre cette opinion d'une manière trop exclusive, car il est certain qu'il existe d'excellents chevaux qui ont beaucoup de blanc.

Lorsque les poils blancs ne font pas le pourtour de la couronne, ils constituent la trace de balzane.

Le principe de la balzane règne sur toute l'étendue de la couronne.

La petite bazane ne dépasse pas le boulet.

La balzane s'étend jusqu'à la moitié du canon.

La balzane chaussée se rapproche du genou et du jarret.

Très-haut chaussée, elle dépasse les articulations.

Le coup de lance est une dépression musculaire qui se remarque à la base de l'encolure.

La queue nictée est celle qui a subi l'opération du niquetage, consistant à inciser les muscles abaisseurs de la
queue, pour solliciter l'action des releveurs.

La queue en balai doit arriver au niveau du jarret. (*Voyez
tableau des particularités*).

Cheval type de beauté.

TABLEAU DES PARTICULARITÉS.

Expressions consacrées

PREMIÈRE DIVISION.

Particularités qui peuvent se rencontrer sur toutes les parties du corps.

Réflets brillantés . . { Argenté, doré, cuivré, bronzé, miroité, jayet (cette dernière expression ne s'applique qu'au noir foncé).

Mélanges divers . . { Pommelé (clair et foncé), moucheté, truité, mille-fleurs, fleurs de pêcher, tigré, rayé, zébré, marbré, tisonné, marqué de feu, rubican, zain (pour indiquer l'absence de tout mélange de poil blanc). Rubican, se dit des poils blancs qui se remarquent sur le fond de la robe.

Direction des poils . | Epis convergents, divergents, simples, doubles, etc.

Couleur de la peau. | Ladre.

DEUXIÈME DIVISION.

Particularités à la tête, au tronc, aux crins, aux membres.

A la tête . . . . . { Cap de maure, nez de renard, marques diverses au front, au chanfrein, aux naseaux, aux lèvres (avec indication de la forme, de la direction, de l'étendue, du mélange, telles que en tête, lisse, belle face, yeux vairons, ladre à la lèvre antérieure ou postérieure).

Au tronc . . . . . | Raie de mulet (couleur, forme et étendue); ventre de biche.

Aux crins. . . . . { Crins : 1° semblables entr'eux ; 2° non pareils à la robe, 3° mélangés (avec désignation précise à la crinière ou à la queue).

Aux membres . . . {

1° BALZANES.

Nombre. { A une, à deux, à trois ou à quatre jambes.

Étendue. { Traces, principes, petites balzanes proprement dites, haut ou très-haut chaussées (avec désignation).

Composition { Bordées ou non, herminées, mouchetées, truitées.

Forme. | Indication précise de celle-ci.

2° CORNE. | *Coul. et disp.* | Blanche, noire, cerclée.

TROISIÈME DIVISION.

Particularités diverses.

Sur toute l'étendue de la robe. {

1° Coup de lance, coup de hache, etc.

2° Oreilles fendues, raccourcies.

3° Queue entière, raccourcie, coupée, anglaisée, niclée, en balai.

4° Marqué au feu, empreinte d'une lettre ou d'une marque quelconque (place, forme).

5° Marqué par le feu, trace résultant de la cautérisation (place, forme).

6° Traces de blessures, cicatrices ou opérations chirurgicales quelconques.

CHAPITRE HUITIÈME.

DES FORMES EXTÉRIEURES, AU POINT DE VUE DE LEUR BEAUTÉ ET DE LEUR DÉFECTUOSITÉ.

Ce chapitre est le complément de ceux qui l'ont précédé, en ce sens qu'il résume toutes les idées de détail qui se rapportent à chacune des parties de l'extérieur du cheval ;

Il compendra :

Art. 1ᵉʳ. L'avant-main ;

Art. 2ᵉ. Le corps ;

Art. 3ᵉ. L'arrière-main.

Article Premier.

AVANT-MAIN.

Définition d'une bonne tête , d'une vilaine tête. — Tête volumineuse. — Tête de vieille. — Caractères de la tête relatifs aux races. — De la position de la tête. — Direction horizontale. — Tête mal attachée. — Direction verticale. — De l'encolure. — Conditions de beauté. — Encolure trop longue, trop courte. — Du mode voulu d'insertion de l'encolure. — Encolure de cerf, de cygne. — Encolure droite. — Signification d'un beau bout de devant. — De la crinière — Du poitrail. — Distinction à faire entre le poitrail et la poitrine. — Défaut de l'étroitesse du poitrail. — Sa conformation relative au cheval de trait. — Du garrot. — Conformation voulue. — Défectueuse. — Des membres de devant. — Conditions de leurs qualités. — De l'épaule. — Conformation voulue. — Défectueuse. — Conformation relative au cheval de trait. — Examen de son mode de mouvements. — Epaules froides. — Chevillées.—Du bras.— Conformation voulue. —De l'avant-bras. Conformation relative au cheval de selle. — Au cheval de trait.— Au cheval qui a du tride. — Induction à tirer d'un avant-bras bien musclé. — Du développement et de l'étranglement au-dessous de l'avant-bras. — Des Coudes. — Leur position relative au corps. — Du genou. — Conformation voulue. — Genoux petits , de bœuf. — Du canon et des tendons. — Palper les tendons. — Canons mal attachés. — Conditions de force des cordes tendineuses. — Tendons faillis. — Du boulet. — Conformation voulue. — Boulet mal attaché. — boulet petit. — Du paturon. — Conformation voulue. — Le long-jointé produit le bas-jointé — Examen du paturon et du boulet dans la marche. — De la couronne. — Conformation voulue.— Signification des expressions de degré de sang ou de manque de sang dans les membres.

Après avoir étudié séparément toutes les parties qui forment la tête , on l'examinera dans ses caractères d'ensemble de conformation.

De la nuque. — La nuque doit être saillante, pour main·
tenir, concurremment avec les oreilles, la têtière qui repose
sur elle.

Indices de sa forme. — Les éleveurs ont remarqué que les étalons réputés proli-
fiques, avaient ordinairement la nuque très-saillante. Cette
éminence répond à la bosse de l'amour physique (système
du docteur Gall).

Du toupet. — La touffe de crins qui existe entre les
oreilles prend le nom de toupet. Lorsqu'il est long et bien
fourni, il donne au cheval un air sauvage qui ajoute assez
à sa physionomie.

Des oreilles. — On veut que les oreilles soient petites et
bien plantées ; lorsqu'elles sont dirigées en avant, elles
embellissent beaucoup la tête du cheval et lui donnent une
expression de franchise et de hardiesse qui fait bien augurer
de ses qualités.

Tête mal coiffée. — On dit qu'il est *mal coiffé*, quand elles sont placées trop
bas, qu'elles sont grandes et massives. C'est le défaut
qu'elles présentent chez les animaux très-communs et d'un
tempérament lymphatique. Elles sont dites encore *oreilles
de cochon*, quand elles tombent sur les côtés.

Oreilles de cochon.

Cheval oreil-lard. — On appelle *oreillards*, les chevaux dont les oreilles ont
des mouvements continuels et saccadés, ce qui décèle en
eux une certaine inquiétude ou irritabilité de caractère,
dont ils donnent assez ordinairement la preuve.

Oreilles de lièvre. — On a remarqué que de très-bons chevaux avaient les oreilles naturellement obliques en arrière (*oreilles de lièvre*).
Cette observation est loin cependant d'impliquer la bonté
chez tous ceux qui offrent ce caractère.

Mouvement des oreilles. — Certains mouvements des oreilles servent à indiquer les
sensations et les intentions du cheval. Lorsqu'il est content,
il les porte en avant ; s'il les dirige brusquement en
arrière, il faut se défier de lui, parce qu'il médite une

défense, se dispose à mordre ou à frapper de ses pieds de devant ou de derrière.

Le cheval qui a une mauvaise vue a les oreilles continuellement en action ; guidé par son instinct qui le porte à remplacer un sens par un autre, il cherche à reconnaître le bruit qui vient des corps qu'il ne peut pas distinguer.

Du FRONT. —Le front, qui a pour base la partie antérieure de la boîte crânienne, doit être large, comme signe des facultés du cerveau qu'il recèle. L'observation atteste que chez les chevaux des plus nobles races, ce trait de conformation est très-prononcé, tels sont les chevaux arabes, les pur sang anglais et les limousins. *Indices du front large et de l'étroit.*

Cette largeur du front se mesurera par l'espace compris entre les deux yeux.

Que l'on remarque les chevaux communs, ils ont le front étroit et les yeux très-rapprochés des oreilles.

On prétend que les chevaux de la précieuse race du Nedji ont le front bombé.

Les éleveurs savent qu'un front très-bombé, chez un poulain, est d'un bon augure, parce qu'il indique qu'il acquerra d'autant plus de largeur que sa convexité est plus prononcée.

Le front aplati, qu'on appelle *camus*, est un caractère de race. *Front camus.*

DES SALIÈRES. — Les salières, qui ont pour base la cavité située au-dessus des orbites, doivent être au niveau des parties environnantes. Les produits des vieux étalons ont souvent des salières très creuses.

DES TEMPES. — Les tempes n'offrent aucun caractère particulier de formes à signaler ; elles doivent être exemptes de cicatrices ou lésion de la peau.

**Caractères
des yeux.**

DES YEUX. — Les yeux seront beaux s'ils sont ouverts, bien fendus, grands et enchâssés dans des orbites qui seront bien développées. Leur intégrité se reconnaît à la transparence des humeurs et à la mobilité de l'iris, ainsi qu'il a été expliqué à l'article de la vision. A ces caractères de beauté physique, doivent se joindre ceux d'une expression franche, énergique, qui n'exclura pas celle d'un certain sentiment de bonté et de douceur. Le cheval dénué de moyens, paresseux, incapable d'un bon service, a le regard éteint, hébété; ses yeux sont petits, rapprochés entr'eux et près des oreilles.

L'expression de la physionomie est le meilleur renseignement à consulter pour juger le moral du cheval : les yeux couverts et dont le regard est oblique, indiquent la méchanceté.

On veut que les cils et les sourcils soient bien garnis de leurs poils; s'ils en étaient dénués, on aurait à craindre qu'ils n'eussent été détruits par quelques maladies des yeux.

DU CHANFREIN. — Le chanfrein doit se prolonger en ligne droite; sur le front, il doit être large par côté, afin d'offrir d'autant plus de capacité aux cavités nasales.

Busqué.

Lorsque le chanfrein est bombé, il est dit *busqué*. Cette conformation est défectueuse, non parce qu'elle déplaît à la vue, mais parce qu'elle est cause de l'étroitesse des cavités nasales qui ne sauraient admettre une assez grande quantité d'air pour favoriser la respiration.

On dit la tête *moutonnée*, quand elle est convexe jusqu'au bout du nez.

On remarque que les chevaux corneurs ont souvent le chanfrein busqué.

**Naseaux
ouverts et
serrés.**

DES NASEAUX. — Les naseaux larges et susceptibles de mouvements de dilatation faciles donnent de l'expression à la physionomie ; ils offrent surtout une ouverture spacieuse à l'air dans la trachée, et, en ce sens, concourent à augmenter les facultés respiratoires.

Les naseaux serrés et peu dilatables sont d'un mauvais augure, pour l'exercice de la respiration ; ils se remarquent chez les chevaux communs.

La couleur de la pituitaire dans l'état de santé est d'un rose vif uniforme; elle laisse échapper quelques gouttes d'une humeur limpide, provenant du canal lacrymal, et une petite quantité de mucus glaireux et incolore. Si cet écoulement devient plus abondant et change de nature, il indique l'existence de certaines maladies. *Caractères de la pituitaire.*

Des joues. — Leur volume est relatif à celui des muscles qui les recouvrent, suivant qu'ils sont d'une texture molle ou serrée ; les joues sont massives ou d'un dessin bien accentué.

Du bout du nez. — La finesse du bout du nez est un trait de beauté de la tête. Les marchands expriment ce caractère en disant que le cheval boirait dans un verre.

Lorsque le bout du nez est déprimé brusquement en avant, on dit qu'il est *taillé en bizeau;* cette conformation se remarque chez certaines races de l'Orient.

De la bouche. — La bouche se dessine à l'extérieur par les lèvres qui forment son ouverture; elle est petite dans les chevaux de race, et partage les qualités qu'on vient d'indiquer pour le bout du nez. *De la bouche sous le rapport de l'âge.*

Les parties qui renferment cette cavité méritent d'être étudiées sous le point de vue de l'action du mors, avec lequel elles se trouvent en contact. En effet, puisque l'extérieur comprend tous les éléments d'appréciation de la valeur du cheval, il doit embrasser aussi l'examen de la bouche, dont les qualités sont tant à rechercher pour le cheval de selle.

Des barres. — Les barres doivent avoir le degré de sensibilité nécessaire pour répondre à l'action du mors.

Barres sensibles.
Elles sont dites *tranchantes*, quand le bord des maxillaires est mince et anguleux ; elles sont alors très-sensibles à l'appui du mors. Cette sensibilité peut encore être augmentée par la finesse de la buccale qui les recouvre.

Insensibles.
Les barres qui manquent de sensibilité sont rondes et recouvertes d'une membrane épaisse ; on les dit alors charnues. Si la crête de l'os est dejetée en dehors ou en dedans, les barres ne recevront pas assez directement l'appui du canon, et le mors aura peu d'effet.

Calleuses.
Les barres *calleuses* sont celles dont la membrane buccale offre des indurations.

Les barres peuvent être brisées par les effets immodérés du mors.

Des lèvres. — Les lèvres doivent être plutôt un peu minces qu'épaisses.

Lèvres épaisses.
Les lèvres dites *flasques*, sont très-mobiles ; elles peuvent se glisser entre les barres et les canons et les soustraire à leur action.

On remédie à cet inconvénient par des moyens que l'embouchure enseigne. Si la sensibilité des barres est excessive, il est à désirer que les lèvres soient assez épaisses pour supporter en partie l'effet du mors et diminuer celui qu'il produit sur les barres.

Minces.
Trop minces, elles rendent l'effet des canons trop intense, surtout si les barres sont très-sensibles. Un système d'embouchure bien entendu doit tirer parti de ces diverses dispositions.

De la langue. — Lorsqu'elle est très-volumineuse, elle peut soulever le mors et annihiler son effet sur les barres.

Du palais. — Le palais ne doit pas avoir de contact avec

le mors. C'est à tort qu'on a voulu faire agir sur lui la liberté de langue, dans l'intention d'arrêter le cheval.

Du menton. — Le menton supporte l'appui de la gourmette; sa sensibilité dépend du degré d'épaisseur de la peau
qui recouvre sa base osseuse. Cette sensibilité doit déterminer le genre de gourmette à employer pour ne pas l'affecter
péniblement. *(Sensibilité du menton.)*

On démontrera, à l'article de l'embouchure, que pour bien
approprier un mors à la bouche du cheval, il faut connaître
les diverses conditions de sensibilité de chaque partie de la
bouche qui reçoit le contact de cet instrument, et savoir
subordonner sa forme et ses propriétés au but qu'on doit se
proposer dans tout système d'embouchure, savoir : d'obtenir des effets réguliers, sans surexciter la sensibilité de la
bouche.

Des ganaches. — Les *ganaches* doivent être développées
sans excès ; leur écartement est une disposition favorable à
donner de la largeur à l'auge et à contenir, sans les gêner,
la gorge et le bord inférieur de l'encolure. *(Caractères de beauté.)*

Le cheval arabe a les ganaches très-ouvertes ; elles sont
resserrées dans les chevaux communs ; aussi ont-ils souvent
la tête mal attachée.

De l'auge. — L'auge est formée par l'espace résultant de
l'écartement des deux branches du maxillaire ; elle doit
être large et bien évidée. Les chevaux communs et ceux
surtout d'un tempérament lymphatique ont l'auge empâtée.

On doit palper les ganglions lymphatiques que renferme
l'auge. Dans l'état de santé, ils sont petits, roulants et insensibles ; ils s'engorgent et deviennent douloureux dans
toutes les affections des cavités nasales. *(État des ganglions de l'auge.)*

De la gorge. — On donne ce nom à la partie supérieure

du gosier qui s'engage dans l'auge lors des mouvements de la flexion de la tête.

La compression de la gorge, en provoquant la toux, fait juger par sa nature les qualités de la poitrine.

On va étudier maintenant la tête dans son ensemble, en prenant pour type de beauté celle du cheval arabe.

Les oreilles du cheval arabe sont petites et bien plantées ; le front est large, éloigné des oreilles ; les yeux sont bien ouverts et limpides, le regard est plein de feu, et exprime l'énergie autant que la douceur : on dit vulgairement que le cheval arabe a le regard ami ; la ligne du front et du chanfrein est parfaitement droite ; les ganaches sont un peu fortes, mais bien carrées, et leurs bords parallèles à la ligne du chanfrein, ce qui fait dire que la tête est carrée ; les ganaches sont assez écartées pour donner de la largeur à l'auge et loger facilement le bord supérieur de l'encolure. Cette disposition facilite l'attache de la tête, et donne à celle-ci la position voulue pour se prêter à l'action régulière de la main du cavalier.

Ce qu'on entend par une bonne tête.

Les chevaux de race et généralement tous ceux de quelque valeur ont une *bonne tête*. Cette qualification s'applique beaucoup moins à la beauté qu'aux caractères de conformation qu'on a signalés déjà, savoir : la ligne du front et du chanfrein droite, les ganaches carrées, les yeux bien ouverts, enchâssés dans des orbites bien développées et saillantes.

On dit qu'un cheval a une *mauvaise tête* ou une *vilaine tête*, quand elle est massive, empâtée dans ses formes, que les yeux sont petits et rapprochés des oreilles, que les ganaches sont minces et serrées.

Tête volumineuse.

La tête peut être *volumineuse, grosse, empâtée, mal faite,* sans avoir les défauts qu'on vient d'indiquer ; dans ce cas elle a seulement l'inconvénient de charger beaucoup l'avant-main et de rendre la conduite difficile : c'est alors que le cheval pèse à la main. Lorsque la tête est décharnée, Tête de vieille on l'appelle *tête de vieille*.

La conformation de la tête donne encore des symptômes De la tête; propres à distinguer les races. Celle du cheval normand relativement d'espèce commune est massive, chargée de chairs ; les yeux aux races. sont petits et rapprochés des oreilles ; autrefois elle était souvent *busquée* ou *moutonnée*.

La tête du cheval breton est carrée, courte ; son front est camus ; les orbites sont très-saillantes.

La race limousine se reconnaît à une tête très-osseuse, bien carrée, aux orbites saillantes, aux yeux expressifs et intelligents ; mais elle est souvent mal coiffée.

Le cheval allemand a la tête mince en ganache ; elle est tout d'une venue ; l'auge en est étroite.

Quoique la position de la tête puisse être donnée par le De la posi- cavalier au moyen de ses aides, selon certains principes tion de la tête déterminés, il n'en faut pas moins reconnaître qu'elle dépend principalement de son mode d'insertion avec l'encolure : la direction de la tête la plus convenable pour le cheval de selle, auquel on demande une vitesse moyenne et surtout une sujétion complète, doit être oblique d'arrière en avant, de telle sorte qu'elle forme un angle de 45° avec la verticale. Elle prendra naturellement cette position quand les ganaches seront suffisamment écartées.

On verra à l'article suivant qu'avec l'encolure de cerf, le Tête hori- cheval porte souvent la tête au vent. Cette disposition est zontale. d'ailleurs assez ordinaire chez tous les chevaux très-vites à la course, parce qu'elle est favorable à l'allongement de leur colonne vertébrale et à l'acte de la respiration ; on comprend, en effet, que l'effacement du coude que fait le conduit de l'air à son point d'insertion dans l'auge, doit faciliter le passage de ce fluide.

Lorsque la tête est dirigée trop en avant, par suite de Tête mal l'épaisseur de l'encolure à son point de jonction avec elle, attachée. on la dit alors *mal attachée*.

T. I. — 2e *Ed.*   17.

Tête verticale La verticalité de la tête se remarque chez les chevaux qui ont l'encolure de cygne ; elle restreint le développement du mouvement progressif. Cette disposition expose souvent les chevaux à s'encapuchonner et à faire la panache.

De l'encolure. — L'encolure a été appelée à juste raison le gouvernail de la machine animale, parce qu'elle précède tous ses mouvements et lui indique, en quelque sorte, la direction dans laquelle elle doit s'engager. Les qualités qu'on devra lui demander seront la force et la souplesse : la force pour imprimer énergiquement les mouvements, la souplesse pour se plier facilement par côté, s'étendre, se raccourcir dans les changements de direction, ou pour accélérer et ralentir la vitesse.

Ces deux qualités dépendront de ses dimensions et de ses formes particulières : *trop longue*, elle est grêle, trop flexible, susceptible de se mouvoir indépendamment du corps ; elle rend alors la conduite incertaine et difficile, parce qu'elle peut répondre aux aides de la main, sans que le corps y participe : elle cesse donc de remplir alors sur lui les fonctions de gouvernail.

Courte, elle est massive, lourde, inflexible et tellement liée au corps ; qu'il se meut avec elle tout d'une pièce.

L'encolure doit avoir assez de largeur à sa base pour s'appuyer sur le corps, en laissant la pointe de l'épaule se dessiner distinctement en avant.

Si l'encolure est insérée trop bas et se confond avec la pointe de l'épaule, ses mouvements seront raides et difficiles. L'encolure, à partir de sa base, doit aller en s'amincissant graduellement jusqu'à la tête, à laquelle elle se réunit.

La forme de l'encolure dépend de celle de ses contours supérieurs et inférieurs.

On appelle *encolure de cerf*, celle dont le bord inférieur, près du poitrail, est convexe ; elle se rencontre chez beaucoup de chevaux des races de l'Orient et du Midi ; avec cette conformation, a-t-on déjà dit, le cheval porte souvent au vent, défaut qui rend sa conduite difficile.

L'*encolure de cygne* est convexe à son bord supérieur ; elle facilite la position trop verticale de la tête, raccourcit les mouvements, et diminue la vitesse. Les chevaux à col de cygne sont sujets à s'encapuchonner. *Encolure de cygne.*

L'*encolure droite* est propre aux chevaux du Nord et à la race anglaise particulièrement ; elle manque souvent de souplesse. Les chevaux de l'Orient ont parfois l'encolure droite, mais elle est toujours assez flexible pour pouvoir se rouer, se contourner dans tous les sens et prêter de l'aisance et de la grâce à tous les mouvements. *Encolure droite.*

Les chevaux ont parfois une dépression à l'encolure, près du garrot, qu'on appelle *coup de hache*. Cette particularité, loin d'être un défaut, donne de la flexibilité à l'encolure.

On voit par ce qui précède que l'encolure est une des parties qui exerce le plus d'influence sur l'aisance et la franchise des mouvements de l'avant-main, et généralement sur toutes les qualités qu'on demande au cheval de selle. Aussi il faut établir que, sans une encolure d'une conformation régulière, il n'y a pas de cheval de selle.

Quand une encolure est bien sortie et donne de l'élégance à l'avant-main, on dit que le cheval a un *beau bout de devant*.

De la crinière. — Le bord supérieur de l'encolure est garni de crins qui forment la crinière. Ils sont gros et touffus dans les chevaux communs, au contraire, fins et soyeux dans les races d'élite ; ces qualités sont un des symptômes qui les caractérisent.

Du poitrail. — Le poitrail est la partie comprise entre les deux pointes des épaules ; sa belle conformation est déterminée par ses proportions, que Bourgelat a fixées à deux tiers de la longueur de la tête. *Sa conformation voulue.*

Distinction entre le poitrail et la poitrine.

Le poitrail ne donne pas la mesure de l'étendue de la poitrine, attendu que sa largeur dépend moins du degré d'écartement des premières côtes, qui sont presque verticales et très-rapprochées à leur point d'insertion avec le sternum, que du développement des muscles qui fixent le membre sur le corps. Un poitrail bien ouvert est une qualité essentielle à rechercher, parce qu'il assure l'écartement des membres de devant et l'aisance et la franchise de leurs mouvements ; il répond ordinairement à une poitrine large et profonde.

Conséquences de l'étroitesse du poitrail.

Lorsque le poitrail est étroit, la base de sustentation se trouvant rétrécie et incapable de bien étayer la masse, il arrive alors que la partie inférieure des membres s'écarte à la manière des pieds d'un tréteau, et que les aplombs sont faussés.

Sa conformation relative au cheval de trait.

Une très-grande largeur du poitrail serait un défaut pour le cheval de selle, parce qu'elle s'opposerait à l'agilité et à la vitesse des mouvements ; elle est recherchée, au contraire, chez le cheval de trait, qui marche à des allures lentes et a besoin d'offrir dans son avant-main de la pesanteur.

Conditions de conformation régulière

Du Garrot. — Il ne suffit pas que le garrot soit élevé pour être beau ; il faut qu'il soit placé aussi en arrière que possible, qu'il se prolonge sur le dos, en descendant graduellement sur lui, de manière à ne lui laisser que les dimensions voulues pour assurer sa solidité ; d'autre part, comme les apophyses qui forment la base du garrot donnent attache aux muscles suspenseurs et releveurs de l'épaule, sa position en arrière entraîne l'épaule dans sa direction en arrière, direction qui est un des caractères de beauté de cette partie. Au point de vue de l'équitation, le garrot élevé et en arrière empêche la selle de glisser en avant et facilite la belle position du cavalier ; on dit alors le garrot *bien sorti*.

Conformation défectueuse.

Les défauts du garrot sont le manque d'élévation, sa position en avant et son empâtement. Les conséquences qu'ils

entraînent sont de fournir des points d'attache trop en avant
à l'épaule , de la rendre droite et d'augmenter les proportions du dos. Par suite de son peu de hauteur, il laisse la
selle glisser en avant, et le corps du cavalier est entraîné
dans la même direction. Enfin, le plus grand inconvénient
de cette conformation est d'occasionner les blessures par la
selle, blessures qui sont souvent très-graves et sujettes à
récidive.

DES MEMBRES ANTÉRIEURS. — Les membres sont des supports de la masse et des instruments de translation dans
toutes les directions. Pour remplir ce double but , ils doivent réunir la solidité de colonne d'appui à la force de pul-
sation propre à produire la rapidité et la durée des mouvements.

DE L'ÉPAULE. — L'épaule est un des rayons des membres
qui influe le plus par ses qualités sur l'étendue de la vitesse
des mouvements; elle doit être longue, couchée obliquement sur le corps. Dans les chevaux de courses , où ses proportions sont très-belles , elle égale souvent une longueur
de tête. On veut qu'elle soit plate et bien dessinée; ce caractère est un de ceux qui révèlent un certain degré de sang
dans les races améliorées. Sa longueur est favorable à
l'étendue des arcs de cercle qu'elle décrit au profit de la progression , et son obliquité rend plus facile le mouvement de
bascule qu'elle opère dans la flexion et l'extension. Elle doit
former un plan saillant sur la surface de l'encolure à sa
base. L'épaule doit offrir des masses charnues suffisamment
développées, non comme signe de ses facultés de mouvements propres, car on sait que ce ne sont pas les muscles
qui la recouvrent qui la font mouvoir, mais bien ceux qui
sont à la base de l'encolure, et ceux qui se dessinent à sa
partie supérieure sur le corps; or, ce sont ces muscles dont
il faudra chercher le développement comme indice de ses
qualités de mouvement.

Caractères de défectuosi-tés de l'épaule

Les défauts de l'épaule se reconnaissent par son manque de longueur et d'obliquité, par son empâtement, en quelque sorte, avec l'encolure dont elle ne se détache pas assez et avec laquelle elle semble se mouvoir tout d'une pièce. Les épaules rondes et droites sont toujours raides et manquent de mouvement.

Épaule du cheval de trait

Certes, on ne doit pas demander au cheval de trait les belles proportions d'épaule qu'on vient d'assigner à celle du cheval de selle ; on voudra que sa conformation soit régulière ; mais il faut toutefois exiger qu'elle soit libre dans ses mouvements.

Étude de ses mouvements.

Et c'est sur ce point que l'on doit insister bien plus que sur sa conformation, car on voit parfois des épaules très-belles qui n'ont pas toute la facilité de mouvement qu'on pourrait leur supposer. On ne saurait donc trop s'attacher à juger les mouvements de l'épaule dans la marche. S'ils sont faciles, on verra au moment de la flexion sa pointe se diriger franchement en avant, et avec une telle liberté d'action, que le corps ne bougera pas et lui prêtera un point d'appui fixe sur lequel elle basculera. Pendant son exten-sion, elle se redressera en entraînant le corps dans son mouvement progressif, et en le faisant en quelque sorte pivoter sur elle.

Des épaules froides.

Mais si dans la flexion le corps se meut tout d'une pièce avec l'épaule, et si l'extension ne lui imprime pas un mouvement en avant bien déterminé, elle sera *froide*. Son manque de jeu sera à son dernier degré de défectuosité, si elle est *chevillée*. L'épaule sera froide si ses mouvements sont obscurs, gênés, difficiles, mais susceptibles cependant de se développer ; et c'est ce que l'on reconnaîtra si, dans certains temps d'allure, on lui voit prendre une extension de mouvement à laquelle elle ne se sera pas livrée ordinairement. Or, dans ce cas, on pourra espérer qu'elle n'est qu'*engourdie* par défaut d'exercice, et que le travail pourra réveiller l'inertie des muscles et développer leurs facultés.

Les chevaux qui n'ont pas été exercés lorsqu'ils étaient poulains, ont souvent les épaules froides.

On distingue les épaules chevillées des épaules froides dans la marche, en ce que dans un tourner très-court, par exemple, ou sur un cercle d'un petit diamètre, le cheval qui a des épaules chevillées sera exposé à tomber; et il arrivera inévitablement que sa chute aura lieu, lorsqu'il n'aura pu donner à son épaule l'étendue de mouvements qui aurait été nécessaire pour prévenir cette chute. Du reste, l'épithète d'épaule chevillée indique bien qu'elle est en quelque sorte clouée au corps par une cheville, et partant incapable de mouvements; aussi ce défaut doit faire rejeter du service de la selle tout cheval qui en est affecté. En vain prétendrait-on le corriger par l'éducation; il produira toujours ses conséquences. *Chevillées.*

Du bras. — Lorsqu'on a dit que l'épaule et le bras formaient une seule partie, on a commis une erreur; car le bras se dessine distinctement de l'épaule, par l'os qui en fait la base.

Le bras doit être long dans les chevaux auxquels on demande de la vitesse et former un angle de 90 degrés avec l'épaule.

De l'avant-bras. — L'avant-bras devra avoir de belles proportions, suivre une direction parfaitement verticale, être bien musclé et offrir des interstices bien accentués.

La longueur de l'avant-bras sera favorable à l'étendue des arcs de cercle qu'il décrira et à la vitesse des allures; cette condition est applicable à tous les rayons supérieurs qui, comme des branches de compas, mesurent par leurs proportions l'étendue des enjambées qu'exécute le cheval. Avec des avant-bras longs, les genoux sont plus rapprochés de terre et les canons d'autant plus courts. Aussi cette disposition se remarque-t-elle chez tous les chevaux qui ont une grande vitesse. *Proportions des avant-bras relatives au cheval de selle*

Au cheval de trait.

Aux chevaux qui ont du tride.

Symptômes de la force musculaire de l'avant-bras.

Ce qu'indique un avant-bras bien mus-clé.

Du développement de l'é-tranglement au-dessous de l'avant-bras.

Cette longueur des avant-bras n'est pas absolue pour tous les chevaux ; car pour les chevaux de trait, dont les allures sont lentes et qui doivent porter des fardeaux d'un poids souvent écrasant, on recherchera beaucoup moins la longueur que la largeur, afin d'avoir plus de volume et, par conséquent, plus de conditions de force dans cette colonne de support que représente l'avant-bras.

Les chevaux qui ont du tride, ont les avant-bras courts ; leurs genoux sont moins rapprochés de terre, et leurs canons, étant plus longs, leur donnent la facilité de relever beaucoup plus en marchant.

C'est à tort que l'on veut juger souvent la force de l'avant-bras par le développement des muscles qui le recouvrent, car on sait qu'ils ne représentent pas ses moteurs propres, mais bien qu'ils sont les agents extenseurs et fléchisseurs des rayons inférieurs. Si on veut reconnaître les agents qui meuvent l'avant-bras, il faut consulter les formes des masses charnues qui se dessinent dans l'angle que forment l'épaule et le bras, parce qu'ils représentent les extenseurs de l'avant-bras.

Un avant-bras bien musclé indique la faculté de mouvements dans la partie inférieure du membre, attendu qu'il témoigne la force de ses moteurs propres et celle des cordes tendineuses qui participent toujours des qualités qui appartiennent à ces mêmes muscles de l'avant-bras dont ils dérivent.

On veut non-seulement que les masses charnues de l'avant-bras soient bien développées, mais encore qu'elles soient aussi descendues que possible et qu'elles se continuent avec les tendons, sans aucune dépression ; car les chevaux qui offrent une espèce d'étranglement entre ces muscles et leurs tendons, manquent ordinairement de force.

Les éleveurs ont remarqué que le développement des muscles de l'avant-bras, dans les poulains, indique que tout le système musculaire acquerra de la force avec le progrès de l'âge.

Du coude. — On voudra qu'il soit suffisamment dégagé du corps pour faciliter l'extension en arrière du membre. Lorsqu'il est serré au corps, il gêne, raccourcit ce mouvement d'extension, et rend la marche difficile et lente. *(Position des coudes relative au corps.)*

Ce défaut est dû souvent à la panardise; on en a parlé à l'article des aplombs. Dans le cheval cagneux, le coude est tourné en dehors.

Du genou. — La bonne conformation du genou dépend de ses proportions et de ses aplombs. Comme il fait suite à la colonne de support représentée par l'avant-bras, il doit suivre sa direction verticale, pour concourir à la sûreté de l'appui. Les dérogations à cette condition ont été signalées à l'article des aplombs; elles se rapportent au genou de bœuf, arqué, brassicourt et creux. *(Caractères de bonne conformation.)*

La peau qui recouvre les os du genou, doit être mince et collée en quelque sorte sur eux. Le genou doit être plat en avant, large et long; représentant un des leviers du membre, il doit tirer ses qualités de ses proportions avantageuses.

Des genoux petits, étroits, mal emmanchés, dit-on, avec les avant-bras et les canons, sont toujours faibles et impropres à remplir leurs fonctions de supports. *(Genoux petits.)*

Les genoux de bœuf, qui sont hors des lignes d'aplombs et offrent des éminences osseuses internes très-développées, sont très-défectueux. On les trouve dans les races communes abâtardies. *(De bœuf.)*

Répétons que le genou est l'articulation dont l'aplomb doit être recherché comme garantie de sûreté dans la marche, chez le cheval de selle surtout.

Du canon et *des tendons* ou *cordes tendineuses*. — Le canon est encore une colonne de support des membres qui *(Du canon.)*

doit avoir une verticalité parfaite pour assurer la solidité de l'appui.

Le volume du canon ne doit pas se juger d'une manière trop absolue, car on sait que la solidité des os dépend moins de leur grosseur que de leur dureté ; tel cheval de pur sang aura des canons qui, quoique minces, auront plus de force de résistance que ceux d'un cheval commun, dont le volume sera beaucoup plus considérable.

On doit palper les cordes tendineuses avec beaucoup d'attention, et s'assurer si elles ne présentent pas des engorgements ou des indurations dues à des *nerfs ferrures*, ou mieux appelés *tendons ferrus*, affections toujours très-dangereuses, parce qu'elles proviennent des efforts des tendons fléchisseurs, que produisent souvent les courses de vitesse. Dans le langage du turf, on dit que les tendons sont partis, quand il y a eu *tendu ferru*.

On doit palper les tendons.

Les cordes tendineuses qui passent derrière le canon doivent être grosses, l'accompagner dans toute sa longueur, en marchant parallèlement à lui ; le ligament suspenseur du boulet doit se dessiner visiblement entre le canon et le tendon. On exprimait autrefois cette disposition en disant que le cheval avait un *beau nerf*.

Conditions de forces des cordes tendineuses.

On dit que le canon est mal *attaché*, lorsqu'à l'endroit où il se joint au genou, il forme un angle avec lui, au lieu de suivre identiquement sa direction verticale ; la ligne d'aplomb étant ainsi brisée, compromet la solidité de l'appui. Il faut un coup-d'œil bien exercé pour saisir cette déviation d'aplomb, quand elle n'est pas très-marquée.

Canons mal attachés.

Lorsqu'on regarde le membre par côté, le canon paraît d'autant plus large que les tendons sont plus écartés. On sait que la cause de cet écartement est due à la saillie des sésamoïdes et à celle de la rigole de l'os crochu, sur lequel ils passent, et que cette manière d'être des cordes tendineuses les place dans des conditions mécaniques les plus avantageuses pour produire beaucoup d'effet avec l'emploi

Largeur des canons, vus par côté.

de peu de force ; que, par conséquent, le cheval chez lequel existe cette disposition, se fatiguera moins et pourra résister plus longtemps au travail.

On appelle tendon failli celui qui est plus rapproché au-dessous du genou que dans le reste de son étendue ; il forme là un étranglement. Lorsque les tendons fléchisseurs sont très-rapprochés du canon, la partie du membre qui lui correspond ne paraît pas plus large, vue de profil, que de face. On dit alors que le cheval a la *jambe de veau*. Les tendons alors manquent de force. *(Du tendon failli. Jambe de veau.)*

Du boulet. — Les proportions du boulet ont beaucoup de rapports avec celles du canon ; en effet, si on se rappelle que les sésamoïdes déterminent par leur saillie plus ou moins grande le volume du boulet, et que cette saillie tend à écarter les tendons fléchisseurs qui passent sur ces poulies de renvoi du parallélisme du canon, et partant à déterminer sa largeur, on reconnaîtra qu'il existe toujours, ainsi qu'on vient de le dire, un rapport identique entre les proportions du boulet et celles du canon. *(Proportions du boulet.)*

Le boulet devra être suffisamment développé pour seconder la puissance d'action des cordes tendineuses ; il sera en forme d'olive. *(Belle conformation du boulet.)*

Le mode d'attache du boulet détermine aussi ses qualités et ses défauts ; il devra s'insérer avec le canon, de telle sorte qu'il suive régulièrement sa direction ; dans ce cas, on dira qu'il est bien *attaché*. *(Boulet bien attaché.)*

Lorsque le boulet forme une saillie en avant de son point de jonction avec le canon, la cause en est due à la mauvaise insertion du paturon avec le canon ; dans ce cas les deux abouts articulaires ne suivent pas le même axe ; leur appui, au lieu de se faire régulièrement sur toute l'étendue de leurs surfaces de frottement, a lieu en avant, ce qui ne tarde pas à rendre le boulet droit, bouté ou bouleté. *(Boulet mal attaché.)*

Un boulet petit et court est toujours faible, et l'étroitesse du canon accompagne ce défaut. *(Boulet petit.)*

Beauté du paturon. Du PATURON — On n'attache pas assez d'importance ordinairement aux qualités du paturon, et cependant, si on remarque qu'il supporte à faux le poids de la masse, on reconnaîtra qu'on ne saurait trop rechercher les conditions qui garantissent ses propriétés à remplir des fonctions aussi difficiles. Le paturon doit être fort, c'est-à-dire suffisamment volumineux, plutôt court que long ; sa direction sera telle qu'il formera un angle de 90° avec l'os de la jambe.

Défauts du paturon. Des paturons minces sont faibles ; trop longs, ils fatiguent les tendons fléchisseurs, en amenant le *bas-jointé;* trop courts, ils rendent les réactions très-dures, en produisant le *boulé* et le *bouleté.* De là l'expression de *long* et *court-jointé.*

C'est encore ici le lieu de remarquer que la valeur d'une partie ne saurait être appréciée isolément, mais qu'elle dépend de celle avec laquelle elle a des rapports.

Pourquoi le long-jointé amène le bas-jointé. Évidemment la force du paturon dépend essentiellement de celle des tendons fléchisseurs et du ligament suspenseur du boulet, qui soutiennent cette articulation; mais cette force a pour antagoniste celle que représente le levier du paturon, dont la puissance est d'autant plus grande qu'il est plus long. C'est ce qui explique pourquoi les chevaux long-jointés ont souvent des boulets faibles et susceptibles de se fatiguer promptement. En effet, le paturon est alors un levier qui tend à lutter avec avantage contre la force que lui opposent les tendons fléchisseurs, et il ne tarde pas à les allonger et à amener par conséquent l'affaissement du boulet, c'est-à-dire le bas-jointé. Aussi on remarque que les chevaux long-jointés deviennent bas-jointés.

Examen du boulet dans l'action. Si l'on veut juger la force de soutien du paturon et du boulet, il faut voir marcher le cheval et remarquer si, au moment de son appui, le paturon ne s'affaisse pas beaucoup vers le sol, au lieu de se soutenir solidement; car cette manière d'être du paturon témoigne son manque de force. On voit cependant des chevaux de l'Orient et de la race limousine

qui, quoique long-jointés et avec une grande flexibilité de
boulet, sont exempts de tares dans cette partie ; mais cette
particularité s'explique par la force de résistance tout ex-
ceptionnelle de leurs tendons. On fera remarquer ici que
l'usure des tendons fléchisseurs peut avoir lieu de deux manières différentes : ou ils se raccourcissent, en produisant
le droit-jointé et redressant le boulet, ou ils s'allongent, en
amenant le bas-jointé.

DE LA COURONNE. — La couronne doit se joindre réguliè-
ment au sabot dans toute son étendue. On doit palper la
couronne pour s'assurer qu'elle est exempte d'exostoses appelées *formes* ; il ne faut pas les confondre avec les éminences naturelles du paturon qui existent à ses côtés.

DU PIED. — On a traité du pied dans un article spécial.
On dit qu'un cheval *a du sang dans les membres*, lorsque
la peau est fine et paraît tellement collée sur les articulations
que leurs éminences se dessinent d'une manière très-apparente. Les poils sont rares, fins et ordinairement d'une
seule couleur. Il peut arriver qu'un cheval offre un certain
degré de sang dans son dessus, et cependant qu'il en manque dans son dessous ; alors ses articulations seront empâtées, petites ; la peau qui les recouvre sera épaisse et garnie de poils grossiers de couleur mélangée ; ils seront roua-
nés ou rubicans.

Article Deuxième.

DU CORPS.

De la poitrine et des côtes.—*Conditions de capacité de la poitrine.
— Indices d'une bonne poitrine. — Une bonne poitrine as-
sure les qualités de fond et de vitesse. — Du dos. — Confor-
mation voulue. — Dos en toit. — Dos de mulet. — Dos ensellé.
— Dos bas. — Du rein. — Conformation voulue. — Rein bien
attaché.—Moyen de mesurer le rein.—De juger sa sensibilité.
— Examen du rein dans l'action.—Rein souple et fort.—Rein
mou. — Rein mal attaché. — Affection du rein. — Du ventre.—
Conformation voulue.— Ventre levretté.—Ventre de vache.—
Des flancs. — Conformation voulue. — Défectueuse.*

De la poitrine et des côtes. — Puisque les côtes forment
les parois de la poitrine, ces deux parties doivent être comprises dans le même examen.

On a raison de comparer la poitrine à une chaudière de
locomotive, car elle renferme les matériaux qui confection-
nent le principe de la force, c'est-à-dire le sang artériel
qui vivifie toute la machine animale et élève ses facultés au
plus haut degré qu'elles puissent atteindre.

*Conditions
de capacité de
la poitrine.*

La capacité de la poitrine dépend de ses proportions en
hauteur, largeur et profondeur. Plus les côtes seront arrondies, *bien cerclées*, et plus la poitrine sera *large*: le corps
sera alors cylindroïde et paraîtra élégant de forme. La longueur des côtes déterminera la *hauteur* de cette cavité. On
exprime cette disposition en disant que les côtes sont *bien
descendues*. La *profondeur* se juge par la distance du poitrail
jusqu'aux dernières côtes.

*Indices
d'une bonne
poitrine.*

Rappelons ici ce que l'on a dit à l'article de la respiration,
savoir : que la grande capacité de la poitrine indique qu'elle
est propre à renfermer beaucoup d'air atmosphérique ;

mais cette condition ne suffit pas pour assurer les facultés
respiratoires; il faut encore que l'organe pulmonaire soit
sain et doué des qualités nécessaires pour bien fonctionner.
Dans l'intérêt de cette appréciation, on devra serrer la
gorge, c'est-à-dire les premiers cerceaux cartilagineux de la
trachée artère; or, dans le cas où ils résisteront à cette
pression, on en devra augurer que le système de la trachée
est fort et résistant comme les premiers cerceaux. La pression qu'on aura exercée aura fait tousser ou ébrouer le cheval avec une voix forte et sonore.

Mais si les cerceaux sont mous à la pression des doigts,
s'ils provoquent une toux pénible dont le son est faible, on
devra mal augurer de la force de la poitrine.

L'on consulte aussi les mouvements des flancs comme
renseignements de l'intégrité de la poitrine; leur régularité
indique que l'organe fonctionne bien. Dans le cas de certaines affections, les mouvements sont irréguliers.

Les défauts de conformation de la poitrine consistent
dans son manque de capacité, par suite de l'aplatissement
des côtes, de leur défaut de longueur, et dans le manque
d'étendue du corps depuis le poitrail jusqu'aux dernières
côtes. Les chevaux qui ont la côte courte ont ordinairement
plus d'ardeur que de fond.

A l'article de la respiration, on a démontré que les chevaux qui sont doués de qualités de fond et d'haleine, ont
toujours une bonne poitrine. On sait que les chevaux qui
montrent la plus grande vitesse sur l'hippodrome, se font
remarquer par les belles proportions de leur cavité thora-
chique. Enfin, l'anatomie comparée prouve encore que les
animaux qui déploient la plus grande vitesse dans la course
ou dans le vol, sont toujours ceux dont les facultés respiratoires offrent les meilleures conditions organiques.

Du dos. — Le dos s'étend du garrot jusqu'au rein. Étant
destiné à supporter le poids du cavalier ou un fardeau quel-

conque, il tirera toute sa force de ses justes proportions, ne sera ni trop long ni trop court. Mais disons tout d'abord que ce dernier défaut est incomparablement moins grave que le premier. Sa largeur sera due à la rondeur des côtes et au développement de l'ilio-spinal.

Dos en toit. Lorsque les côtés du dos sont déprimés brusquement, il est dit étroit. Certains connaisseurs ont exprimé cette conformation par l'épithète de *dos en toit*. Ce caractère de forme décèle sa faiblesse, et il est presque toujours accompagné de l'aplatissement des côtes.

Dos de mulet. Lorsque le dos est convexe, il est dit *dos de carpe* ou *de mulet*. Cette conformation est favorable à la force de résistance de la colonne vertébrale : aussi la trouve-t-on chez les mulets, qui sont susceptibles de supporter des fardeaux très-lourds ; mais elle exclut la flexibilité de la colonne vertébrale ; elle est, à ce titre, un défaut pour le cheval de selle.

Ensellé. Lorsque le dos est concave, on le dit *ensellé* ; il est faible et mou dans ses mouvements. Cette défectuosité se rencontre souvent chez les chevaux qu'on a fait travailler trop jeunes ; ils sont sujets à se bercer en marchant, ce qui décèle la faiblesse de leur colonne vertébrale.

Dos bas. Le dos bas est encore un défaut grave, et malheureusement qu'on rencontre souvent chez les chevaux des espèces communes de Normandie et de Bretagne. Les connaisseurs savent qu'il admet rarement quelque compensation. Le vacillement de la croupe dans la marche et l'affaissement de la colonne vertébrale au moment où on enfourche les chevaux qui ont le dos bas, sont les conséquences de ce défaut.

Conformation voulue. DU REIN. — Le rein s'étend du dos jusqu'à la croupe ; il est le point de centralisation des mouvements de l'avant et de l'arrière-main, et représente la clef de voûte de cette dernière partie. L'importance de ces fonctions fera com-

prendre toute celle qu'on doit attacher à sa bonne conformation. Sans un bon rein, le cheval manque de force
pour supporter le poids du cavalier et chasser la masse en
avant.

Le rein doit se prolonger sur la ligne horizontale du dos,
sans aucune dépression ni saillie à son point de jonction
avec lui; il s'unira aussi d'une manière intime avec la
croupe, en se confondant avec elle. Ce mode de jonction
est exprimé par l'épithète de rein *bien attaché*. On veut
surtout qu'il soit court, sans excès, et large; car sa largeur, étant due à l'étendue des apophyses transverses et au
grand développement de l'ilio-spinal, sera une garantie de
sa force.

On mesure la longueur du rein, en portant le pouce sur
la dernière côte et le petit doigt sur la hanche. Or, le rein
sera d'autant plus court que cette dimension sera moindre.
On a dit que la distance du sommet du garrot au niveau des
hanches, devait être égale à une longueur de tête.

Le rein doit avoir un certain degré de sensibilité. Pour en
juger, on le pince avec le pouce et l'index, à son point de
jonction avec le dos. L'impression que ressent le cheval doit
être telle, qu'elle détermine un léger affaissement de sa colonne lombaire et la bascule de la croupe; en sorte que la
ligne qui s'étend du garrot jusqu'à la queue sera devenue
horizontale. Ce mouvement indiquera la force et la souplesse du rein, car il ne se sera affaissé qu'autant que l'animal, ayant le sentiment de la force de cette partie, n'aura
pas craint de la fléchir, sous l'effort des muscles de la colonne vertébrale, auxquels il aura prêté un point d'appui
solide. Mais si le rein manquait de force, l'animal se raidi-
rait et vousserait son dos, pour s'opposer à son affaissement. C'est ce qu'il fait, lorsque le cavalier vient à l'enfourcher.

On ne saurait trop s'attacher à juger les qualités du rein
dans l'action. Lorsqu'un cheval part au trot, si on voit sa

croupe faire la bascule et son rein s'allonger horizontale-
ment, on peut en inférer qu'il est souple et fort ; mais s'il
se vousse et surtout si l'arrière-main se berce, ce sera la
preuve que le rein sera *mou :* défaut très-grave, car il n'admet aucune compensation.

Mal attaché. Lorsque le rein offre une dépression à son union avec le
dos et décrit une convexité, il est alors long et étroit, représente un levier trop flexible et dénué de force. Il arrive aussi
dans ce cas qu'il est déprimé à l'endroit où il se joint à la
croupe. C'est ce qu'on indique par l'expression de *rein mal
attaché.*

Affections Lorsqu'on pince le rein, s'il ne témoigne aucune sensibi-
du rein. lité, il est à craindre qu'il soit paralysé ou ankilosé. La raideur du rein se remarque encore dans un grand nombre de
maladies internes.

Conforma- DU VENTRE. — Le ventre est situé en arrière de la poitrine
tion voulue. et au-dessous des flancs ; il doit être bien arrondi, suffisamment développé pour loger et faire fonctionner facilement
les viscères digestifs.

Ventre de Lorsqu'il est très-volumineux, il est appelé *ventre de
vache. vache.* Cette défectuosité se rencontre chez les chevaux d'un
tempérament lymphatique, élevés dans les pays marécageux et chez lesquels l'abdomen a été développé par une
nourriture herbacée.

Ventre le- L'étroitesse de l'abdomen constitue le ventre levretté. Ce
vretté. défaut existe chez les chevaux qui ont les côtes plates et le
poitrail étroit ; il annonce un mauvais estomac : défaut des
plus graves, car le cheval n'est fort et bien portant, qu'autant qu'il est capable de bien digérer.

On remarque que chez les chevaux qui ont le ventre levretté, les crottins renferment des parcelles d'aliments qui
ont résisté à l'action digestive : ce qui prouve son impuissance pour les élaborer.

Conforma- DES FLANCS. — Les flancs sont placés au-dessous du rein,
tion régulière

entre les dernières côtes et les hanches, et au-dessus du
ventre. Les flancs doivent être pleins, sans dépression sensible. Les flancs creux, retroussés, longs, indiquent tou-   Défectueuse.
jours le défaut de capacité de l'abdomen. On consulte,
ainsi qu'on a eu l'occasion de le dire au sujet de la respiration, les mouvements des flancs pour juger l'état de cette
fonction.

Article Troisième.

DE L'ARRIÈRE-MAIN.

Généralités. — De la croupe. — *Conformation régulière. — Con-*
séquences de son horizontalité. — Croupe avalée. — Croupe
courte. — Croupe du cheval de trait. — Saillie du sommet de
la croupe. — Des hanches.— *Conformation régulière. — Cheval*
cornu. — Hanches coulées — Ce qu'on entend par un coup de
balet. — De la queue. — *Du port de la queue. — Du niquetage.*
— *De la grosseur du tronçon.* — De l'anus. — Du fourreau.
— Des cuisses et des fesses. — *Cuisses Descendues. — Du*
carré du derrière. — Cuisses de grenouille. — Caractères de
force des fesses. — Des jambes et des mollets. — Mollets descendus.—De l'étranglement au-dessous des mollets.—Des jarrets.
— *Double fonction des jarrets. — Conformation favorable*
à l'appui. — Conditions favorable à la chasse dans la dé-
tente — Examen dans les mouvements. — Observations de
fait à ce sujet. — Des jarrets coudés, relativement à l'appui
et à la chasse.— Jarret droit. — Jarret court.

GÉNÉRALITÉS.

La liaison intime du corps avec l'arrière-main dépend
beaucoup de la bonne attache du rein ; elle est une condition essentielle de force de la pulsion de la masse, qui agit
incessamment sur le corps et l'avant-main, sans aucune dé-

composition de force, et profite d'autant plus à la vitesse. Mais lorsque le corps se lie mal à l'arrière-main, que le rein est mou et son attache avec elle faible, il arrive que lorsque le derrière chasse le devant, il s'opère une espèce de bercement dans toutes ces parties qui décompose la force et diminue l'intensité du mouvement progressif. On dit que ces chevaux sont décousus, pour exprimer qu'ils manquent d'accord autant que de puissance dans leurs mouvements.

DE LA CROUPE. — La croupe, considérée comme levier destiné à redresser l'avant sur l'arrière-main, à allonger et raccourcir la colonne vertébrale, tirera toutes ses qualités de ses proportions et de sa direction. Relativement à ses proportions, elle devra avoir une largeur de tête. Cette condition ne se trouve remplie que chez les chevaux de course d'une très-belle conformation ; mais plus généralement la croupe n'a que la largeur de tête jusqu'à la commissure des lèvres, ainsi que l'indique Bourgelat.

Si on veut que la croupe soit horizontale, ce n'est pas parce qu'elle plaît davantage à la vue par cette conformation, mais bien parce qu'elle est favorable à l'action des muscles qui la recouvrent et descendent le long de la cuisse ; car il en résulte d'une part que la croupe forme un angle de 90°, qui est le plus avantageux à la similitude des angles, et d'autre part que les muscles de la croupe, étant perpendiculaires à la cuisse, sont dans les conditions mécaniques les plus avantageuses pour la mouvoir.

On remarque que tous les chevaux de race d'élite ont la croupe horizontale ; il faut encore que les interstices musculaires se dessinent bien sur sa surface et accusent la force des agents actifs des mouvements.

La croupe qui est abaissée vers sa partie inférieure est dite *avalée*.

Il est évident qu'elle est dans des conditions mécaniques défavorables à l'action musculaire, puisque les mucles qui s'étendent sur elle et sur la cuisse ne sont pas assez perpendiculaires à leur résistance pour agir avec toute leur puissance d'effet. L'expérience confirme cette théorie, car on remarque que les chevaux qui ont la croupe avalée manquent souvent de force dans le derrière. Cette conformation tend aussi à vicier l'aplomb des membres de derrière, car elle dispose ceux-ci à s'engager beaucoup trop sous la masse, en sorte qu'ils en supportent péniblement tout le poids et que la difficulté qu'ils ont à se diriger assez en arrière pour chasser la masse, diminue leur force de pulsion.

Une croupe courte et ronde manque toujours de force, et elle est souvent accompagnée de l'excès de longueur du rein, ce qui complique son défaut. Croupe courte

La croupe des chevaux de trait ne doit pas avoir les grandes proportions que l'on vient d'assigner à celle du cheval d'élite ; elle doit être bien musclée. On l'appelle double, quand elle offre une espèce de rigole dans sa ligne médiane. Les croupes qui se terminent en *cul-de-poule* sont défectueuses. Croupe de
cheval de trait

On voit souvent le sommet de la croupe, chez les chevaux limousins, offrir une saillie très-marquée qui est due à la prédominence du sacrum sur les os de la hanche. Cette conformation rend la croupe défectueuse à la vue, mais elle n'influe pas sur ses qualités de mouvements. Saillie du
sommet de la
croupe.

Des hanches. — Les anciens hippologues ont souvent confondu les hanches avec la croupe et même le rein. Les hanches doivent être bien ouvertes ; leur écartement répond à une longueur de tête dans les chevaux d'élite ; plus ses proportions seront avantageuses, plus elles ajouteront à la force des muscles qui la recouvrent. Conforma-
tion régulière

Lorsque les hanches sont très-saillantes, on dit que le cheval est *cornu*. Cette conformation peut déplaire à la vue, mais elle est loin d'être un défaut au point de vue des facultés de mouvements. La saillie des hanches, dans ce cas, Cheval cornu.

est favorable à l'action musculaire et explique pourquoi les chevaux cornus ont ordinairement de la force dans l'arrière-main.

Hanches coulées. — Lorsque les hanches sont noyées dans les chairs et peu apparentes, on dit qu'elles sont *rondes, coulées;* elles annoncent le manque de force de l'arrière-main.

Ce qu'on entend par un coup de balet. — Il est nécessaire de comparer la hauteur relative des hanches ; quand elles ne sont pas de niveau, les Normands expriment cette particularité en disant que le cheval a un *coup de balet.* Ce défaut provient d'un effort que le cheval, encore poulain, a pu prendre en sautant ou en tombant, ce qui a faussé l'articulation de l'ilion avec le sacrum.

Du port de la queue. — DE LA QUEUE. — Rien ne donne plus d'élégance et de noblesse au cheval qu'un beau port de la queue. Dans aucune race cette qualité n'est aussi remarquable que dans celle de l'Orient. On reconnaît toujours le cheval arabe et tous les chevaux qui ont dans les veines quelques parcelles de son sang, à la manière dont ils portent la queue sur le rein.

Au moyen de l'opération du niquetage, on force le cheval à bien porter la queue; mais il faut faire observer que s'il montre en cela le signe de la force, il n'en a pas acquis les qualités par l'opération qu'il a subie.

Un tronçon qui résiste quand on cherche à le soulever, est un signe de force.

DE L'ANUS. — On a remarqué que chez les chevaux de race l'anus est petit, bien roulé et assez sorti, tandis qu'il est volumineux, flasque, chez les mauvais chevaux.

DU FOURREAU. — On a remarqué que le fourreau est toujours très-développé chez les bons chevaux, et petit chez ceux qui manquent de moyens.

DES CUISSES ET DES FESSES. — Les cuisses comprennent, a-t-on déjà dit, le second rayon supérieur des membres postérieurs qu'entourent des masses charnues en avant, en arrière et sur les côtés ; leur partie postérieure constitue les fesses ; la direction des cuisses doit être telle qu'elles forment un angle de 90° avec la croupe ; plus elles sont longues, et plus elles donnent d'étendue aux mouvements ; c'est ce qu'expriment les connaisseurs en disant que les cuisses sont *bien descendues*.

Cuisses bien descendues.

Des *cuisses descendues* et bien fournies sont un des caractères propres à faire reconnaître les chevaux qui ont du sang.

Le cheval de trait ne doit pas avoir les proportions de cuisses aussi avantageuses que celles du cheval de selle : mais leurs faisceaux charnus doivent être bien développés et leurs interstices bien dessinés.

Lorsque les cuisses sont larges et les hanches bien ouvertes, on dit que le cheval a un beau *carré de derrière*. Cette expression indique que les cuisses sont tangentes à un plan vertical abaissé du sommet des hanches, en sorte que ces deux parties sont renfermées dans un carré parfait. On exprime encore le développement des cuisses, en disant que le cheval est bien *culotté*.

Un beau carré de derrière.

La face interne des cuisses répondant à leur plat doit offrir deux renflements bien prononcés.

On appelle *cuisses de grenouille* celles qui manquent de volume et de force

Cuisses de grenouille.

Les *fesses* dont les faisceaux charnus sont fortement accusés et durs au toucher, offrent les conditions les plus avantageuses pour la chasse de l'arrière-main ; et, en effet, on ne saurait trop se pénétrer qu'ils représentent les agents de pulsion de la masse, et qu'à ce titre c'est dans leurs caractères de force qu'on doit rechercher les garanties des qualités du train de derrière. L'observation confirme ce qu'on vient d'avancer, car on remarque que tous les bons trotteurs ont les fesses très-développées ; mais le cheval qui aura les fesses grêles manquera toujours de *chasse*.

Des fesses relativement à la chasse.

<table>
<tr><td style="vertical-align:top; width:22%">Conforma-
tion voulue.</td><td>Des jambes et des mollets. — Les considérations qu'on vient d'exposer relativement aux cuisses, s'appliquent aux jambes. Évidemment leur largeur comporte des proportions relatives et non absolues. On voudra que les chevaux de selle et de course surtout aient les jambes plus longues que le cheval de trait ; mais on exigera pour tous les chevaux , quelle que soit leur destination , que les mollets offrent un développement suffisant et des interstices assez prononcés pour assurer la force des muscles qui en sont la base. Lorsque les masses charnues de la jambe sont bien développées, on dit que le cheval est bien gigoté.</td></tr>
<tr><td style="vertical-align:top">Mollets des
cendus.</td><td>Les personnes qui font courir recherchent beaucoup les chevaux qui ont le mollet descendu , comme garantie de leur disposition à la vitesse. Ce caractère est propre aux chevaux qui ont du sang.</td></tr>
<tr><td style="vertical-align:top">Etrangle
ment au-des
sous du mollet</td><td>Quand les tendons au-dessous des mollets forment un étranglement au lieu de suivre leurs contours , c'est un indice de faiblesse du membre.</td></tr>
<tr><td style="vertical-align:top">Définition
des jarrets.</td><td>Des jarrets. — Si on se pénètre que les jarrets ont une double fonction à remplir , savoir : de supporter la masse, de la chasser en avant, de lui imprimer tous ses mouvements , on comprendra que toutes leurs qualités dépendront de leur aptitude à satisfaire à ces conditions.</td></tr>
<tr><td style="vertical-align:top">Conditions
de solidité
dans l'appui.</td><td>Avec l'ouverture de l'angle du calcanéum avec le tibia à 45°, les os qui composent l'articulation portent assez d'aplomb sur leurs surfaces articulaires pour que l'appui de la masse se fasse sur eux sans nécessiter aucun tiraillement de la part des ligaments des capsules et des tendons, et pour les maintenir fermes dans leur position normale , tant dans la station d'immobilité que dans le mouvement (1).</td></tr>
</table>

(1) Plusieurs personnes admettent que l'angle du jarret est formé par l'inflexion de la jambe sur le canon, en sorte qu'elles appellent jarret large ce que nous appelons jarret étroit, et jarret étroit notre jarret

La largeur du jarret, étant mesurée par la distance qui sé- Conditions
pare la pointe du calcanéum du tibia, sera d'autant plus favorables à
grande que le calcanéum aura de longueur; or, il importe la chasse.
de bien se pénétrer, que c'est à la faveur de cette longueur
que le levier que représente le calcanéum sera plus puis-
sant, qu'il décrira des arcs de cercle d'autant plus grands,
et qu'il en fera décrire de proportionnels, à la masse, au
profit de l'étendue des mouvements progressifs (1).

Ce que la théorie vient d'établir par le raisonnement, reçoit
une preuve incontestable des faits d'observation. Ainsi, en
mesurant l'ouverture des jarrets des chevaux de course sur
les hippodromes, on a observé que ceux qui avaient fait
preuve de la plus grande vitesse, sans en excepter même
Eclipse, surnommé le Roi des courses, n'avaient pas ordinairement l'angle du jarret ouvert à plus de 45 degrés.

Indiquons maintenant les caractères de beauté du jarret. Conforma-
Il doit être ouvert sous un angle de 45 degrés, *large, sec,* tion régulière
bien évidé, et offrir les plus belles proportions que possible
de longueur. Sa largeur dépendra surtout de la longueur du
calcanéum. L'évidement et la sécheresse du jarret seront
dus à la petitesse des éminences naturelles de cette articulation, à la finesse de la peau et des poils; la peau sera en
quelque sorte collée sur les os, de façon à en dessiner les
saillies et les dépressions. Dans les chevaux de sang, les
éminences naturelles du jarret sont petites, minces ; elles
sont, au contraire, volumineuses et empâtées dans les
chevaux communs.

C'est dans les mouvements particulièrement qu'on doit Examen du
chercher à reconnaître les qualités ou les défauts des jar- jarret dans le
mouvement.

large. Mais comme cet angle est très-difficile à juger, il nous paraît pré-
férable d'admettre celui que le *Cours* a reconnu.

(1) Évidemment en prolongeant les côtés d'un angle, on n'ajoute en
rien à son degré d'ouverture. Mais cette vérité ne détruit pas la théorie
qu'on vient d'établir sur les rapports de la largeur du jarret et de sa
puissance avec la longueur du calcanéum.

rets. S'ils sont réguliers, on les verra se plier tous deux bien également et avec facilité, leur détente sera franche, énergique et sans aucun vacillement par côté. Mais si ce vacillement a lieu, alors la force d'impulsion sera décomposée, annihilée, et le jarret sera *mou*, *flageolant* et dénué de qualités de chasse.

Jarrets près de terre. La distance des jarrets relativement au sol dépend des proportions des rayons supérieurs des membres avec celles des rayons inférieurs. Lorsque les premières sont étendues, les jarrets sont *près de terre*. Cette disposition, favorable à la vitesse, est très-remarquable dans les chevaux de pur sang. Si les rayons supérieurs sont courts, les canons sont longs et les jarrets loin de terre. Cette conformation est propre aux chevaux qui relèvent beaucoup en marchant et manquent de vitesse.

Des jarrets coudés. On a admis longtemps que les plus beaux jarrets étaient les plus larges, et c'était une grande erreur; car il faut bien se pénétrer que le calcanéum, étant un prolongement du canon, suit toujours une direction opposée à la sienne, et que lorsqu'il est très-éloigné du tibia, c'est-à-dire lorsque le jarret est très-large, le canon est nécessairement très-oblique et engagé sous la masse, d'où résulte le *jarret-coudé*. On a dit, en faveur des jarrets très-ouverts, que les cordes tendineuses, étant plus perpendiculaires au calcanéum, offraient des conditions mécaniques plus favorables à leur effet sur lui; mais, tout en admettant cet avantage, il faut bien reconnaître qu'il est loin de racheter les inconvénients qui résultent de cette conformation. Et, en effet, avec le jarret coudé, les attaches des os qui composent les articulations et les tendons éprouvent un tiraillement continuel pendant l'appui, qui amène leur fatigue et leur usure incessante. Les tendons fléchisseurs du boulet souffrent par la même cause et subissent les mêmes conséquences; enfin, les jarrets trop engagés sous la masse la soulèvent en hauteur plutôt qu'ils ne la chassent en avant, ce qui diminue proportionnellement le mouvement progressif et rend toute vitesse impossible. Les connaisseurs ont toujours remarqué que les jarrets très-larges et coudés sont vacillants au moment de l'appui.

Les jarrets droits sont défectueux, en ce sens qu'ils sont incapables de produire suffisamment la pulsion de la masse, puisque les arcs de cercle que décrit le calcanéum manquent d'étendue. Lorsqu'ils sont courts, ils sont tout-à-fait impuissants. Jarrets droits Jarrets courts

Les jarrets *étranglés* à leur jonction avec le canon manquent de force. Jarrets étranglés.

Lorsque les éminences naturelles sont volumineuses, que les tissus et la peau sont épais, on les dit alors *empâtés*. Ils sont toujours *mous* dans le mouvement.

On appelle *crochus* ou *jarretés* les chevaux dont les jarrets sont trop rapprochés; ils sont ordinairement maladroits dans la marche, susceptibles de s'embarrasser dans les mouvements de *chevaucher*. Crochus ou jarretés.

Les chevaux navarrins et généralement les chevaux de montagne, chez lesquels ce défaut est très-ordinaire, écartent leurs jarrets lorsqu'ils sont en mouvement.

DES CANONS. —Toutes les considérations qu'on a exposées au sujet des canons et de la partie inférieure des membres de devant s'appliquent aux parties correspondantes des membres de derrière.

Toutefois il faut ajouter que, quoi qu'on ait eu raison d'établir en principe général que le canon suit ordinairement la direction du calcanéum, il arrive cependant quelquefois que ces deux os forment un coude à leur point de jonction répondant au péroné; on dit alors que le *canon est mal attaché*. Cette défectuosité prédispose le cheval qui en est affecté à se *jardonner*. Canon mal attaché.

CHAPITRE NEUVIÈME.

MÉTHODE D'EXAMEN DU CHEVAL, COMPRENANT L'APPLICATION DE TOUTES LES LEÇONS DE L'EXTÉRIEUR.

Sujet de ce chapitre. — Signification des expressions de : Cheval qui a un bon ensemble.— Cheval bien suivi.—Qui a un beau dessus. — Un beau dessous. — Cheval près de terre. — Haut-perché. — Dégingandé — Cheval en ligne. — Qui a du cachet. — Qui a de l'espèce. — Qui a du bouquet. — Qui a de l'éclat. — De la noblesse. — Qui est un tableau. — Qui a de la lame. — Cheval ramassé. — Bien roulé. — Cheval bien traversé. — Qui a de l'anglais. — Qui a de l'arabe. — Cheval ficelle. — Qui est tout nerf. — De la première impression à la vue d'un cheval. — De la promptitude du coup-d'œil. — Cas où il ne faut pas continuer un examen. — Examen du cheval à l'écurie. — Préparation à la montre. — Prévention injuste contre les marchands de chevaux.

Sujet à ce chapitre.

L'examen du cheval en vente comporte évidemment l'application de toutes les théories qui viennent d'être enseignées précédemment. On va indiquer la marche à suivre pour le rendre aussi facile que possible.

Pour voir tout et bien dans le cheval en vente, il faut l'examiner avec calme, méthode et raisonnement.

En ce sens, on verra le cheval : 1° dans le repos, à la montre ; 2° dans le mouvement, conduit au bout de la longe ; 3° en le faisant monter ou en le montant soi-même, ce qui vaut mieux.

Dans chacune de ces conditions d'examen, on jugera toujours le cheval sous ces trois aspects :

1° Par profil, ou de côté; 2° de face; 3° par derrière.

Ce chapitre se divisera en trois articles.

Article 1er. — Examen du cheval à la montre.

Article 2e. — Examen du cheval en mouvement, conduit au bout de la longe.

Article 3e. — Examen du cheval monté.

On va commencer par définir quelques expressions techniques, à l'usage des marchands de chevaux; il importe de connaître leur signification pour pouvoir s'entendre avec eux et leur faire reconnaître qu'on est homme du métier et qu'on sait en parler le langage.

On entend par cheval qui a de l'*ensemble*, ou un *bon ensemble*, celui dont le corps est bien proportionné aux membres, et dont les parties font un tout homogène, bien harmonisé, qui est la garantie de sa force et de ses moyens. *Signification des expressions : cheval qui a un bon ensemble.*

Le mot de cheval *bien suivi* s'emploie ordinairement pour exprimer la régularité et l'harmonie des lignes du dos et des membres, lorsqu'elles se continuent sans dépression ni étranglement qui en rompent en quelque sorte les contours. *Bien suivi.*

On dit qu'un cheval a un *beau dessus*, lorsque son encolure et son corps offrent une conformation belle et régulière. *Un beau dessus.*

Un *beau dessous* s'entend de la beauté des membres. *Beau dessous.*

Quand le corps est assez rapproché du sol, par suite de la brièveté des membres, on dit que le cheval est *près de terre*. *Cheval près de terre.*

On le dit *haut-perché, dégingandé*, quand ses membres ont une longueur disproportionnée avec son corps. *Haut-perché.*

On exprime la même idée en disant qu'il lui passe *beaucoup d'air sous le ventre*.

Un cheval dont les extrémités de derrière cachent bien celles de devant, quand on le regarde par derrière trotter, est dit *en ligne*. *Cheval en ligne.*

Cheval qui a du cachet. — L'expression de *cheval qui a du cachet*, me paraît faire allusion à l'idée du cheval qui offre en quelque sorte l'empreinte d'un bon moule de cheval d'une race d'élite. Ainsi, celui dont la charpente osseuse se dessine bien visiblement sous la peau, dont les éminences sont saillantes, les formes bien carrées, les interstices musculaires bien accusés, aura du cachet.

Qui manque de cachet. — Par opposition à ces caractères, le cheval aux formes *rondes* et *empâtées*, qui paraissent *coulées* les unes dans les autres, *manquera de cachet*; il aura la tête massive, les épaules rondes, les hanches coulées; ses articulations manqueront de sécheresse et seront mal soudées.

Cheval qui a de l'espèce. — Par cheval qui a de l'*espèce*, on entend celui qui a un caractère de forme tellement déterminé, qu'on ne saurait le méconnaître; il aura, par exemple, de l'espèce navarrine, limousine ou bretonne, etc. Mais si ces caractères sont vagues, obscurs, ils annoncent un produit bâtard de races mal appareillées : on dira qu'il manque d'espèce.

Qui a du bouquet. — La signification de *cheval qui a du bouquet* est moins précise; elle se rapporte à la manière d'être du cheval, à son port fier, hardi, à ses manifestations de gaîté, d'impatience de mouvements. Ses formes sont svelte, élégantes, et témoignent plutôt de l'agilité dans l'action que de la force et de la puissance. Il est quelquefois dangereux de se laisser séduire par ces apparences.

De l'éclat, de la noblesse. — Les expressions de cheval qui a de l'*éclat*, de la *noblesse*, sont un peu vagues dans leur signification ; elles s'emploient comme synonyme de cheval qui a du bouquet.

Qui a de la lame. — Le cheval qui a *de la lame*, est celui qui a de la taille, de belles lignes et de la distinction.

C'est un tableau. — On dit encore *c'est un tableau*, pour exprimer probablement que le cheval est digne de poser pour modèle de beauté.

Cheval ramassé, bien roulé. — Un cheval qui sera court, gros, dont toutes les parties seront solidement unies, soudées ensemble, en quelque sorte, sera dit *trapu*, *ramassé*, ou encore bien *roulé*: nos petits chevaux des Ardennes, les bretons et les provenances de l'arabe méritent souvent cette épithète.

On dit quelquefois que le cheval est bien *traversé*, pour exprimer qu'il est bien en travers, c'est-à-dire, qu'il a le poitrail ouvert, le corps et la croupe larges. Le cheval *plat* est mal traversé. — *Cheval bien traversé.*

Le cheval qui a *du sang anglais*, ou qui a *de l'anglais*, car les synonimes sont nombreux dans la langue des marchands de chevaux, a des formes carrées, anguleuses; les lignes des rayons supérieurs des membres sont étendues, les articulations près de terre, les muscles des mollets, des fesses et des avant-bras bien descendus; ses poils sont fins et ras. — *Qui a de l'anglais.*

Le cheval qui a *de l'arabe*, se reconnaît à un ensemble bien harmonisé, à des formes qui plaisent par leur homogénéité; elles sont moins anguleuses que dans le cheval anglais; les articulations sont moins rapprochées de terre, mais elles sont sèches et bien accusées; la finesse des poils et des crins, le beau port de la queue et surtout l'expression de franchise, de douceur, et enfin l'accord et le gracieux des mouvements, sont autant de traits qui décèlent le sang oriental. — *Qui a de l'arabe.*

On dit qu'un *cheval est ficelle*, quand il trompe l'acheteur par une fausse ardeur, qu'accompagne une conformation élégante mais grêle. — *Cheval ficelle.*

Pour exprimer que le cheval a des moyens, on dit qu'il a *du moral*, qu'il est *plein de feu*, qu'il est *tout nerf*. Il existe encore d'autres mots techniques, dont on donnera la signification à mesure qu'ils se présenteront dans le cours de ce chapitre. — *Qui est tout nerf.*

Je vais passer à quelques considérations générales qui reposent sur des faits d'expérience pratique qui pourront aider, je crois, celui qui débute dans l'étude du cheval, au point de vue de son appréciation.

*De la pre-
mière impres-
sion à la vue
du cheval.* La première impression que l'on reçoit à la vue du cheval est presque toujours la meilleure; il faut craindre même de la détruire par des considérations de détail, auxquelles on sacrifice souvent des considérations d'ensemble. On achette un cheval parce qu'il a telle ou telle partie très-belle, et on oublie qu'une beauté dominante dans l'ensemble est souvent un défaut par rapport aux autres qui n'y répondent pas; qu'il faut préférer même un cheval d'un bon ensemble, et d'une beauté médiocre, à celui qui brille par quelques qualités qui sont en désaccord avec le reste de sa conformation.

*De la prompti-
tude du coup-
d'œil.* C'est par la justesse et la promptitude du coup-d'œil que brille le talent du véritable connaisseur. On serait porté à le regarder parfois comme le fait d'une espèce de divination, et, cependant, il n'est autre chose que le produit de l'habitude de juger sainement le cheval qu'on lui présente, au moyen des types qu'une longue expérience lui aura fait étudier et qu'il aura gravés profondément dans sa mémoire.

*Cas où il ne
faut pas con-
tinuer un exa-
men.* Dans le premier coup-d'œil qu'on jette sur le cheval, il faut surtout chercher à saisir les défauts qui peuvent le rendre de nulle valeur, et vous ordonneraient d'arrêter votre examen, vu qu'il est inutile de voir en détail un cheval entaché de certains défauts qui le déprécient complètement; on continuera, au contraire, cet examen, si l'ensemble est satisfaisant et offre les conditions de qualités qu'on recherche.

*Examen du
cheval à l'écu-
rie.* Avant de voir le cheval à la montre, il est bon de le voir à l'écurie, et, s'il est possible, à l'insu des marchands; car c'est un moyen de le surprendre dans ses mauvaises habitudes, soit de tiquer, de mordre, de donner des coups de pied, de prendre une attitude éreintée et défectueuse, de s'appuyer sur les jambes saines, pour reposer celles dont il souffre. Mais si le marchand a pu précéder l'acheteur, tous ces défauts auront disparu, grâce aux talismans inévitables

du fouet et du gingembre : les chevaux mous se seront animés, les croupes avalées se seront redressées, tous auront
pris de l'ardeur dans le regard, de la hardiesse dans leur
attitude. Certes, le marchand cherche à présenter le cheval Préparation
à la montre dans les conditions les plus avantageuses pour à la montre.
séduire l'acheteur, et on ne saurait lui en faire un blâme,
car il agit en cela comme tout autre marchand qui pare sa
marchandise pour mieux la vendre. Tout le monde connaît,
d'ailleurs, les moyens qu'il emploie dans cet intérêt; ce
sont : l'engraissement à lard, les aliments excitants, les
soins si coquets de la toilette et la manière de faire placer le
cheval à la montre.

On reproche à tort aux marchands de chevaux de détour Prévention
ner votre attention des parties défectueuses et de l'attirer injuste contre
sur celles qui sont régulières; en cela, ils font leur métier. les marchands
Mais je dirai : s'ils sont bons vendeurs, soyons bons ache de chevaux.
teurs, et nous verrons, non pas ce qu'ils nous montreront,
mais ce que nous voudrons voir (1).

Avant de faire choix d'un cheval, il faut être bien fixé sur
le genre de service auquel on le destine, afin de savoir
quelles sont les qualités spéciales qu'on doit lui demander,
et quelles sont celles auxquelles il ne faut pas prétendre.

---

(1) Il existe, il faut le dire, une prévention souvent injuste contre la
bonne foi des marchands de chevaux. Il en est qui font honorablement
leur commerce et qui vous donneront un bon cheval, quand on le leur
aura demandé en toute confiance. Mais si on en choisit un médiocre au
lieu d'un bon, il ne faut pas accuser le marchand de l'erreur qu'on aura
commise, car on se sera trompé soi-même.

Article Premier.

EXAMEN DU CHEVAL A LA MONTRE.

Examen du cheval vu par côté. — Attitude du connaisseur. — Méthode d'examen. — Exemple. — Examen de la ligne du dos. — Des parties situées au-dessous de cette ligne. — Examen des membres. — Des articulations. — Des cordes tendineuses. — Du pied. — Examen des parties qu'on doit palper ou voir de près. — Palper les cordes tendineuses. — Les articulations. Pincer le rein. — Soulever la queue. — Serrer la gorge. — Examen de la vue. — Des muqueuses. — De l'auge. — Examen du cheval vu de face. — Du poitrail. — Des membres de devant dans leur degré d'écartement et leurs aplombs. — Examen du cheval vu par derrière. — Des proportions de l'arrière-main et des aplombs des membres.

Le cheval présenté à la montre, a-t-on déjà dit, sera examiné sous trois aspects : de profil, de face, et par derrière.

Méthode d'examen.

Pour l'examen de profil, après s'être placé à 2 ou 3 mètres du cheval, sur l'un de ses côtés : là, immobile, les yeux fixés d'aplomb sur lui, l'acheteur suivra toutes ses lignes, parcourra rapidement ses parties accessoires, et s'arrêtera sur celles qui, par leur importance, demanderont un

Attitude à prendre.

examen scrupuleux ; il évitera de laisser errer le regard à l'aventure ; l'acheteur qui s'agite, va et vient à l'entour du cheval, décèle un talent fort novice. On ne doit pas faire un pas qui ne soit justifié par la nécessité de voir ce que l'on veut juger.

Appréciation au premier coup-d'œil.

Avant de procéder à l'examen de détail du cheval, on doit jeter sur lui un premier coup-d'œil qui embrasse toutes ses parties dans leurs rapports de lignes, de masses et de facultés. On concevra alors cette première impression de sa

valeur qui est souvent la plus juste et vous fait reconnaître,
tout d'abord, si le cheval a un bon ensemble.

On ne saurait prescrire une marche invariable, règle-
mentaire pour l'examen de détail; il est constant que la
seule règle que l'on puisse prescrire, est de procéder de
telle sorte que toutes les parties du cheval soient successivement soumises au contrôle de l'acheteur, et qu'aucune ne
puisse lui échapper.

Si, par exemple, on commence cet examen par la tête,
on étudiera ses formes, sa position, son attache, son expression morale; l'œil ira naturellement de la tête à l'encolure, qu'on examinera dans ses dimensions et ses contours, qui doivent répondre à ses fonctions si importantes de
gouvernail du corps.

C'est à la base du garrot que commence la ligne qui s'é-
tend jusqu'à la queue, en suivant le trajet de la colonne
vertébrale. On voudra que toutes les parties dont se compose cette ligne, savoir : le dos, le rein et la croupe, soient
liées entr'elles de manière à représenter un levier continu,
sans aucune inflexion qui en décomposerait la force et en
diminuerait les facultés. On s'attachera surtout à reconnaître la structure du rein et son mode de jonction avec la
croupe, qui doit être assez intime pour que l'arrière-main
soit solidement soudée au corps, et lui imprime énergiquement son mouvement progressif.

Passant ensuite aux parties situées au-dessous de la ligne
du dos et du rein, on examinera les épaules, la poitrine,
le ventre, le flanc et la croupe; on voudra que l'épaule ait
les dimensions, les formes et la direction que demanderont
la liberté et l'étendue de ses mouvements; que la poitrine,
le ventre et les flancs aient la capacité nécessaire pour loger
facilement les appareils de la vie, où s'élabore le principe
de la force, d'où procèdent les facultés de tempérament et
de moyens locomoteurs. On examinera avec beaucoup
d'attention les flancs, pour juger la régularité de leurs mou-

Exemple sur une méthode d'examen du cheval.

Examen de la ligne du dos

Examen des parties au-dessous de la ligne du dos.

vements. Enfin, la croupe demandera à être jugée dans sa direction, son ampleur et ses proportions, si l'on veut être renseigné sur un des éléments essentiels de la chasse de l'arrière-main.

Examen des membres. Les yeux, ayant ainsi parcouru toutes les parties du corps, descendront successivement sur les membres de devant et de derrière. Certes, cet examen est le plus difficile de tous, puisqu'il porte sur ces agents de support et de translation de la masse, dont les qualités déterminent essentiellement la valeur du cheval; il aura pour but de se rendre compte de leur direction, leur longueur et leur largeur; leur direction sera celle que demande la rectitude des aplombs; leur largeur sera une garantie de leur force, comme instrument de support, et leur longueur sera proportionnelle au degré de vitesse qu'on recherche.

Des articulations. En étudiant la manière d'être des articulations, on s'assurera si elles sont bien sèches, bien évidées et *nettes*, ce mot exprime l'absence des tumeurs molles et dures, il en sera question plus tard (1). Pour l'instant, il suffit de reconnaître l'état normal des articulations.

On voudra qu'elles soient bien appuyées, c'est-à-dire, que les os portent bien d'aplomb les uns sur les autres, que les canons et les boulets soient *bien attachés* et *bien soudés*.

Des cordes tendineuses. Au-dessous du genou et du jarret, on suivra le trajet des cordes tendineuses qui devront marcher parallèlement aux canons, s'écarter d'eux le plus possible et surtout offrir par leur grosseur la garantie si nécessaire de leur force.

Du pied. Enfin, le pied sera l'objet d'un examen des plus attentifs, au double titre de représenter la base de sustentation et d'être un instrument de mouvement; ses qualités dépendront de sa forme et de ses aplombs.

(1) Voyez, au *Cours d'Hygiène*, les articles des tumeurs molles et des tumeurs dures.

Il existe plusieurs parties qui demandent à être examinées et palpées : on viendra donc se placer ensuite près du cheval, et, tout d'abord, après avoir levé les pieds, on examinera la nature des talons, de la fourchette, des arcs-boutants et de la sole ; on palpera avec attention ces parties pour s'assurer que la corne offre le degré de consistance nécessaire. *(Examen des parties qu'on doit palper ou voir de près.)*

On palpera ensuite les paturons, les boulets, pour sentir s'ils n'ont aucune grosseur anormale, et, remontant la main le long des cordes tendineuses, on reconnaîtra si elles n'ont pas une sensibilité anormale au toucher qui décellerait leur inflammation, ou encore si elles n'offrent pas des indurations, suite de tendons ferrus, mal guéris. *(Palper les cordes tendineuses.)*

Tout en recommandant de palper les articulations du genou et du jarret, on doit faire observer que l'œil du connaisseur n'a pas besoin de recourir à ce moyen, et, comme on dit vulgairement, qu'il ne lui est jamais nécessaire de *mettre ses yeux au bout des doigts ;* mais, pour ceux qui commencent à étudier le cheval, il ne faut pas se priver de la ressource qu'offre ce moyen d'appréciation des tares. *(Les articulations.)*

On a démontré l'utilité de pincer le rein pour reconnaître son degré de sensibilité. Qu'on se rappelle alors que le cheval ne doit manifester qu'une sensibilité modérée, en baissant le rein ; car si ce mouvement était trop marqué, il décèlerait une irritabilité anormale de cette partie. *(Pincer le rein.)*

Il n'est pas inutile de soulever le tronçon de la queue du cheval, car la résistance qu'il met à céder à ce mouvement est un signe de force dont on doit tenir compte. *(Soulever la queue.)*

Après s'être rapproché de la tête du cheval, on lui serrera avec la main les premiers cerceaux cartilagineux de la trachée artère, de manière à le faire tousser ou ébrouer ; le renseignement qu'on retire de cette épreuve est très-propre à faire reconnaître l'état de la poitrine, car, selon que la toux qu'on aura provoquée sera forte, retentissante ou pénible et faible, elle révélera la faculté ou l'impuissance de l'acte respiratoire. *(Serrer la gorge, faire tousser le cheval.)*

Examen de la vue. Certes, il n'est pas difficile de reconnaître si le cheval est borgne, mais il n'est pas donné à tout le monde de juger s'il a de bons yeux ; ce n'est qu'après une longue pratique que l'on parvient à saisir les différents degrés de transparence des humeurs, des membranes de l'œil, et de mobilité de l'iris ; on emploie le procédé indiqué à l'article de la vision pour juger l'état de la vue.

Des muqueuses. L'examen des muqueuses des yeux et des naseaux indiquera le tempérament du cheval et son degré de sang : lorsque ces membranes sont pâles et décolorées, elles indiquent que le sang est aqueux, peu vital, et que la constitution est faible.

De l'auge. En palpant les glandes de l'auge, on saura distinguer celles qui sont naturelles ou anormales.

Examen du cheval de face. L'examen du cheval de profil terminé, on passera à l'examen du cheval de face. Se plaçant alors à deux ou trois mètres en avant, on verra si le poitrail est suffisamment ouvert pour assurer la capacité de la poitrine et l'écartement des membres de devant, écartement nécessaire pour seconder l'aisance et l'étendue de leurs mouvements. Ils devront satisfaire aux conditions voulues des aplombs. On se rappellera que le défaut du cheval cagneux se rencontre dans les chevaux communs et *manqués*, que celui de la panardise est propre aux chevaux distingués : il est moins grave que le premier.

Examen du poitrail.

Des membres

Examen du cheval par derrière. Pour voir le cheval par derrière, on ira gagner son arrière-main, en ayant soin de passer par le côté, opposé à celui qu'on aura examiné de profil, afin de pouvoir l'étudier comme contrôle du côté qu'on aura vu. Alors, en se plaçant à trois mètres environ de la croupe, on verra si les hanches sont bien ouvertes, si le carré de derrière est bien accusé, si le cheval est bien culotté, si les membres de derrière enfin sont bien en ligne avec les membres de devant, et satisfont aux conditions voulues des aplombs.

Examen des proportions du derrière et des aplombs.

Article Deuxième.

EXAMEN DU CHEVAL EN MOUVEMENT.

*Examen par profil. — Au moment du départ. — Du mouvement
des épaules. — Des genoux. — Des jarrets. — Des boulets. —
Mode d'appui du pied — Examen par derrière. — Examen
de face. — Dans le tourner. — Examen des mouvements dans
leur ensemble. — Du désaccord entre les forces du devant et du
derrière. — Du ressort dans les mouvements. — Du ressort
comme élément de la force.*

Le cheval, conduit au bout de la longe, doit être montré
successivement aux allures du pas et du trot. Cet examen
est évidemment le plus essentiel, et il faut l'avouer aussi le
plus difficile; il sert de contrôle à celui qui l'a précédé,
le sanctionne ou le modifie, et, en ce sens, il est la véritable
pierre de touche qui sert à juger complètement le cheval.

On l'étudiera, en mouvement comme au repos, sous ces
trois aspects : de profil, de face et par derrière.

Quand il devra passer du repos au mouvement, on sai- *Examen du
cheval de pro-*
sira les changements qui doivent se manifester dans toute *fil en mouvement au dé-*
sa manière d'être. S'il a des moyens, vous le verrez se redres- *part.*
ser aussitôt, s'animer par degrés; son système musculaire
se dessinera sur l'encolure, l'épaule et les fesses ; sa ligne
du dos se déploiera; sa croupe fera la bascule au moyen
d'un léger affaissement du rein, sur lequel les forces de la
colonne se seront centralisées. Mais si aucun de ces signes
ne se manifeste, si le dos se vousse, si le cheval se met en
action mollement, sans abaissement apparent du rein, il
faudra mal augurer de ses moyens.

Quand il viendra à passer de profil, l'attention se portera *Examen du
mouvement
des épaules.*
sur le mouvement des épaules. S'il s'opère avec aisance, on
verra la pointe des épaules se diriger franchement en avant,

indépendamment du corps ; mais si elle se meut tout d'une pièce avec le corps, et s'il en résulte un bercement de l'avant-main, alors le mouvement rectiligne du corps sera décomposé, annihilé, et la vitesse sera diminuée.

Lorsque les épaules manquent de jeu, on voit le genou faire beaucoup de mouvements, comme s'il cherchait à suppléer par ses efforts à l'insuffisance du jeu des rayons supérieurs.

Des jarrets. Le jarret fonctionnera bien, s'il se plie facilement et opère son appui d'une manière fixe, sûre, sans vacillements et partant sans décomposition de force, si, enfin, sa détente est franche et énergique.

On comparera le mouvement des deux jarrets ; car si l'un des deux fonctionne moins que l'autre, la cause en sera attribuable évidemment à une gêne ou à une raideur produite par une affection quelconque de cette articulation.

Il faut faire remarquer que le flageolement du jarret, pendant son appui, provient autant de la faiblesse de l'attache de la cuisse avec le coxal que de celle de son articulation propre.

Des genoux. Il en sera des genoux ainsi que des jarrets ; on les examinera dans leurs mouvements de flexion et d'extension, pour s'assurer de leurs qualités.

Des boulets. Les boulets devront être fermes dans leur appui, car s'ils fléchissent sous l'effort de la masse qu'ils supportent, ils se fatigueront incessamment et ne pourront transmettre à la machine animale qu'une impulsion décomposée et insuffisante.

Mode d'appui du pied. Le pied se posera bien d'aplomb ; tout appui irrégulier, en pince, talons ou quartiers, amènera l'usure de sa partie correspondante, et préjudiciera à la franchise et à la vitesse de la marche. La manière d'user du fer confirmera aussi cette irrégularité dans l'appui.

Examen par derrière. A mesure que le cheval s'éloigne, on se place derrière lui, exactement dans la direction de la ligne médiane du corps, pour voir que les membres de derrière couvrent bien ceux de devant, et que les bipèdes latéraux se meuvent sur deux mêmes plans verticaux : si cette condition est remplie, le cheval trottera en ligne ; mais si les membres de devant s'aperçoivent en dehors ou en dedans de ceux de derrière : dans le premier cas, le cheval pourra être panard du devant, dans le second, il sera ou serré du devant ou cagneux, il pourra *billarder* ou *foucher*.

Après avoir vu le cheval marcher devant soi, on le fera revenir sur ses pas ; on examinera la manière dont il exécute son tourner. Si l'on s'aperçoit qu'il se traverse, se précipite, bondit en tournant, on pourra supposer alors que la cause en est due à la difficulté qu'il éprouve à exécuter ce mouvement avec calme et franchise. On remarquera aussi que dans la manière d'être du saut, il y a une raideur, une faiblesse de mouvements qui décelleront la cause du mal. Le cheval sain et bien conformé tourne facilement, vu que la jambe du dedans prête à sa voisine un point solide, sur lequel elle peut se livrer à toute l'étendue de mouvements dont elle est susceptible. *(Examen de face dans le tourner.)*

Tout en étudiant les mouvements séparément, on s'attachera à les juger dans leur harmonie ou leur désaccord. Si on se rappelle la théorie de la similitude des angles, qui veut qu'ils soient tous ouverts à 90°, afin que les forces appliquées à leur sommet agissent parallèlement entr'elles et, par là, produisent la chasse de la masse d'autant plus vigoureuse qu'elle sera identique, on comprendra que cette condition ne pourra être remplie qu'autant que les mouvements partiels s'harmoniseront les uns avec les autres. Cette harmonie existera si on voit que le derrière chasse bien, que le devant reçoit franchement le poids de la masse et seconde son mouvement progressif, de telle sorte que l'œil ne saisira que le résultat final des mouvements, qu'il verra le corps *filer* en ligne droite, comme un trait, sans aucun vacillement latéral. *(Examen des mouvements dans leur ensemble.)*

Désaccord entre la force du devant et du derriére.

Mais il y aura désaccord dans les mouvements quand le derrière, par exemple, trop élevé pour le devant, le surchargera de son poids, rendra ses mouvements difficiles et le soutien de la masse chancelant ; il y aura encore désaccord quand le derrière, manquant de chasse, sera suppléé par le devant qui cherchera à le *remorquer* par des effets de traction qui seront toujours insuffisants.

Du ressort dans les mouvements.

Dans la manière d'être générale des mouvements, il y a un caractère particulier qu'on exprime en disant que le cheval a du *ressort*. Cette expression fait image à l'idée qu'elle comporte : elle indique que les jarrets, les boulets, les genoux agissent comme des ressorts élastiques qui se fléchissent et se détendent alternativement. Pour faire concevoir encore mieux ce qu'on entend par le cheval qui a du ressort, on dira qu'il marche comme si le terrain qu'il foule était élastique, ou encore semblable à un tremplain.

Le ressort est un élément de la force.

Lorsque l'on remarque que les chevaux qui ont le plus de ressort, d'élasticité, sont aussi les meilleurs, tels que les arabes, les limousins et certains pur sang, n'est-on pas amené à conclure de ce fait que l'élasticité des organes ne doit pas seulement être recherchée parce qu'elle donne de l'élégance aux allures, mais parce qu'elle est une garantie, je dirai même un des éléments de la force (1) ; en effet, par cela même que les mouvements sont faciles au cheval qui a du ressort, ils ne lui coûtent

(1) S'il m'est permis de confirmer cette proposition par des exemples pris dans l'espéce humaine, je dirai : ne voit-on pas les saltimbanques, les hercules du Nord, prendre les attitudes les plus gracieuses, imiter les poses de l'Apollon du Belvédère et de l'Antinoüs. Le célèbre Mazurier, dont tout le monde à Paris a admiré la souplesse merveilleuse, n'étonnait pas moins par son agilité et sa souplesse, que par sa force, lorsqu'on le voyait, sous sa métamorphose emplumée, sauter du sommet d'un arbre à terre.

En résumé, tout mouvement produit par une force suffisante est souple et gracieux.

aucun effort surnaturel; or, ici, l'apparence du mouvement accuse sa faculté. Au contraire, voyez le cheval raide : s'il est maladroit dans ses sauts de gaîté, c'est qu'il est obligé d'agir par saccades, par élans forcés, convulsifs, en quelque sorte, et qu'il ne saurait trouver, dans ses organes énervés, la force et l'élasticité nécessaires pour faire jouer ses ressorts avec suite et harmonie.

ARTICLE TROISIÈME.

EXAMEN DU CHEVAL MONTÉ.

Du cheval monté qui perd ses qualités.—Les Anglais acheltent les chevaux sans les voir à la montre.—Inconvénients de cette méthode. — Des chevaux d'ardeur. — Conditions pour bien acheter.

L'épreuve du cheval monté est la plus concluante de toutes ; elle accuse souvent les défauts que l'œil le plus exercé n'aurait su découvrir. Tel cheval, par exemple, conduit en main, a des allures brillantes, beaucoup d'action et de chasse. Vous le faites monter, et, à la place de ces qualités qui vous avaient séduit, vous voyez la gêne, la raideur, la faiblesse se manifester dans tous ses mouvements ; son dos se vousse et s'affaisse, le devant et le derrière se bercent, les jarrets ne chassent pas. Qu'on demande ensuite au cavalier qui l'aura monté se qu'il a éprouvé, et il vous dira, s'il a du tact, que ses mouvements sont décousus, que la détente des jarrets est faible, qu'il est raide et difficile à tourner.

Mais si un cheval a des facultés locomotiles, le cavalier aura reconnu que son poids, loin d'être un fardeau qui paralyse ses moyens, ne sert qu'à les exciter et à leur donner l'essor ; il sentira, par le tact de son assiette, et je dirai par celui de tout son être, que les mouvements s'harmonisent bien, que le rein a de la force et de la résistance, que les jarrets chassent bien, et que le corps file bien en avant.

Les Anglais achettent les chevaux à l'essai. Les Anglais, qu'il faut souvent citer comme comprenant admirablement le cheval, les Anglais jugent rarement le cheval, à la montre, mais ils le montent ou l'attellent ; et si cette épreuve accuse qu'il est bon, ils l'achettent, sans se préoccuper le moins du monde de ses formes et de ses tares ; et que leur importent les tares, si le cheval n'en boite pas ?

Inconvéniens de ne pas juger le cheval à la montre. Tout en reconnaissant, avec les Anglais, que le meilleur moyen de savoir ce que vaut un cheval est de l'employer, je ferai observer qu'il ne doit pas faire négliger celui de le juger à la montre, car c'est par cet examen qu'on apprendra que telle tare qui ne fait pas boiter le cheval le jour où on l'a acheté, le fera tomber boiteux le lendemain.

Toutefois, il faut dire qu'il y a une foule de circonstances où il faut acheter un cheval sans pouvoir le monter.

Des chevaux d'ardeur. Il faut se méfier de ces chevaux qui promettent, par une fausse ardeur, des facultés de mouvements dont la faiblesse de leur constitution trahit bientôt l'impuissance, vu que leur bonne volonté est mal secondée par des organes qui sont incapables de remplir leur fonctions. Ce désaccord du moral avec le physique se rencontre chez le cheval d'*ardeur ;* il est souvent plat de corps, *décousu*, *manqué ;* en terme de maquignon, c'est ce qu'on appelle *un bon voleur.*

Ils proviennent d'un étalon pur sang, par exemple, qui leur a donné du moral et du cachet, et d'une poulinière faiblement constituée qui leur a transmis ses défauts de tempérament.

Conditions voulues pour bien acheter. Pour bien acheter, il est deux conditions que l'on doit remplir : la première est, sans contredit, d'être bon connaisseur, et la seconde, est de savoir acheter le cheval, comme une marchandise quelconque. C'est là, dira-t-on, du mercantilisme; oui, sans doute, et il faut bien avouer qu'un certain talent en ce genre n'est pas inutile : on l'acquiert par la pratique.

Quand on achette dans les foires, où l'encombrement des chevaux, le pêle-mêle est tel que le temps et l'espace manquent, pour pouvoir examiner à loisir le cheval, il faut le saisir à la volée, le deviner en quelque sorte, et il n'y a alors qu'une grande promptitude de coup-d'œil qui puisse surmonter de pareilles difficultés.

A l'article des remontes, on développera la question des achats, qui n'est ici qu'indiquée.

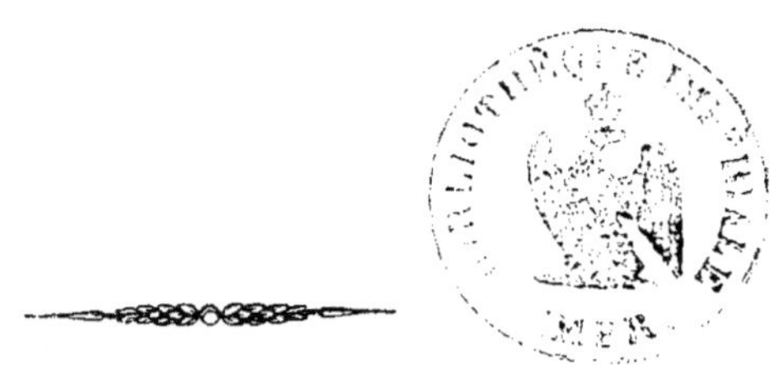

SAUMUR, IMPRIMERIE DE PAUL GODET.

TABLE DES MATIÈRES
DU PREMIER VOLUME.

	Pages.
Rapport sur le *Cours d'hippologie.*	j
Introduction à la première partie	1

TITRE PREMIER.

DE L'ORGANISATION ANIMALE.

Généralités.	9

CHAPITRE PREMIER. — SQUELETTOLOGIE.

ARTICLE 1er. — Anatomie des os	14
ARTICLE 2e. — Des articulations	17
ARTICLE 3e. — Du squelette	19

CHAPITRE DEUXIÈME. — DES MUSCLES.

Généralités	33
ARTICLE 1er. — Anatomie des muscles	34
ARTICLE 2e. — De l'action musculaire, dans ses rapports avec la force inerte	39
ARTICLE 3e. — De l'action musculaire, dans ses rapports avec les leviers qu'elle met en jeu	43
Tableau synoptique des muscles	49
ARTICLE 4e. — Considérations sur le système musculaire, relativement aux formes extérieures et aux facultés de mouvements	55

CHAPITRE TROISIÈME. — FONCTIONS VITALES.

Généralités.	61

FONCTIONS D'ENTRETIEN.

ARTICLE 1er. — De la digestion	63
ARTICLE 2e. — De la circulation	73
ARTICLE 3e. — De la respiration	82
ARTICLE 4e. — De la nutrition	89
ARTICLE 5e. — Sécrétion urinaire	91
ARTICLE 6e. — Sécrétion de la graisse.	92
ARTICLE 7e. — Des exhalations	93

CHAPITRE QUATRIÈME. — FONCTIONS DE RELATION.

Généralités.	96
ARTICLE 1er. — De la sensibilité	96
ARTICLE 2e. — Fonctions du cerveau	99

ARTICLE 3ᵉ. — Fonctions des nerfs 103
ARTICLE 4ᵉ. — Des sensations 105
       Du goût 106
       De l'odorat 106
       De l'ouïe 107
       De la vue 110
       Anatomie de l'œil 111
       De la lumière 113
       Mécanisme de la vision 119
       Du tact 123
ARTICLE 5ᵉ. — De la locomotion 124

CHAPITRE CINQUIÈME. — FONCTIONS DE GÉNÉRATION. 126

CHAPITRE SIXIÈME. — DES AGES, DES TEMPÉRAMENTS
        ET DES SEXES

ARTICLE 1ᵉʳ. — Des âges 128
ARTICLE 2ᵉ. — Des tempéraments 130
ARTICLE 3ᵉ. — Des sexes 133

TITRE II.

DE L'EXTÉRIEUR.

Généralités 139

CHAPITRE PREMIER. — ÉTUDE DE L'AGE.

Généralités 141
ARTICLE 1ᵉʳ. — Description des dents 142
ARTICLE 2ᵉ. — Anatomie des dents 145
ARTICLE 3ᵉ. — Signes indicatifs de l'âge 147
       Tableau synoptique de l'âge 156

CHAPITRE DEUXIÈME. — DU PIED.

Généralités 158
ARTICLE 1ᵉʳ. — Anatomie du pied 159
ARTICLE 2ᵉ. — Fonctions du pied 164
ARTICLE 3ᵉ. — Conformations belles et défectueuses du pied. 167

CHAPITRE TROISIÈME. — DES PROPORTIONS.

Généralités 171
ARTICLE 1ᵉʳ. — Proportions générales 174
ARTICLE 2ᵉ. — Proportions relatives 177
ARTICLE 3ᵉ. — Moyens de juger les proportions 185

CHAPITRE QUATRIÈME. — DES APLOMBS.

Généralités 187

Article 1er. — Aplombs des membres de devant et de derrière vus de profil 188
Article 2e. — Aplombs des membres de devant et de derrière vus de face et par derrière 193
Article 3e. — De la similitude des angles. 196

CHAPITRE CINQUIÈME. — DES FORCES MOTRICES. 201

CHAPITRE SIXIÈME. — DES ALLURES.

Généralités 206
Article 1er. — Des allures régulières, irrégulières, défectueuses et des sauts 207
Article 2e. — Du mode des allures, relativement aux races. 221
Article 3e. — Des claudications, de la raideur, de la gêne dans les mouvements 222

CHAPITRE SEPTIÈME. — DES ROBES.

Tableau des robes. 230
Tableau des particularités 235

CHAPITRE HUITIÈME. — DES FORMES EXTÉRIEURES, AU POINT DE VUE DE LEUR BEAUTÉ ET DE LEURS DÉFECTUOSITÉS.

Article 1er. — De l'avant-main 237
Article 2e. — Du corps. 258
Article 3e. — De l'arrière-main. 263

CHAPITRE NEUVIÈME. — EXAMEN DU CHEVAL EN VENTE. 272

Article 1er. — Examen du cheval à la montre. 278
Article 2e. — Examen du cheval en mouvement. 283
Article 3e. — Examen du cheval monté. 287

APPENDICE

SUR LA POSITION DE L'HOMME A CHEVAL.

Article 1er. — Du squelette de l'homme. 1
Article 2e. — Des muscles de l'homme. 9
Article 3e. — Principes de la position du cavalier à cheval. . 11
Article 4e. — De la tenue. 30
Des signalements.

SAUMUR, IMPRIMERIE DE PAUL GODET, PLACE DU MARCHÉ-NOIR.

APPENDICE

SUR LA

POSITION DE L'HOMME A CHEVAL

DÉMONTRÉE PAR L'ANATOMIE

La connaissance de la structure anatomique de l'homme est nécessaire pour démontrer les principes de la position du cavalier à cheval, parce qu'elle nous montre les parties de son *enveloppe* qui doivent être mises en contact avec le corps du cheval et se lier intimement à lui, pour assurer la fixité de sa tenue.

Utilité de l'anatomie.

Article Premier.

DU SQUELETTE DE L'HOMME.

Le squelette de l'homme se divise en tête, tronc et membres.

De la tête. — La tête se subdivise en crâne et face.

Le crane se compose de huit os qui forment une boîte osseuse, proportionnellement plus grande que celle du cheval.

Différence entre la tête de l'homme et celle du cheval.

2ᵉ *Ed.*

*

Les os de la face de l'homme, au nombre de quatorze, sont moins développés que ceux de l'animal, qui se prolongent beaucoup en avant du crâne (1).

Les mâchoires de l'homme se distinguent en mâchoire supérieure et mâchoire inférieure ; elles sont garnies de trente-deux dents, savoir : huit incisives, quatre canines, vingt mâchelières.

(1) Les rapports de volume du crâne avec la face établissent un des caractéres distinctifs entre l'homme et la brute.

En effet, lorsqu'on parcourt les divers degrés de l'échelle des êtres, on voit que l'homme, qui occupe le premier échelon, offre une boîte crânienne proportionnellement plus spacieuse que celle de tous les animaux ; ainsi, en passant de l'homme au singe, du singe aux quadrupèdes, aux oiseaux, aux reptiles et aux poissons, on voit que le volume de la face augmente et que celui du crâne diminue d'autant plus qu'on descend les derniers degrés de l'échelle animale.

Afin de mesurer comparativement ce rapport de volume de la face et du crâne, on a établi un angle, dit facial, au moyen de deux lignes, dont l'une est tangente au front et à la mâchoire inférieure, l'autre à la base du crâne. Les divers degrés d'ouverture de cet angle accusent le développement plus ou moins grand du crâne. Chez la race humaine il est ouvert de 75 à 90 degrés ; il est très-aigu chez les poissons et les reptiles.

Si la différence d'ouverture de cet angle donne, jusqu'à un certain point, la mesure des facultés intellectuelles de l'homme et des animaux, c'est que le cerveau est l'instrument de l'intelligence et qu'il est subordonné à la loi commune de tous les organes de l'économie, à savoir : que le développement d'un organe est toujours en raison directe des facultés que la nature lui a départies. A ce titre, on conçoit que le crâne de l'homme devait être plus volumineux que celui de tous les animaux, puisqu'il l'emporte sur eux tous par la supériorité de son intelligence, la sublimité de sa pensée et la noblesse de ses sentiments.

Ces notions suffiront pour faire comprendre pourquoi les chevaux d'élite, dont le front est large, les yeux écartés, montrent une intelligence supérieure à celle de tous les animaux communs, qui ont le front étroit et les yeux rapprochés entr'eux.

Du tronc. — Le tronc a pour base la colonne vertébrale, composée de vingt-quatre vertèbres, dont sept cervicales, douze dorsales et cinq lombaires. La colonne vertébrale représente une tige moins longue que celle du cheval, ce qui la rend plus propre à assurer la fixité du tronc dans la station verticale de l'homme. On sait que les cavaliers qui ont le buste long ont le corps vacillant. *(Proportions de la colonne vertébrale.)*

La colonne vertébrale des quadrupèdes avait besoin d'une très-grande étendue, pour écarter les membres postérieurs des membres de devant et donner aux premiers l'espace nécessaire au développement des arcs de cercle qu'ils doivent décrire.

Les vertèbres augmentent de volume à mesure qu'elles se rapprochent du bassin et qu'elles ont un poids plus considérable à supporter ; elles forment une espèce de pyramide dont le sommet répond à la tête et la base au bassin.

La première vertèbre altoïde, qui est très-grêle, est moins assujétie par la force de ses ligaments articulaires que par le poids de la tête qui pèse sur elle (1). *(Des apophyses des vertèbres de l'homme et du cheval.)*

Les apophyses épineuses de la colonne vertébrale de l'homme ont presque toutes la même longueur ; mais les apophyses dorsales du cheval sont plus longues que les autres, afin d'ajouter à la puissance des muscles qui s'attachent sur elles, et remplissent les fonctions difficiles de soutenir la tête, concurremment avec le ligament cervical.

La colonne vertébrale offre trois courbures qui se contrarient réciproquement. La première, formée par les vertèbres cervicales, est convexe en avant ; la seconde, formée par les vertèbres dorsales, est concave ; la troisième, formée par les vertèbres lombaires, est convexe. *(Des courbures de la colonne vertébrale.)*

---

(1) La luxation de l'altoïde, qui détermine la rupture du prolongement rachidien, entraîne une mort instantanée ; c'est ce qui a lieu dans la pendaison.

Ces trois arcs osseux servent de support, le premier à la tête, le deuxième à la poitrine, et le troisième au ventre. Ils sont destinés à diriger ces trois parties autour de la ligne de gravitation du tronc, de telle sorte, qu'elles se fassent réciproquement contre-poids et qu'elles s'équilibrent pour assurer l'aplomb du corps.

C'est sur ces faits que repose la théorie de la position d'équilibre du cavalier.

Le sternum de l'homme est aplati d'avant en arrière, celui du cheval est aplati par côté; il en résulte que le plus grand axe de la poitrine de l'homme est d'un côté à l'autre de cette cavité, tandis que, dans le cheval, il se mesure de la partie supérieure à la partie inférieure du corps.

Des côtes. Les côtes, au nombre de vingt-quatre, se subdivent en quatorze sternales et dix asternales; celles-ci ont des prolongements cartilagineux qui joignent le sternum.

De la clavicule, son usage. A la partie supérieure du thorax se remarque la clavicule, qui se contourne à la manière d'une S. Placée entre le sternum et les membres supérieurs, elle représente, en quelque sorte, un arc-boutant destiné à les empêcher de trop se rapprocher du corps dans les mouvements de circumduction très-étendus qu'ils exécutent.

Pourquoi elle n'existe pas dans le cheval. La clavicule n'existe pas chez les quadrupèdes, parce que les mouvements d'adduction qu'ils opèrent, étant très-bornés, n'ont pas besoin de l'appui que cet os prête aux membres supérieurs de l'homme.

Du sacrum. A la suite des vertèbres lombaires, se voit le sacrum; sa forme, qui est celle d'un coin, est propre à détourner les réactions du tronc de leur direction rectiligne et à amoindrir leurs effets en faveur des viscères abdominaux.

Identité des mouvements des hanches, du rein et du ventre. L'union intime du sacrum avec la dernière vertèbre lombaire et les branches du coxal explique pourquoi les hanches, en se portant en avant et en arrière, entraînent nécessairement le rein et le ventre dans leur direction.

Les os coccygiens sont au nombre de trois ou quatre; au

lieu de sortir en dehors du bassin , comme dans le cheval , ils rentrent dans l'intérieur de cette cavité. Les naturalistes regardent ces os comme un rudiment de l'animalité chez l'homme.

Le coxal représente une large ceinture osseuse, propre à former la base du tronc; il affecte une direction inclinée d'arrière en avant ; la colonne vertébrale, en s'infléchissant sur lui dans une direction contraire , forme un angle très-ouvert. *(Du coxal.)*

Les deux ischions, en raison de leur position , répondent au centre du tronc et représentent les deux points osseux de la base de l'assiette du cavalier; aussi leur position sur le corps du cheval doit être invariable ; ils servent, en quelque sorte, de pivot fixe sur lequel joue le bassin, lorsque les hanches se dirigent en arrière ou en avant , selon la direction que le corps est susceptible de prendre dans ces deux sens. *(Des ischions.)*

Un ancien auteur d'équitation , Dupaty de Clam , avait voulu établir l'assiette du cavalier sur trois points , savoir : les deux ischions et le coccyx , pour constituer ce qu'il appelait le trépied équestre. Mais cette théorie est fautive en ce sens que le coccyx, étant plus élevé que les ischions, ne peut atteindre la selle que par le renversement du corps du cavalier , ce qui détruit la position d'équilibre. *(Du trépied équestre de Dupaty.)*

Puisque les deux ischions sont la base du cavalier , on en conclura que de leur écartement résulte la largeur de l'assiette, et, partant, la fixité du tronc qui repose plus solidement sur elle ; le rapprochement des ischions entraîne la conséquence contraire : il détermine l'étroitesse de l'assiette et la mobilité du tronc. *(Manière d'être des ischions.)*

DES MEMBRES INFÉRIEURS. — Le fémur est le plus long des os des membres inférieurs; il offre à son extrémité supérieure un col qui forme un coude avec le corps de l'os ; ce col est surmonté par la tête articulaire qui se joint au coxal.

Longueur des cols des fémurs.
La longueur de ce col doit être prise en considération dans la recherche des causes qui expliquent les variétés de conformation des cavaliers. En effet, dans le cas où ces cols seront longs, ils élargiront l'assiette du cavalier, et ouvriront son enfourchure, de telle sorte que les fémurs pourront se rapprocher d'autant plus, par leur partie inférieure, du corps du cheval et l'atteindre au-dessous de son plus grand diamètre, ce qui assurera les moyens d'enveloppe et de tenue du cavalier.

Si les cols des fémurs sont courts, l'assiette sera étroite ainsi que l'enfourchure, en sorte que les fémurs ne pourront trouver de points de tangence que par la partie supérieure du corps du cheval, et s'éloigneront d'autant plus de sa partie inférieure.

On indiquera ultérieurement les moyens de mettre en rapport la position des cuisses avec ces différences de conformation.

De la concavité des fémurs.
Si on remarque que le corps des fémurs est concave en dedans et convexe en dehors, on en conclura que c'est cette partie concave qui doit être mise en rapport avec le corps du cheval; elle répond à la face interne de la cuisse.

On pourrait objecter que la forme de la cuisse du cavalier est celle d'un cône renversé et n'est pas identique avec celle de l'os qui en fait la base; mais on répondra que les muscles prennent la forme concave du fémur, quand la cuisse est placée sur sa face interne qui répond précisément à la partie concave de l'os; c'est pourquoi les hommes qui ont beaucoup monté à cheval ont le dedans des cuisses concave comme l'os sur lequel les muscles se sont moulés.

La rotule.
L'extrémité inférieure du fémur présente en avant une trochlée, sur laquelle glisse la rotule, base du genou.

Les condyles des fémurs.
Ce qu'on désigne en équitation par le mot genou n'est pas le genou, anatomiquement parlant; car, lorsqu'on

prescrit de rapprocher les genoux de la selle, on entend par là rapprocher les condyles internes des fémurs qui servent à étreindre énergiquement le corps du cheval.

Le tibia, ainsi que le fémur, affecte une direction verticale que nécessite sa fonction de colonne de support du tronc. Un péroné acccompagne le tibia dans toute son étendue à sa face externe; il sert à arc-bouter les tarsiens et à empêcher leur luxation en dehors. *Du tibia.*

Le pied de l'homme, qui pose sur le sol par toute sa surface, se compose de sept tarses, cinq métatarses et cinq doigts. L'orteil est formé de deux phalangiens; les autres doigts en ont trois (1).

Le calcanéum forme un angle de 90 degrés avec le tibia, tandis que cet angle, dans le cheval, est ouvert à 45 degrés. Cette différence d'ouverture de l'angle du calcanéum est en rapport avec le mode différent de la station de l'homme et du cheval.

En vain a-t-on voulu admettre que l'homme pouvait marcher à la manière des quadrupèdes et que sa station verticale était le fait de l'éducation; que l'on interroge l'anatomie, et elle démontrera la fausseté d'une pareille hypothèse. En effet, la station verticale de l'homme se prouve par l'aplomb de la tête au sommet de la pyramide que forme la colonne vertébrale, par la verticalité des fémurs et des tibias et par l'appui de tout le pied sur le sol. *Raisons de la station verticale.*

La station horizontale est, au contraire, très-difficile à l'homme, attendu : 1° que les membres supérieurs étant plus courts que les membres inférieurs, ceux-ci surchargent le devant du poids de la masse; 2° que les pieds, ne pouvant porter que par les dernières phalanges, et le calcanéum restant en l'air, rendent l'appui incertain.

(1) Le nombre des doigts des animaux a servi de type à leur classification. De là les distinctions des monodactyles, des bidactyles et des polydactyles.

La station verticale est plus difficile encore pour le cheval que la station horizontale pour l'homme; car, lorsque le cheval veut se cabrer, il éprouve une telle incertitude dans son équilibre que sa chute est imminente, aussi il ne peut la prévenir qu'en s'empressant de regagner le sol avec ses membres de devant.

DES MEMBRES SUPÉRIEURS. — Le scapulum est placé sur le thorax, comme une espèce de bouclier; il diffère de celui du cheval par sa crête acromienne qui se prolonge vers la tête de l'humérus.

Humérus. L'humérus est le plus long des os des membres supérieurs; sa tête articulaire, située à son extrémité supérieure, s'unit à la cavité glénoïde du scapulum et prend un appui sur la clavicule.

Cubitus. Le cubitus est surmonté d'une apophyse olécrâne qui, par sa jonction avec l'humérus, sert à limiter son extension.

Radius. Le radius accompagne dans toute son étendue le cubitus; la main se joint à lui par son extrémité inférieure; il est susceptible de croiser de dehors en dedans le cubitus, pour produire le mouvement de pronation de la main. Dans la supination, le radius et le cubitus sont parallèles l'un à l'autre.

Carpiens. La main se compose du poignet, formé de huit carpiens, de cinq métacarpiens, et de cinq doigts, composés de trois phalanges chacun, excepté l'orteil qui n'en a que deux.

L'orteil est opposé aux doigts de la main dont il est dégagé. Dans le pied, le pouce est parallèle aux autres doigts. Cette première disposition explique la faculté dont jouit la main de l'homme d'embrasser les corps, de les palper, de se mouler, en quelque sorte, sur leurs formes, et d'en apprécier les contours. C'est pourquoi le sens du toucher qui réside dans la main a été appelé le sens géométrique.

Les membres supérieurs du cheval sont des instruments

locomoteurs ; ceux de l'homme sont des instruments de préhension (1).

ARTICLE DEUXIÈME.

DES MUSCLES DE L'HOMME.

Après avoir étudié la charpente osseuse de l'homme, on va la recouvrir de ses muscles et expliquer leur mode d'action sur elle, d'où résultent les mouvements possibles de toutes les parties du corps du cavalier. De ces notions anatomiques se déduiront les règles de la position.

MUSCLES DE LA TÊTE. — Les muscles qui font mouvoir la tête sont situés autour du col et produisent l'abaissement, le redressement et les flexions latérales de la tête. Si elle penchait d'un côté quelconque, il faudrait faire relâcher les muscles qui lui donneraient sa fausse direction.

MUSCLES DU TRONC. — Le pectoral (ou sterno-huméral) rapproche les épaules, fait rentrer la poitrine et arrondir le dos. Il a pour antagoniste le dorso-sous-acromien, qui dirige les épaules en dehors et ouvre la poitrine.

On fera relâcher ou contracter ces muscles, selon les résultats qu'on voudra obtenir.

Les droits du ventre (sterno-pubien) abaissent le tronc sur les cuisses, font voûter le rein et le dos. Les inter-épineux font avancer le ventre, redresser et même creuser le rein ; ils sont antagonistes des premiers.

---

(1) Les singes ont quatre mains. Leurs extrémités inférieures offrent également un pouce dégagé des doigts, et qui est opposé aux phalanges ; c'est pourquoi on les appelle quadrumanes. Leurs mains leur sont nécessaires pour embrasser les branches des arbres auxquelles ils se tiennent suspendus.

Si donc on veut faire avancer la partie inférieure du corps ou la diriger en arrière, dans l'intention de rectifier les défauts d'aplomb, on fera agir les muscles propres à produire l'un ou l'autre effet.

Muscles des membres supérieurs. — La raideur des épaules, des bras, des avant-bras et des poignets dépend de la contraction forcée des muscles qui meuvent ces parties; or, comme les muscles qui garnissent les rayons supérieurs meuvent les rayons inférieurs, il faut faire relâcher les premiers si l'on veut obtenir de l'aisance dans les membres.

Muscles des membres inférieurs. — Les fléchisseurs de la cuisse (ilio-rotulien) rapprochent la cuisse du tronc ou deviennent extenseurs et étendent la cuisse et la jambe concurremment avec les ilio-trochantériens et les ischio-tibial.

Ces ilio-trochantériens ou fessiers peuvent donner à la cuisse une direction trop rapprochée de la verticale; leur contraction forcée tend aussi à les durcir, à les arrondir, ce qui diminue l'étendue de l'assiette et s'oppose à l'aplomb du corps.

Il suffit d'indiquer la cause de ces défauts de la position pour comprendre quelles sont les recommandations à faire pour les corriger.

Les adducteurs des cuisses (pubio-fémoral) servent à les rapprocher du contact de la selle. Si on remarque qu'ils offrent un méplat à leur partie interne près de l'enfourchure du cavalier, on comprendra que c'est cette partie qui doit être mise en contact avec le corps du cheval, pour le serrer intimement; or, il est évident que toute position en dehors ou en dedans des cuisses les empêcherait de satisfaire à cette condition. Les fléchisseurs de la jambe (ischio-tibial) sont contractés dans la position raccrochée. La pointe du pied sera trop élevée ou trop basse et l'articulation de la jambe avec le pied sera raide, si le muscle jambier ou ceux du mollet (jumeaux) sont contractés ; le cavalier évitera ces défauts en ne mettant aucune force de contraction dans les muscles ci-dessus désignés.

On vient de démontrer que la plupart des défauts de la tenue proviennent de la raideur, c'est-à-dire de la force de contraction que le cavalier met dans l'attitude des diverses parties de son corps. Cette théorie s'appuie sur le principe qui établit que la position du cavalier doit être naturelle et aisée. Toutefois, il faut reconnaître qu'il est des circonstances où la force musculaire doit être employée pour assurer la tenue : ainsi, lorsqu'un cheval, par exemple, bondit et se défend, le cavalier doit se servir de toute la force musculaire dont il est doué pour étreindre énergiquement son cheval et se maintenir ferme en selle. Cette force, employée avec discernement, tact et mesure, est un grand moyen de domination que l'homme exerce sur le cheval ; elle est le partage des hommes que l'on dit puissants à cheval, ou doués de la puissance équestre.

Article Troisième.

PRINCIPES DE LA POSITION DU CAVALIER A CHEVAL.

Avant de démontrer les principes de la position type, nous répéterons que tous les cavaliers ne sont pas également susceptibles de la suivre en tous points. Les causes qui s'y opposent tiennent à certaines particularités de conformation qui ne sauraient se prêter rigoureusement aux exigences d'une position modèle ; vouloir que tous les cavaliers soient placés de la même manière à cheval, serait supposer qu'ils sont tous formés sur le même moule, et, on le sait, il s'en faut qu'il en soit ainsi. Or, l'instructeur intelligent cherchera à étudier les dispositions physiques propres à chaque individu ; il comprendra les nuances qu'elles devront apporter dans l'application des principes généraux, et, s'attachant à l'esprit plutôt qu'à la lettre qui les a dictés, il saura les approprier aux particularités de conformation de chaque individu.

Qualités d'une bonne position. Les qualités d'une bonne position sont l'aisance et la solidité.

L'aisance est la conséquence de la position d'équilibre ; comme elle ne demande l'emploi d'aucune force pour se maintenir, elle peut se conserver longtemps sans fatigue, ce qui est indispensable pour le cavalier militaire, qui doit rester longtemps à cheval ; elle lui laissera aussi l'agilité du corps et des membres nécessaire pour manier ses armes dans le combat.

Évidemment, sans la solidité, on ne saurait être bon cavalier, puisqu'avant tout il faut se tenir à cheval ; elle est aussi la première condition de toute justesse dans les moyens de conduite.

DIVISION DU CORPS DU CAVALIER. — Le cavalier à cheval présente trois parties distinctes : deux mobiles et une immobile

Les deux parties mobiles comprennent le corps et les jambes.

La troisième immobile commence à la jonction du corps avec les cuisses (articulation fémoro-coxale) et se termine à la jonction des cuisses avec les jambes.

Manière d'assurer la partie immobile. Cette partie immobile doit adhérer au cheval par le plus de points de contact possible des fesses et des cuisses, afin d'assurer leur fixité.

Pour que les deux parties mobiles n'entraînent pas la partie immobile dans leurs mouvements, il faut laisser tout le jeu possible aux articulations coxo-fémorale et fémoro-tibiale qui représentent les charnières des deux angles, savoir : le premier formé par le corps et les cuisses, le second par les cuisses et les jambes.

Le mouvement des deux parties mobiles sur la partie immobile se manifeste dans l'action de se cabrer et de détacher la ruade. Quand le cheval se cabre, le redressement de l'avant sur l'arrière-main fait fermer les deux angles ci-dessus indiqués. Dans l'action de détacher la ruade, le cheval redressant l'arrière sur l'avant-main détermine l'ouverture de ces deux angles.

Les anciens écuyers avaient compris, à tort, les hanches dans la partie immobile ; cette erreur était due à leur ignorance de la structure anatomique de l'homme ; mais il suffit de jeter les yeux sur le squelette pour reconnaître que ce n'est pas à la jonction du bassin avec les vertèbres qu'existe le mouvement le plus étendu du corps avec les cuisses, mais bien à l'articulation coxo-fémorale.

On doit à M. Flandrin, auteur du *Cours d'équitation militaire,* la rectification de cette erreur de l'ancienne équitation.

PARTIE IMMOBILE.

La partie immobile comprend l'assiette, les cuisses, les condyles internes des fémurs, qu'on désigne sous l'expression de genoux.

DE L'ASSIETTE. — Par assiette du cavalier, on entend tous les points des fesses et de l'enfourchure qui portent sur la selle ; elle représente la base sur laquelle le corps prend son aplomb.

Évidemment, l'assiette est la première partie à établir, puisqu'elle est la base du tronc dont elle assurera l'aplomb par les conditions avantageuses de sustentation qu'elle lui offrira.

Les ischions représentent le centre de l'assiette : ce sont deux espèces de pivots fixes sur lesquels le corps opère ses mouvements en avant et en arrière.

Moyen d'é-
tablir l'as-
siette.

Pour bien établir son assiette, le cavalier doit éviter de mettre de la raideur dans le bassin et chercher à relâcher les muscles des fesses, de manière à ce qu'ils s'affaissent et s'élargissent par l'effet du poids du corps qui pèse sur eux ; ainsi ils lui offriront une base suffisamment large, sur laquelle il trouvera un appui solide, propre à assurer son aplomb.

Les commençants ont de la peine à assurer leur assiette, parce qu'ils se raidissent, par peur ou désir de trop bien faire ; ils contractent les muscles extenseurs des fesses, qui s'arrondissent, se durcissent et n'offrent plus au tronc qu'une base ronde sur laquelle il ne peut trouver de fixité dans son appui.

Du tact de
l'assiette.

Pour apprendre aux cavaliers à se rendre compte de la manière d'être de leur assiette, on leur recommandera de chercher à s'assurer si l'appui du corps se fait également sur les deux fesses et si le corps porte bien sur les ischions. Dans le cas où ils sentiraient qu'il s'opère sur l'enfourchure, ils devraient chercher à le mettre d'aplomb.

Solidarité
de position
des parties
du cavalier.

Après avoir enseigné la bonne position de l'assiette, il est bien de faire remarquer qu'on ne saurait l'obtenir isolément, car elle est tellement liée à la position du corps et des cuisses qu'il est presque impossible de l'obtenir sans déterminer celle de l'enveloppe.

Cette remarque s'applique même à toutes les parties du corps des cavaliers ; car si l'une d'elles affecte une mauvaise direction, elle réagira nécessairement sur les autres, en changera la manière d'être et compromettra ainsi toute la position.

D'où il faut conclure qu'elles sont solidaires les unes des autres dans la position d'équilibre, et que ce n'est que par leur rapport régulier entr'elles qu'on peut assurer la bonne tenue du cavalier.

Moyen de
placer les
cuisses.

DES CUISSES. — Pour faire placer les cuisses, on exigera que le cavalier ne mette aucune raideur dans leur attache avec le tronc, qu'il les abandonne à leur pesanteur, les laisse se placer naturellement sur le corps du cheval, et prendre une direction plus ou moins oblique, selon le degré de largeur du bassin et l'ouverture de l'enfourchure ; elles devront se tourner sur leur face interne qui répond à la face concave des fémurs et aux méplats formés par les adducteurs de la cuisse ; les condyles internes de la cuisse doivent arriver, autant que possible, au-dessous du plus grand diamètre du corps du cheval, de telle sorte que les cuisses forment une espèce de corde propre à envelopper le cheval par le plus de points de contact possible et à assurer la fixité de la partie immobile.

Les cuisses ne peuvent pécher que par quatre défauts : elles peuvent être trop obliques, trop droites, trop en dedans ou en dehors.

Les cuisses trop droites.

Si le cavalier donne à ses cuisses une direction plus droite que ne le comporte le degré de largeur de son assiette, il ne pourra l'obtenir que par l'effort des muscles fessiers ; or, il arrivera alors qu'ils s'arrondiront, se durciront, et que leurs points de contact deviendront d'autant moins nombreux que les ischions se dégageront de la selle et que l'appui du corps s'établira sur l'enfourchure, ce qui le rendra vacillant et incertain. La partie mobile supérieure changera aussi de direction, lorsque les cuisses, ayant perdu de leur valeur comme contre-poids du corps, la forceront à se diriger en arrière : le rein sera alors creusé, les épaules seront renversées, et la poitrine deviendra trop saillante ; en un mot, le cavalier passera de la position assise à la position debout ; son attitude sera raide et fatigante ; elle rappellera celle des chevaliers du moyen-âge, que nécessitaient toutefois leurs lourdes armures et leur genre de combat.

La trop grande obliquité des cuisses amène les conséquences opposées à celles qu'on vient de signaler : elle

Cuisses trop obliques.

produit la position raccrochée, le rein se voûte, la poitrine rentre, le dos s'arrondit et les épaules viennent en avant. Cette position exclut toute grâce et toute aisance.

Cuisses en dedans. Si les cuisses sont tournées trop en dedans, elles ne porteront plus sur leur surface interne mais bien sur leur partie antérieure, qui, étant ronde, fournira peu de points de contact: les condyles des fémurs seront tournés vers leur partie ronde antérieure, et les jambes, se trouvant éloignées du corps du cheval, ne pourront s'en rapprocher avec assez de progression pour agir avec justesse.

Cuisses en en dehors. Les cuisses tournées trop en dehors perdront leurs moyens d'enveloppe, parce que les condyles des cuisses s'éloigneront de la selle; les jambes se trouveront trop rapprochées et pourront agir sur le cheval indépendamment de la volonté du cavalier.

Positions exceptionnelles. Il existe des conformations exceptionnelles, a-t-on déjà dit, qui demandent quelques modifications aux règles générales: il faut bien que les principes sachent se plier aux exigences de la nature, car la nature ne saurait se modifier selon leur convenance, et, qu'on le sache bien, ce n'est qu'à cette condition qu'on pourra obtenir une position naturelle et facile pour tous les cavaliers. Dans le cas où, par exemple, un cavalier aurait l'assiette et l'enfourchure étroites, il est évident que si on voulait donner à ses cuisses une direction trop droite, elles n'auraient de points de tangence avec le cylindre du corps du cheval que par leur partie supérieure, et que leur partie inférieure s'en écarterait, ce qui détruirait les moyens d'enveloppe du cavalier. Pour remédier à cet inconvénient, on devra lui recommander de donner assez d'obliquité à ses cuisses pour embrasser diagonalement le cheval et multiplier les points de contact de ses cuisses sur lui.

Le cavalier d'une grande taille, qui monte un petit cheval, est dans le même cas que le dernier; comme la partie inférieure de sa cuisse s'éloigne beaucoup du corps du cheval, il ne peut gagner de l'enveloppe qu'en donnant de l'obliquité à ses cuisses.

Dans ces deux derniers cas, il sera bon de faire prendre les étriers pour aider le maintien de la position oblique des cuisses.

DES GENOUX. — La position des genoux est identique avec celle des cuisses dont ils font partie.

Il est bien entendu que l'on comprend par cette dénomination la partie qui a pour base les condyles internes des cuisses. Les genoux devront être liants et permettre à la jambe de tomber verticalement.

PARTIE MOBILE SUPÉRIEURE.

La partie mobile supérieure comprend les hanches, le rein, la poitrine, les épaules, le dos et la tête.

DES HANCHES. — Les hanches faisant partie du coxal qui s'articule avec le sacrum, ainsi qu'il a été démontré précédemment, il est constant que les mouvements des hanches et du ventre sont identiques; ainsi, porter les hanches en avant ou en arrière, c'est porter le rein et le ventre dans une de ces mêmes directions.

La position des hanches a une influence très-grande sur l'assiette; ainsi, quand celle-ci manque de fixité, la faute en est souvent due à la fausse direction des hanches, qui sont trop en avant, ce qui fait creuser le rein.

En vain, recommanderait-on au cavalier de chasser les fesses sous le corps, s'il les amène en avant, en même temps que les hanches, puisque le rapport des hanches avec les fesses, n'aurait pas changé, et que le défaut subsisterait toujours; or, pour le détruire, il n'existe qu'un moyen : c'est de porter les hanches et le rein suffisamment en arrière, afin que les fesses se trouvent naturellement placées sous le corps.

2ᵉ *Ed.*

De rein. — La position du rein détermine celle de la partie supérieure du corps, en raison de l'influence qu'il exerce sur elle comme contre-poids.

Le rein doit être droit, ferme et bien assuré dans sa position : le rein mou, faible et vacillant est un défaut qui s'oppose à la bonne tenue, car il permet au corps une mobilité continuelle qui nuit à son aplomb ; d'ailleurs, sa faiblesse l'empêche de suivre son rapport de position avec la base. Il en résulte alors que l'assiette est entraînée dans une direction quelconque, par suite d'un mouvement irrégulier du cheval, le haut du corps ne suit pas ce mouvement de l'assiette, et la tenue est compromise.

Le rein doit être au terme moyen de sa flexion, afin de pouvoir augmenter ou diminuer sa courbure, selon le besoin de maintenir l'aplomb du corps dans les mouvements de redressement de l'avant sur l'arrière-main et, réciproquement, de l'arrière sur l'avant-main.

Le rein creusé rend la position raide et guindée ; il fait trop avancer les hanches et le ventre, porter l'appui du corps sur l'enfourchure et renverser le haut du corps.

De la poitrine. — La poitrine doit être ouverte, sans effort, pour faciliter la respiration et donner de l'aisance au haut du corps.

Des épaules. — Les épaules doivent avoir une position naturelle, ni trop en avant ni trop en arrière ; elles seconderont ainsi la bonne position de la poitrine, telle qu'on vient de l'indiquer précédemment ; mais si les épaules sont trop en avant, elles font rentrer la poitrine et arrondir le dos. Les cavaliers qui sont dominés par le sentiment de la peur affectent souvent cette position ; ceux qui cherchent à prendre une belle position, par le désir de trop bien faire, raidissent la partie supérieure du corps, renversent les épaules, font saillir la poitrine et creusent le rein.

Des bras. — Si les épaules sont bien placées, les bras qui en sont la dépendance auront une bonne position ; ils devront longer le corps et prendre une direction parallèle à cette partie.

De l'avant-bras et de la main. — La position de la main détermine celle de l'avant-bras. On ne saurait mieux faire que de prescrire la position de la main d'après l'Ordonnance.

La position de la main doit être telle que les rênes forment un angle droit avec la direction des branches du mors.

La raideur que le cavalier met souvent dans le poignet provient de la contraction des muscles de l'avant-bras ; il faudra les faire relâcher pour corriger ce défaut.

Si la main est tournée en dehors ou trop en dedans, c'est que les supinateurs ou les pronateurs sont contractés.

De la tête. — La tête sera droite, aisée, dégagée des épaules ; comme elle représente, par rapport à la colonne vertébrale, un poids situé à l'extrémité du levier qui est susceptible d'en changer la direction, on comprendra que toute dérogation à la position normale qu'on vient d'indiquer empêcherait la régularité de l'aplomb.

PARTIE MOBILE INFÉRIEURE.

Des jambes. — La position des jambes dépend de celle des cuisses ; lors donc que celles-ci seront bien placées, il suffira de recommander à l'élève de ne mettre aucune raideur dans la cuisse, c'est-à-dire dans les extenseurs et les fléchisseurs, et d'abandonner la jambe à son propre poids, pour qu'elle prenne une direction verticale et qu'elle se prête à toutes les positions que demande l'action équestre.

Les défauts de direction de la jambe trop en avant ou en arrière proviennent donc de la contraction des muscles de la cuisse.

Les pieds doivent être souples à leur articulation avec
la jambe ; si la pointe du pied est trop basse ou trop élevée,
le cavalier n'ayant pas d'étriers, c'est que les muscles de la
jambe sont contractés.

Article Quatrième.

DE LA TENUE.

Le mot de tenue exprime le maintien de la position du
cavalier lorsque le cheval est en mouvement. Tel cavalier
qui aura une belle position au repos ou à une allure lente,
manquera de tenue, s'il ne sait pas la conserver sous
l'influence des réactions et des défenses du cheval.

Certes, une bonne position seconde beaucoup les moyens
de tenue ; mais il est aussi une foule de circonstances, où
la force musculaire est indispensable pour assurer la position que tendent à ébranler les bonds, les sauts auxquels
le cheval se livre. C'est alors que le cavalier, doué de cette
énergie physique qui fait ce qu'on appelle *la puissance
équestre*, embrasse le cheval avec les condyles des genoux,
les cuisses et les jambes, de manière à ce que ces parties
forment une espèce de tenaille avec laquelle il puisse étreindre énergiquement le cheval et assurer par là la fixité
de sa tenue.

DES CENTRES DE GRAVITÉ DE L'HOMME ET DU CHEVAL. —
On entend par centre de gravité du cavalier le point de
son corps autour duquel toutes ses parties se font contre-
poids et s'équilibrent.

On doit établir, comme axiôme en équitation, que le
centre de gravité de l'homme et celui du cheval doivent se
confondre sur une même ligne verticale.

Cette identité des deux centres de gravité est la condition indispensable qui assure aussi l'identité de l'homme et du cheval.

Faute de rapport entre ces deux centres de gravité, la tenue du cavalier ne saurait être assurée.

Dans la position du cavalier à cheval, la ligne de gravitation de son corps passe par les ischions, tandis que, dans la position pédestre, elle suit la direction des cavités cotyloïdes.

Cette différence vient de ce que le rein est plus dirigé en arrière dans le premier cas que dans le second et qu'il entraîne nécessairement le centre de gravité dans sa direction.

DES SIGNALEMENTS.

Les signalements sont appelés *simples* ou *composés*, selon qu'ils servent à faire reconnaître un cheval ou à apprécier sa valeur.

Le signalement simple indiquera le nom, le sexe, l'âge, la taille exprimée en mètres et centimètres, la robe et les particularités Puisqu'il a pour objet de constater l'identité d'un cheval, il est évident qu'il doit indiquer les symptômes extérieurs les plus propres à le faire reconnaître ; en ce sens, on devra s'attacher à bien préciser les particularités de la robe, parce qu'elles ne sont pas susceptibles de changer comme elle par l'influence des saisons et des soins hygiéniques.

Les signalements composés ou d'appréciation, comportant la constatation de tous les caractères de beauté et de défectuosité du cheval, embrassent l'examen détaillé de ses formes et des symptômes extérieurs qui en établissent la valeur ; or, pour remplir ce but, il suffira de faire l'application rigoureuse de l'examen méthodique du cheval, tel qu'il a été enseigné à l'article premier du chapitre neuvième du premier volume.

En relatant avec attention chaque trait caractéristique du cheval, dans ses lignes, ses formes, ses mouvements et ses moyens, on arrivera à en faire une juste estimation. Il va sans dire que ce signalement composé sera précédé du signalement simple.